I0706649

Alejandra Irene Ocaña

Con gli occhi di Julia

*Grazie, amica Rossana, per aver corretto le mie traduzioni del libro
con dedizione e professionalità.
Grazie, amico Maurizio, per avermi aiutato a trovare la via
e aver suggerito il titolo in italiano.*

*Grazie agli amici che hanno contribuito
a realizzare questo sogno.*

CON GLI OCCHI DI JULIA

Titolo originale dell'opera: *"A TRAVÉS DE JULIA"*

Prima edizione in italiano: ottobre 2023
Effettuato il deposito previsto dalla legge

Layout e copertina: Alejandra Irene Ocana

Ad eccezione di eventi storici e avvenimenti di famiglia, questa storia
è stata completata da fatti di fantasia senza stabilire la differenza, perciò
qualsiasi somiglianza con fatti e persone vive o morte è del tutto casuale e
non voluta.

Con gli occhi
di Julia

A mia madre, con amore.

Nonna Julia
mi raccontava la storia della nostra famiglia
durante i lunghi pomeriggi
fatti di pane e marmellata d' uva.
Quando ci lasciò,
fu zia Victoria a continuare il suo racconto.
La comune identità è il fondamento di questo castello
e i loro antichi saperi sono le pietre
che ne costituiscono le mura.
Per comprendere questo grande viaggio,
io ho solo fatto il cemento che riempie gli spazi vuoti.

*Come la vita, in cui presente, passato e futuro
giocano a mancarsi di rispetto,
anch'io ho giocato coi verbi:
quelli al presente sono il passato
che si intrufola nelle fessure della mia anima,
quelli al passato guardano i personaggi da un tempo futuro
che si tiene lontano per capire.*

LA BANDIERINA ROSSA

Fine 1915, Argentina, Mendoza, la valle fertile di Corralitos. Julia è lì, immersa in un istante senza tempo, tutto fatto di sensazioni... auditive... tattili... olfattive... nell'universo magico della *siesta*. Silenzio, insetti che camminano, un corso d'acqua non molto lontano, caldo, brezza che non basta, sole, terra secca, ronzio di calabroni. Si attiva l'irrigazione; un filo d'acqua accarezza la base delle viti, e così la terra si tinge di color cioccolato. Si vede una casetta tra le vigne, umile, ma fatta bene, con pareti di fango imbiancate a calce, tetto di paglia, pulita. Nelle vicinanze c'è una capra dal pelo lungo, legata a un palo, che mangia l'erba, e una cagnolina che dorme accanto alla porta. In lontananza la brezza agita le chiome dei pioppi.

La bambina dai capelli castani, seduta su un piccolo sgabello, disegna qualcosa per terra con un ramo secco. Avrà quattro anni e mezzo. Sa di non potersi distrarre troppo, quindi fissa un palo a circa trecento metri di distanza. Nel frattempo, canta una canzone portoghese per bambini e batte il ritmo con le sue manine e i suoi piccoli piedi. Si distrae seguendo una fila di formiche; improvvisamente ricorda quell'albero maestro, gira la testa verso di esso e scopre una bandiera rossa che sventola in cima. Salta come una molla e comincia a correre verso la casa, il cuore nei suoi piedi, più veloce... più veloce!

Il rosso rimase impresso a fuoco nella mente di Julia, perché significava la prima responsabilità che le era stata assegnata.

Dentro la casa, su una sedia a dondolo, sua madre Francisca sta addormentando la sua bimba di due anni, perché quella di tre, succhiandosi il pollice, con le sue guancine rosse, sta già dormendo nella culla. Contadina immigrata, con lunghi capelli castani legati alla nuca con un fiocco, agita il ventaglio per scacciare il forte caldo che già preannuncia un'estate soffocante. Sulla culla vi è un crocifisso ligneo, e su di esso riposano i rami d'ulivo benedetti nell'ultima Domenica delle Palme. La bambina spinge la porta, corre attraverso la cucina, entra nella stanza dove riposa suo padre e, agitata, lo scuote per svegliarlo.

—Papà, papà, la bandierina rossa!... sta salendo!

Ogni giorno la bambina doveva rimanere attenta durante la *siesta*, per avvisare il padre quando la bandiera che lei vedeva da lontano fosse salita in alto per indicare che era arrivata l'ora di tornare al lavoro.

Il fascino della *siesta* finisce bruscamente, c'è una reazione immediata ma piena di movimenti silenziosi. Il dito scivola fuori dalla bocca di Clara, addormentata, avvolgendosi nei riccioli dei suoi capelli. Julia segue la scena nei suoi dettagli quotidiani, inconsapevolmente meravigliata dal rito, indovinando ogni movimento un secondo prima che succeda. Juan si prepara, la piccola Emilia si lagna, e sua madre si alza dalla sedia a dondolo per metterla nella culla. Solo allora si nota che Francisca è in dolce attesa.

—Moglie, ti senti bene?

—Si... tranquillo, oggi non sarà il giorno...

Francisca lascia la bimba addormentata nella culla, apre un tovagliolo pulito, ci avvolge un pezzo di torta e una mela, lo ripone in un sacchetto di tela blu, controlla la camicia di Juan D'Almeida, sorride dolcemente, gli sfiora i baffi a punta e lo bacia. Julia se n'è andata, è uscita di nuovo, sta saltando con una corda; il padre esce per il suo lavoro nella vigna, mentre risponde alle domande della bimba, che gli gira intorno saltellando per un breve tratto. Poi la bacia sulla fronte e la rimanda a casa.

—Julia...! —chiama la madre— lascia andare tuo padre, ho bisogno di te qui...!

Julia, che era entrata senza farsi notare, abbraccia la gonna di sua madre.

—Sono qui.

Julia aveva spirito di osservazione, prudenza e, spesso, il dono del silenzio. Aveva la capacità di attraversare l'aria con delicatezza.

—Oh, bambina mia, —la madre la bacia— adesso facciamo le frittelle come le faceva tua nonna Catarina in Portogallo.

—Quando andremo in Portogallo?

—No... noi veniamo dal Portogallo e stiamo andando in Brasile.

—Quando arriveremo?

—Un giorno, figlia... ti ho detto che il fratello di tuo padre ci aspetta lì...?

—Sì...

—Dammi quella pentola e il cucchiaio grosso.

—Ma dov'è il Portogallo? —quello che vuole Julia è sentire le storie di sua madre.

—Lontano... molto lontano...

—E come ci vanno le persone fino a lì?

—Bisogna attraversare tutta l'acqua e tutta la terra del mondo e...

Come ogni giorno, inizia a raccontare alla ragazzina pezzi di quel tempo lontano. Il passato è accucciato come un felino in agguato, e a volte la sorprende mentre cucina. Nello stesso momento in cui sbatte le uova in una casseruola dal fondo ricurvo, Francisca intreccia ricordi come le stampe di un album vivente. Agita il ventaglio, quest'anno sente per la quinta volta nella sua vita il peso della gravidanza, raggiunge una finestrella e guarda il cielo.

—Sembra che non pioverà mai.

Francisca Maria è così assorta dalle sue nostalgie per il Portogallo che in un istante di magia i suoi pensieri volano e prendono vita, si disegnano e dipingono da soli nell'aria della stanza, affinché Julia continui a vedere in dettaglio tutto ciò che ha sentito dalla sua bocca. L'anima di Julia cavalca su uno di questi pensieri sciolti e vivi. Su di loro esce dalla finestrella, giusto per riuscire a vedere da fuori il viso ovale della mamma, che contempla altri tempi. Attraverso il varco, dietro la sembianza adulta di Francisca si può indovinare il volto piccino che aveva lei stessa, a otto anni, in camicia da notte, mentre asciugava il vapore di un vetro appannato per guardare fuori dalla sua camera da letto.

LA VALLE DELLA STELLA

Portogallo, primavera del 1892, una mattina brillante, il luogo è la foresta montuosa vicina alla *Vale de Estrela*, in prossimità della sorgente del fiume Mondego. Una bambina pulisce il vapore del vetro con la manica della sua camicia da notte, si allunga per poter vedere meglio. C'è una goccia d'acqua che si forma al rallentatore dal disgelo del tetto, il prato in pendenza è più verde che mai, uccelli migratori di tutti i colori attraversano il cielo diafano, dal ruscello alla pineta. Proprio mentre la goccia d'acqua cade dal ghiaccio, la voce di Catarina, sua madre, risuona dalla cucina.

—Francisca...! Visto che ci sei, sveglia le tue sorelle!

La bambina salta verso il suo letto, afferra una piuma che fa capolino attraverso il tessuto del cuscino, va in punta di piedi al letto dove dorme la sorella maggiore, Amelia, e le fa solletico con la piuma sul naso.

—No, Francisca, fammi dormire un po' di più... è domenica... mamma!... mi dà fastidio con una piuma...!

—Il latte è già bollito... —è la risposta.

Infranta la quiete mattutina, Francisca si getta sul letto come un gatto selvatico inferocito per giocare e smuove le imbottiture e le coperte sul corpo semiaddormentato della sorella maggiore, a tal punto che suscita in risposta un bacio-morso e una raffica di solletico. Amelia non si arrabbia mai con la sua sorellina.

—Vieni qui Ana, aiutami a catturare questo gatto selvatico! —Ana è la seconda.

Una coperta arriva volando dal letto vicino, e scoppia la guerra dei cuscini, finché le piume iniziano a fuoriuscire attraverso un foro accidentale in una delle federe.

—No, basta, che dopo sono io che la devo rammendare! —dice Amelia.

Principe, il cane, va al tavolo della colazione. Annusa il latte caldo, vede la mano della sua padrona che taglia la torta di frutta con un coltello, non male neanche il fragrante e musicale getto di caffè. Guarda il raggio di sole attraverso il miele dorato. Vola di nuovo in camera da letto. Nei suoi occhi si può leggere: come è possibile che siate ancora qui, con gli odori che arrivano dalla cucina? E poi torna vicino a Catarina, la madre delle bambine.

Le tre ragazze, Amelia, Ana e Francisca, si accorgono degli aromi, e si quietano le cose.

—Profumo di torta di mele...!

—Indosserò questo abito, è domenica, dobbiamo andare in chiesa!

Ana flirta col suo riflesso nello specchio. Francisca, con dolcezza infinita, accarezza coi suoi ditini i capelli di Amelia, sua sorella maggiore. Si vestono con i loro abiti migliori e si aiutano a vicenda a sistemare nastri e fiocchi. Una cerimonia particolare prima di andare in chiesa è la pettinatura dei riccioli di Ana, la seconda sorella, durante la notte protetti sotto un berretto per non sembrare un nido abbandonato al mattino. Amelia, la maggiore, e Francisca, la piccola, nate a sei anni di distanza, sono simili nell'aspetto fisico: lunghi capelli castani e lisci, viso ovale, pelle di un certo colore bianco, che con i soli di primavera diventa del colore tè con latte, occhi marroni dall'espressione carezzevole.

Le pareti della casa sono in pietra, nel soggiorno-cucina c'è una scala in pino che porta ad un soppalco in legno, l'arredamento è rustico, ma molto solido e ben costruito. C'è un fuoco che brucia in un grande camino in pietra, e la tavola è apparecchiata per la colazione della domenica con una tovaglia bianca ricamata. In un angolo c'è un divano con cuscini lavorati all'uncinetto e una antica sedia a dondolo. Attraverso le finestre si intravedono i chiaroscuri del bosco e il prato in pendenza, che via via si riempie di fiori: papaveri rossi e garofani di vari colori.

Catarina si gode il suono del latte fumante che cade sulle ciotole, che le riporta alla mente i ricordi della sua infanzia. Antonio, il padre delle ragazze, è già seduto a gustarsi una grossa fetta di torta. Le tre figlie, Amelia, Ana e Francisca, escono eccitate dalla camera da letto, finendo di ritoccare i nastri dei loro vestiti e dei loro capelli. Nonno José scende dalla scala, il figlio Antonio lo accoglie con un sorriso e gli parla:

—Oggi andiamo tutti in chiesa, padre...

—Buongiorno, José, come ha dormito? —saluta Catarina.

—Lasciami nel mio laboratorio, Antonio... io sto bene lì...

—Ciao nonno...!

—Buongiorno Cata, ciao ragazze.

—Madre, quanto è buona questa torta!

—Per favore, Amelia, passami il miele.

—Hai visto Pedro ieri? —le rughe del nonno si fanno più profonde tra i suoi occhi.

—Si, l'ho visto, ci sono stati pure gli inglesi. Gli sono stati offerti dei buoni soldi per la terra —nonno José fa attenzione e continua a masticare in silenzio—. Bisogna tenere duro, padre. Con la vendita di questo mese potremo pagare le tasse arretrate, e se ci adeguiamo un po'... Mi ha detto così, con queste parole e un tono solenne: "I D'Almeida non vendono". Loro sono come noi. Non sono stati fatti per abbandonare le montagne.

—Ce ne sono però altri che hanno già venduto in perdita e se ne vanno. In Sudamerica, bene, lo capirei, ma in Africa... —interviene Catarina.

—I Vidal si sono trasferiti in città, madre.

—Che ne sarà di noi, qui soli, Antonio?

—Tranquilla, Catarina, Dio sa che il brutto momento non può durare per tutta la vita.

Poco dopo, nonno José si alza con il berretto in mano, guarda con gratitudine la nuora, sfiora con dolcezza le teste delle ragazze e stringe con affetto la mano del figlio Antonio. Francisca si alza e lo abbraccia da un lato, arrivando appena a completare il cerchio del suo abbraccio, perché suo nonno è robusto. Lui, che è diventato un uomo di poche parole, risponde con carezze sul capo della ragazza ed esce dalla porta, in direzione della sua falegnameria. Francisca lo guarda attraverso la finestra mentre lui si allontana con il suo passo stanco.

—Francisca...! —la chiamano, ma lei non sente perché è concentrata su nonno José, finché la condensa sul vetro le rende difficile seguirlo con lo sguardo.

OLTRE IL CONFINE

N el paesino di Monsagro, nei pressi di Ciudad Rodrigo, provincia di Salzzamanca, in Spagna, nel 1863, veniva al mondo Claudio Rodríguez Pérez.

—Il piccolo sta per nascere! Chiama *dona* Remedios!... Oh! Il bimbo sta nascendo! —la voce si sparge a velocità magica in quel Monsagro incontaminato.

—Presto! Scalda l'acqua, María...

—Ah... Ah... no... no... Aiutatemi...

—Quel lenzuolo no! Oh... qualcosa sta uscendo...!

Sua madre, che fino a venti minuti prima stava impastando il pane, si comportava in maniera ammirevole per una giovane donna; certo aveva esperienza, poiché era già al terzo parto.

Claudio non diede tempo di fare nient'altro. Invece di piangere, tutto rosso e sporco com'era di placenta, cominciò a emettere piccoli gridi che sembravano di gioia, e a sorridere con i suoi occhi azzurri, perché erano semiaperti e distesi, anticipando a tutti che non c'era tempo da perdere, che la vita era una festa.

La famiglia si dedicava alla produzione del carbone, un lusso a quei tempi. Grazie a ciò, avevano mezzi sufficienti per vivere comodamente. Abitavano in una villa a due piani, a circa duecento metri dal paese; era proprio lì dove cominciava la loro terra. Muri in pietra, in parte imbiancati all'interno, pavimenti e soffitti in tavolato, finestre in legno naturale con persiane, una enorme cucina con un tavolo lungo tre metri, camino a legna e stufa a carbone. L'acqua arrivava loro dalla sorgente soprastante, ma raccoglievano anche quella piovana in uno stagno. Possedevano treni di muli per il trasporto dalla cima dei monti ai paesi vicini, e allevavano polli, conigli e maiali per il cibo della famiglia. In una pianura vicina alla casa coltivavano grano e lino. Avevano operai assegnati ai compiti più difficili, e c'era parecchio lavoro per tutti. Si godevano una bella vita, senza dover pensare affatto al domani.

Don Gervasio Benito Pérez, —di un'altra famiglia Pérez— uno dei due sarti del paese di Monsagro, aveva contratto seconde nozze con Juana, una figlia della famiglia Zarzo. Il 15 settembre 1869 veniva al mondo l'unica discendente di Juana: Benita Pérez Zarzo, che stava arrivando per rallegrare la vita di *don* Pérez il sarto, già vedovo e con due figli più grandi. E come la coccolavano! Benita era la luce degli occhi dei suoi genitori. Ma, nonostante tante coccole, ne uscì gentile, dolce, grata. Aveva imparato tutti i mestieri di una brava donna. Sapeva leggere, ma scrivere no, perché era usanza spagnola da paese, a quel tempo, che le donne non praticassero l'arte "indecente" della scrittura. Ciò era considerato inutile e, in un certo senso, pericoloso, di fronte alla possibilità di comunicare sentimentalmente con un uomo mediante una lettera. Il marchio di disonestà sarebbe caduto sulla giovane donna e sulla sua famiglia! Certo che era capace di scrivere, ma queste non erano cose di cui vantarsi nelle chiacchierate sociali. La Bibbia, la sapeva dall'inizio alla fine. Conservava anche nella sua memoria distici imparati da romanzieri e banditori, che cantavano in piazza le notizie più rilevanti a un popolo che contava su di loro per soddisfare le loro domande di informazioni.

Un ventoso novembre, dopo il quindicesimo compleanno di Benita, le accadde qualcosa che l'avrebbe segnata per tutta la vita. Monsagro era un piccolo paese e lo è tuttora. In quella zona, in quel periodo dell'anno, è normale che soffino forti venti; ecco perché c'erano dei ganci tra le pietre del muro, ai lati dell'unica finestra della casa che aveva le persiane all'esterno. Quella finestra dava su un frutteto che, scendendo un ripido pendio, diveniva un piccolo bosco. Con le impetuose raffiche di vento la finestra sbatteva, perché si erano dimenticati di agganciare una persiana. Se fossero passate le cinque avrebbe aperto la finestra e l'avrebbe richiusa dall'interno, ma era presto, erano solo le due, c'era ancora molto da fare, quindi era necessaria la buona luce pomeridiana. Benita decise di uscire, di girare intorno alla casa, per poter sostenere quella persiana che veniva sbattuta così insistentemente. Fu lì che scoprì che si stava colpendo da sola perché il gancio al muro si era staccato. Iniziò a cercare un modo per tenerla stretta con qualcosa; si guardò intorno e trovò che al di là, appoggiata al muro, c'era una pesante e grossa trave con la quale poteva sostenere la persiana, incastrando il palo tra il terreno irregolare e una fessura orizzontale del legno dell'imposta. Accecata dal vento e dall'urgenza, non si accorse che in un buco sul palo c'era un ragno velenoso che si riparava dalla tempesta incipiente, desideroso di raggiungere il muro e insediarsi in uno degli spazi sicuri tra le pietre. Quando prese il pezzo con le mani, muovendolo, il ragno, infuriato, saltò sul suo vestito, si aggrappò a una delle pieghe e, con un rapido passaggio, si infilò nell'orlo delle sottogonne. Benita entrò in casa, si lisciò i capelli scompigliati dal vento, poi passò tutto il pomeriggio a ricamare una camicetta, e la sera, dopo aver letto alcuni brani di una storia di principi e, come ogni giorno, parti della Bibbia, si ritirò in camera sua, lasciò la candela sul comodino, si tolse il vestito, si pettinò i capelli guardandosi in uno specchio ovale, si sedette sul letto per togliersi prima le calze, poi le sottogonne... e fu in quel momento che lo sentì e lo vide, offuscato dalla luce della candela, sopra la sua gamba, che la mordeva.

Benita lanciò un urlo, ma poi rimase senza parole: saltò, con tutto il corpo eccitato dall' adrenalina, spaventando, terrorizzata, il ragno con le braccia. Nel disperato tentativo di schiacciarlo, la candela cadde e si spense. Non riusciva a vedere nulla e si contorceva come una matta perché non osava restare ferma per essere alla mercé del ragno. Le dense nubi non permettevano il passaggio del chiaro di luna. In una strana danza, con il cuore in gola, nel buio più completo, corse fuori dalla stanza, scalza e quasi senza vestiti, nello stesso momento in cui stavano arrivando i suoi genitori. Quella notte non volle tornare nella sua stanza. La chiusero, bloccarono il perimetro della porta con stracci, lavarono e premettero il morso in modo che uscisse il veleno che il ragno avrebbe potuto introdurre, coprirono Benita con una coperta, e lei dormì con i suoi genitori. Cinque ore dopo, la ragazza sudava, aveva la nausea e la febbre, la sua gamba era diventata molto gonfia. Allora, il sarto *don* Pérez andò a cercare il veterinario del villaggio, perché non c'era il medico; l'uomo aveva un podere alla periferia di Monsagro.

Entrarono nella stanza di Benita alla luce del giorno. C'era il ragno, morto sul pavimento, sembrava così piccolo e innocuo, marrone, semi schiacciato; con le sue otto zampe retratte era incomprensibile quanto grande e in buona forma potesse sembrare da vivo. Il veterinario andò a trovare Benita, che era nella stanza dei suoi genitori con panni freddi sulla gamba e sulla fronte per contrastare i deliri della febbre.

I genitori seguirono alla lettera la prescrizione del "dottore", che, altrimenti, non avrebbe garantito la sopravvivenza della ragazza. La stanza di Benita fu ventilata e pulita a fondo; poi, cambiate le lenzuola. Dopo averle applicato impacchi freddi di una certa erba e averle dato da bere una pozione per alleviare i sintomi, la fecero sdraiare per tre mesi, con l'arto sollevato sui ferri ai piedi del letto sopra un cuscino, e le vietarono di abbassare la gamba da lì. Con il passare del tempo, la febbre scese fino a scomparire; il gonfiore della gamba, che in due giorni era diventato allarmante, cominciò a diminuire, e la povera Benita rimase lì, incapace di camminare, sebbene morisse dalla voglia, senza muoversi, perché il suo "dottore" non glielo permetteva. Il buon "dottore" non teneva conto che in tre mesi le sue ossa sarebbero cresciute e che questa posizione, mantenuta così a lungo, avrebbe prodotto una malformazione. Quando gli adulti lo scoprirono, era troppo tardi. Era guarita, ma la verità è che, nonostante l'avesse salvata dall'infezione, non avrebbe mai potuto perdonare il cosiddetto medico per il danno che le aveva procurato: la sua gamba sarebbe rimasta deformata per tutta la vita. L'evento plasmò il suo carattere: inconsapevole della propria bellezza e approfittando dell'occasione per dedicarsi a ciò che le piaceva, ovvero cucire e ricamare in casa, evitava il più possibile di mostrarsi in città, poiché la gamba deforme, a suo dire, era evidente, anche se in realtà era coperta dalle lunghe ed ampie gonne indossate dalle donne in quell' epoca.

Comunque, la storia di Benita, la figlia tanto coccolata dei Pérez Zarzo, non è rilevante per il ragno, ma perché a ventiquattro anni e due mesi, alle tre e mezza del pomeriggio, stanca di ricamare tovaglie e fazzoletti nella sartoria di suo padre, si addormentò per un minuto con il sole primaverile che le accarezzava i lunghi capelli biondi cenere. Fu solo un minuto, ma quando alzò lo sguardo verso il quadratino di cielo che si riusciva a vedere dalla finestra, incontrò il viso dagli occhi azzurri più belli che avesse mai visto, che faceva capolino e chiedeva del sarto con una voce chiara e allegra. Le bastarono solo pochi secondi per innamorarsi di Claudio e della sua bellezza rustica: biondo quasi rosso e sorprendentemente simpatico. Lui, che credeva di conoscere già a memoria tutti gli angoli e nascondigli di Monsagro e di aver degustato il vino di tutte le tavole, non capiva come mai gli fosse passato inosservato, in un paese così piccolo, quel laboratorio di sartoria in cui perfino le api tacevano per non svegliare un angelo dai capelli biondo cenere, e dove la lucentezza della siesta sembrava esistere per opera di un miracolo. Benita, sebbene meravigliata e felice, sentì riaffiorare i ricordi dell'evento del ragno, della sua gamba storta, come ogni volta, per il resto della sua vita, quando sapeva che il suo difetto sarebbe venuto alla luce. Due settimane dopo, i Rodríguez Pérez, con gli abiti buoni della domenica, visitarono i Pérez Zarzo. In un formale incontro tra liquori e pasticcini, Claudio, un trentenne nuovo di zecca dal cuore di festa, chiese la mano di Benita; e fu fissato un anno per il matrimonio.

Juana disse a sua figlia:

—Almeno, la legna non ti mancherà —alludeva all'ufficio della famiglia Rodríguez, fornitori del carbone della zona. Era il tardo 1893.

Molti anni dopo, Benita si sarebbe ricordata delle parole di sua madre e del perché avesse ragione, senza saperlo... ma questo lo racconteremo più avanti.

PIACERI E DELUSIONI NAZIONALI

Siamo tornati nel Portogallo del 1892. Mentre gli altri si preparano per andare in chiesa, Francisca è rimasta dietro la finestra, guardando dai suoi otto anni il nonno Josè, che cammina pesantemente verso il laboratorio di falegnameria. Il vapore del suo respiro sul vetro inquadra magicamente un presente che, senza piena consapevolezza, si fonde con altri tempi passati e futuri. Gli occhi di Francisca lo seguono fin dove riesce a vederlo. Guarda i piedi stanchi di nonno José, le sue mani come gli stessi annosi tronchi a cui dà forma nel capanno. Quando un uomo come lui non si preoccupa della propria salute, lavora sempre in piedi e crea con le proprie mani, è in quelle parti del suo corpo che si intravedono i segni di una vita dura; sono quelle che, insieme alla colonna e alla schiena, soffrono di più. Ci sono circa cinquanta metri tra la casa e il laboratorio di falegnameria, dopo di che non lo vede più. L'interno del laboratorio è accogliente, ha pareti di pietra a vista e pavimenti di pino grezzo; nel locale ci sono attrezzi da falegname, un grande e massiccio tavolo per lavorare, e altri arnesi da campagna appesi al soffitto e sui muri. C'è pure una sella su un supporto di legno. A volte il nonno cavalca. Egli vede che in u2n grande camino di pietra resta ancora della brace accesa del giorno prima, quando la muove con un attizzatoio. Si siede un momento a guardare il fuoco. Un pavimento di pietre quadrate si estende per due metri di fronte alla bocca del camino e si innalza formando due panchine ai lati, impedendo la possibile fuoriuscita di faville.

Il nonno Josè, forte e tenace come una quercia antica, è cambiato dopo la morte di sua moglie. Sebbene le sue forze vadano diminuendo con l'aumentare dell'età, non è questo che ha ferito il suo cuore da quel giorno, dato che gli piace ancora fare il suo lavoro di boscaiolo e contadino; semplicemente il fatto di sentirsi impotente, spogliato dell'amore della sua vita, gli ha fatto prendere coscienza di una profonda disillusione riguardo al futuro delle prossime generazioni. Schiacciato da un sentimento latente ma negato fino a questo momento, si è lasciato sprofondare nel più nero pessimismo. La malattia di sua moglie lo aveva mantenuto occupato, fino al punto di fargli dimenticare quasi completamente il corso delle vicende politiche ed economiche che stavano accadendo in quegli anni in Portogallo. Da quando lei morì, egli visse un periodo di infinita tristezza, mitigata solo dalla silenziosa compagnia di Francisca e dalla sua manina che lo tratteneva in questo mondo, poi sentì di nuovo scorrere la vita attorno a sé, e con essa la sensazione che aveva cominciato a turbarlo diciannove mesi prima. Ora non parla molto, lo fa soltanto per lavorare, per comunicare le cose basilari per la sussistenza, per trasmettere il suo sapere o per dare un consiglio utile. Non va più in chiesa. Ammette l'esistenza di un Dio, ma è arrabbiato, per la prima volta nella sua vita si sente impotente. Tanti anni dedicati al lavoro, tutta una vita accarezzando un sogno e ora, più vicino alla stazione di arrivo, invece di provare pace, prende coscienza del pericolo e prova la sgradevole sensazione di essere vulnerabile, di aver lavorato per nulla. La domenica si riposa. Per lui il riposo consiste nel rinchiudersi a lavorare il legno e a tacere, perché è in quel silenzio che ritrova sé stesso e si intrattiene amaramente con i fantasmi delle illusioni perdute. Anche se il suo corpo si rilassa, la sua mente non riposa mai.

Il Portogallo di fine secolo sta prendendo a pugni in faccia i contadini e tutti quelli che non sono ricchi abbastanza per essere potenti e minaccia di far crollare le economie di sussistenza dei piccoli agricoltori e dei proprietari di foreste in montagna.

Questo però non accadde dall'oggi al domani, fu un processo che andò sviluppandosi nel corso della storia, specialmente dalla fine del secolo XVIII, quando i venti della Rivoluzione Francese fecero parlare nel resto d'Europa dell'aria malsana emanata dalle monarchie assolute del continente. In quest'epoca la nobiltà portoghese si deliziava nell'enorme flusso di ricchezza proveniente dalle colonie americane che, per legge reale, potevano scambiare merci solo con la madre patria, e rispettava gli accordi con gli inglesi, signori del mare, per non essere ostacolata nel commercio marittimo. È in questo momento che, per evitare che quelle idee repubblicane contagiassero il suo popolo, l'Inghilterra si oppose alla Francia rivoluzionaria di Napoleone. Successivamente, quando la Spagna si dichiarò a favore della Francia, il Portogallo rimase solo nella penisola iberica, dipendendo dall'Inghilterra anche per "respirare". Nonostante avesse pagato la Francia per la sua neutralità con dei territori, di fronte all'imminente invasione francese del 1807, il re, cupola dell'assolutismo, il suo seguito e i suoi servitori —diecimila anime— scapparono in Brasile su bastimenti scortati da navi da guerra inglesi, e stabilirono la Corte a Rio De Janeiro.

Il Brasile si trasformò in un regno, in un impero molto più importante del piccolo e abbandonato Portogallo. Questo, invece, contando sulla difesa militare degli inglesi, non senza il proprio vantaggio —poiché non giocavano mai d'azzardo— fu sempre maltrattato dai responsabili degli avvenimenti di un convulso secolo XIX.

Dall'altra parte dell'oceano stava formandosi un impero liberale, favorevole alla importazione di vini e di prodotti da tutte le parti del mondo. Questo causò un impoverimento del Portogallo, che fino a quel momento era stato il suo unico fornitore. Vi fu una disgregazione generale del Portogallo iberico. L'unica autorità che rimase lì era quella militare, esercitata dagli inglesi, che "si mangiava" la maggior parte del denaro pubblico per mantenere il gigantesco apparato; ciò provocava un forte malcontento nei militari portoghesi. Oh, le entrate pubbliche! Erano i tributi degli agricoltori dissanguati quelli che facevano battere il cuore indebolito del Paese. Quale altra fonte c'era? Nessuna. Non c'erano industrie di trasformazione delle materie prime. Quasi tutti i prodotti venivano importati da altri paesi europei, pionieri della Rivoluzione industriale, che in Portogallo veniva considerata un'utopia.

La situazione forniva il "brodo" in cui si cuocevano le idee liberali, che miravano ad instaurare una monarchia costituzionale la quale, così come si presentava, si era rivelata incapace di condurre il Paese sulla via della prosperità.

Furono molti i pensatori desiderosi di cambiare il mondo, con grandi discorsi e buone intenzioni, ma con poche competenze e capacità per mettere in pratica i propri ideali. Nel corso del XIX secolo si alternarono rivoluzioni e restaurazioni monarchiche, con l'Inghilterra che intervenne sempre come moderatrice dei conflitti, ne avrebbe certamente ricevuto grandi benefici.

Il popolo e i contadini si rivoltavano permanentemente contro qualsiasi governo ufficiale a favore di quello che non lo era, perché non veniva offerta una soluzione ai loro problemi. Quando, per motivi elettorali, il partito al governo cambiava schieramento, si rivoltavano anche contro di esso, poiché neanche i nuovi eletti risolvevano niente. E così credevano ancora alle parole e ai discorsi dell'avversario di turno, vivendo una lotta ingenua e illusoria in cui venivano usati per raggiungere gli obiettivi, ma non erano nemmeno presi in considerazione quando si trattava di distribuire i benefici.

Il Portogallo era rimasto totalmente arretrato rispetto al resto d'Europa. Non c'erano investimenti, né tecnologia né gente capace e disposta a portare avanti tali imprese, poiché la maggioranza del popolo era analfabeta. L'unico bene di cui potevano avvalersi per produrre qualcosa era la terra.

I ceti più alti e l'apparato statale esigevano però di essere mantenuti; quindi, l'agricoltore non poteva sottrarsi ad una pressione fiscale asfissiante, più forte che mai, perché era l'unico che poteva produrre qualcosa per sfamare, con il pagamento di tasse sempre più esagerate, una struttura privilegiata e insensibile al vertice della piramide sociale, che non era solidale nei confronti del disagio economico del popolo.

Mentre si concentra sulle sculture che costruisce con grande piacere, i ricordi del passato vanno e vengono nella mente di nonno Josè, mescolati con quelli del presente. Immagini di persone, ricchi e poveri, amici che non ci sono più, sfilate della nobiltà in carrozze dorate foderate di raso, persone agiate nei loro raduni civici, commercianti che sorridono mostrando i denti, squadre di operai che costruiscono ferrovie e ponti, i suoni e i silenzi, i rumori e le pause, il martello sul ferro, contrasti tra la vita invitante della città e la campagna impoverita, gente ricca che compra novità importate, l'odore del legno appena tagliato, seghe e operai taglialegna, boschi, il rumore di un pino che cade, agricoltori abbronzati dal sole che mangiano pane e formaggio di capra, sua nuora che munge le capre... Sembra che la campagna non stia a cuore a un mondo avido di progresso, i cui fili, manovrati da calcolatori visionari, dettano il passo a creature ignare, eredi del peccato originale ed ancestrale della loro propria innocenza.

Il romantico miscuglio ottocentesco di piaceri e delusioni nazionali si inasprisce quando le inevitabili immagini dei nuovi arrivati si insinuano nella sua mente: inglesi eleganti con cappelli a cilindro sui loro cavalli...

—José, amore mio... non preoccuparti più... sarà quello che deve essere... —dice la sua moglie morta, apparsa in un raggio di sole dorato che entra dalla finestra. È una voce così rassicurante! Egli chiude gli occhi per continuare a sentirla alcuni secondi ancora e immaginare il profumo della sua pelle.

Come ricorda nonno Josè, suo nonno gli raccontò che, molto indietro nel tempo, i Maria avevano ottenuto i diritti di proprietà di quelle pinete, così come i D'Almeida, i loro zii, avevano acquistato un terreno vicino, un po' più a sud.

Nelle valli, negli anni di suo nonno e anche quando egli era solo un ragazzo, all'inizio del secolo, c'erano ancora terreni senza padrone e campi che i proprietari non si degnavano di coltivare, dove i contadini, insediatisi nei dintorni da tempi molto lontani, portavano gli animali al pascolo e raccoglievano frutta. Alcuni sviluppavano piccole economie di sussistenza: avevano i loro piccoli orti, pochi animali, raccoglievano legna secca per cucinare e scaldarsi d'inverno. Quello che non avevano se lo procuravano lavorando nelle proprietà rurali, i cui padroni davano loro una parte dei prodotti come salario. Quando a Josè riaffioravano quei ricordi, provava una grande nostalgia di quei giorni in cui, senza essere facile, —perché non era mai stato facile— i bisogni non erano tanti, e si potevano soddisfare in quel campo generoso, aperto a tutti.

Già nella seconda metà del XIX secolo la popolazione mondiale era aumentata in maniera esponenziale, c'era bisogno di materie prime che all'estero si pagavano molto bene. Il mercato del commercio internazionale era aperto, e prometteva entrate interessanti. Fu allora che, ancora una volta, entrò in gioco la trappola che fece sprofondare il Portogallo in una grande povertà strutturale:

"Perché mai rischiare grandi risorse per dare vita a processi industriali se possiamo ottenere velocemente molto denaro attraverso una via facile? Mettiamo in vendita nel mondo i nostri frutti di madre terra che produciamo a buon mercato!"

Secondo questi principi, promossero l'esportazione delle materie prime, cercando di ottenere il massimo da quello che già avevano: i prodotti agricoli. Il costo della mano d'opera era irrisorio, e non era difficile reclutarla, era comunque un onere che danneggiava i lavoratori perché il guadagno non era sufficiente per andare avanti, e pesava abbastanza agli imprenditori a causa dello squilibrio economico e della pressione fiscale.

Ecco come il sistema andò cambiando: si cominciò a fare uno sfruttamento completo dei terreni adatti all'agricoltura. Le persone facoltose, che fino a quegli anni avevano fatto solo un uso parziale della terra, cominciarono a coltivare tutti i terreni incolti e acquistarono quelli senza padrone, quando, eccezionalmente, non fossero stati comprati con risparmi da altri contadini, che erano diventati piccoli proprietari rurali in relative buone condizioni economiche. Questi cambiamenti asfissiavano quei contadini che non erano riusciti a diventare proprietari: ad essi non era permesso coltivare i loro piccoli orti, né far pascolare i loro animali —né averne— e neanche raccogliere legna da ardere per i loro camini. Smisero di percepire il compenso per il loro lavoro in frutti della terra, poiché tale situazione non conveniva più ai proprietari terrieri: la produzione agricola aveva acquistato un valore che fino a quel momento non aveva mai avuto, pertanto doveva essere prelevata e destinata all'esportazione, che permetteva di guadagnare bene. Il salario dei contadini si era trasformato in moneta cartacea e stava perdendo valore; molte volte era destinato ad essere scambiato con prodotti dai loro stessi pagatori. Poche monete di scarso valore, indice di povertà. Soldi inconsistenti che non sarebbero mai bastati, nemmeno casualmente, per riottenere le meraviglie perdute: del cibo sicuro, il calore del fuoco, la serenità del contadino di altri tempi.

Intanto, nelle città, l'opulenza regnava nelle dimore dei fortunati. Altri settori della società, che si erano arricchiti con questo nuovo stato di cose —i nuovi ricchi imborghesiti, entusiasti del consumo degli articoli di moda importati— copiavano l'originario fasto con imitazioni provenienti dall'Inghilterra e dalla Francia. Molti lavoratori rurali, scambiando una miseria con un'altra, emigrarono in cerca di un salario verso la periferia dei centri eleganti per lavorare nelle poche fabbriche e industrie di trasformazione che erano riuscite ad affermarsi sulla base di una reale esigenza locale, ma anche per soddisfare una piccola domanda di prodotti da parte delle colonie. Mentre le loro donne potevano essere impiegate nelle faccende domestiche, la maggior parte degli uomini non riusciva a trovare lavoro, perché non c'erano abbastanza industrie per assorbirli tutti. Gli operai giunti dalla campagna che riuscivano a trovare un'occupazione in città, facendo grandi sacrifici, favorivano la promozione sociale dei propri figli attraverso lo studio e, se avessero avuto fortuna, sarebbero entrati a far parte di certi ceti della società borghese medio-bassa dell'epoca: l'impiegato d'ufficio, l'impiegato pubblico, il maestro. Questi elementi della società risparmiavano per acquistare un vestiario adeguato e fuori di casa si comportavano come borghesi, tenendo segrete le carenze economiche nell'intimità delle loro abitazioni.

La monarchia costituzionale si occupava solamente di costruire vie di comunicazione —convenienti per i suoi propri vantaggi— e lasciava al settore privato la crescita in tutti gli altri campi. Questo stato di cose generò un contesto in cui i latifondisti e i borghesi cercavano il modo di aumentare la propria ricchezza, applicando l'antica formula di salvarsi da soli, o forse in gruppi di élite, trattando il resto dei popolani come appestati di povertà; alcuni venivano sfruttati per lavori pesanti, e il resto era condannato a una sopravvivenza poco dignitosa.

In materia culturale, a poco a poco il Portogallo aveva smesso di guardare se stesso e aveva girato la testa verso i poli delle novità: Londra, Parigi... Abiti realizzati con tessuti importati, utensili importati per rendere meno faticosi i duri lavori quotidiani, opere d'arte e mobili importati per abbellire corridoi e ambienti, case che copiavano l'architettura europea delle grandi capitali, e signore ben profumate con aromi fabbricati in Francia. Anche se fosse stato possibile, non sarebbe valsa la pena di fabbricare le cose proprie.

Se un fumettista dell'epoca avesse voluto fare un'illustrazione ironica della vita borghese da inserire in un giornale, potremmo già immaginare il tipo di disegno che avremmo visto: gli scenari e i personaggi caratteristici della fine dell'800 nel migliore stile modernista, che conducevano la loro vita con gioiosa incoscienza, e tutti come ipnotizzati, come attratti da una potente calamita, con la testa girata verso nord, per non perdersi neanche un dettaglio della *Belle Époque:* mode, arti, pensieri e ideologie dell'avvantaggiata Europa del nord.

In un duplice processo di sottomissione inconscia e ubbidienza fatalista, santificavano ciò che era importato e condannavano la produzione locale perché semplice, priva di qualità, senza classe. E ovviamente lo era! Le qualità degli articoli non potevano essere le stesse, poiché l'abisso dell'arretratezza era secolare.

Il principale investimento della classe borghese era l'acquisto di proprietà da affittare a persone che potevano permettersi una vita buona. Ma quando si trattava di investire il loro denaro, compravano anche casette meno lussuose per affittarle alle sempre più numerose famiglie che abbandonavano la campagna per il miraggio della città,

molte delle quali sarebbero poi vissute nella miseria cittadina, masticando amaro nel vedere tutte le cose materiali
che esistevano e che non avrebbero mai potuto possedere.

—Credo che Venancio ti stia chiamando... —dice
sua moglie, riapparendogli dietro la luce dorata della finestra.

A destra della porta del capannone si vede l'apertura
attraverso la quale sua nipote Francisca sta guardando di
nuovo, ignara del gruppo che sta uscendo da casa. Il nonno
immagina i suoi piedi leggeri ripidi per guadagnare altezza,
e uno di loro si alza in un suo proprio gesto; le sue manine
toccano inconsciamente il vetro e disegnano con le piccole
dita. Improvvisamente sente la voce di Ana che la chiama
dal sentiero.

Si mette il cappello al volo, lo allaccia con dei nastri
ed esce correndo dalla porta principale, anche il suo vestito
vola nella brezza; quando vede il gruppo continua a correre,
ma a piccoli balzi, tenendosi il cappello; il cane Principe la
segue e lei raggiunge il gruppo che scende lungo il sentiero.
Il nonno si affaccia e riesce a vedere solo le loro teste finché,
scendendo dalla collina, non scompaiono nel prato.

IL BAMBINO CHE RIMASE SOLO

Una voce... —*Don* José, *don* José, venga presto se può! —è la voce di Venancio, il giovane che resta a vivere nel bosco, con la sua famiglia, in una capanna tra i pini più in alto. Dalla sua casa si può vedere la maggior parte della terra, che custodisce di sua spontanea volontà, in segno di gratitudine alla famiglia María.

Tanto tempo prima, la moglie di nonno José si era presa cura di lui come una madre, dopo che era arrivato dalla città, affamato e vestito di stracci. Era ancora un bambino quando i suoi genitori, poveri e senza lavoro, erano stati ingiustamente accusati di furto e uccisi a colpi di arma da fuoco da una guardia ubriaca. Venancio aveva visto tutto, nascosto dietro alcuni barili. Invece di piangere, rimase in silenzio. Invece di correre, restò lì come inchiodato a terra, tenuto fermo dal peso della sua profonda impotente solitudine.

Il giorno dopo, alle cinque e mezza del mattino, fu trovato da una signora che portava alcuni bidoni contenenti latte da vendere. Era sudicio e addormentato, rannicchiato nello spazio tra due botti. Cercò di svegliarlo, il ragazzo la guardò senza parlare, ma si aggrappò ad alcuni raccordi sporgenti. La venditrice di latte, seppur commossa, pensò ai sei bambini che aveva in casa da sfamare, gli lasciò a portata di mano una piccola e vecchia brocca con il latte appena munto e un pezzo di pane che portava nel grembiule, e si ripromise di informare la prima autorità che avesse incontrato durante il percorso di quel giorno. Venancio, lasciato solo, si mise in tasca il pane, bevve il latte e corse verso i monti. Nessuno lo vide più, e nessuno sentì la sua mancanza.

Apparve nella proprietà dei Maria, insieme a una cagnolina che lo aveva seguito per diverse ore. Non parlava, né parlò per tre mesi, ma sapeva che era lì che voleva vivere, e lì rimase. La moglie di José cercò di amarlo come faceva con suo figlio Antonio, ma Venancio fu, per tutta la sua infanzia e giovinezza, un ragazzino imbronciato, chiuso, cupo, come un uccellino con le ali spezzate. Preferiva sempre la solitudine della piccola baita nascosta, finché non incontrò Margarida, e allora la sua capacità di coltivare la speranza, in letargia da tanti anni, venne alla luce. Quando nonno José rimase vedovo, Venancio, ormai uomo maturo, pianse come un figlio, versò tutte le lacrime che da bambino non aveva mai potuto versare da quella terribile notte, e lì il suo dolore svanì, come se la seconda madre lo avesse cancellato con la sua morte.

—*Don* José, ci sono degli uomini strani nella foresta, vengono a cavallo!

—Cosa stanno facendo, Venancio?

—Non lo so, parlano un'altra lingua. Quelli non sono di queste parti.

Nonno José carica l'arma da caccia, poi esita un momento; quindi, la rimette sulla staffa appesa al muro del capannone. Si mette il cappotto che trova a portata di mano ed esce a piedi con Venancio, che ha lasciato libero il suo cavallo a pascolare.

Centocinquanta metri più in basso, possono vedere il gruppo di inglesi, con le braccia che indicano diversi tratti

del bosco, vestiti coi loro abiti eleganti, portando alti cappelli a cilindro e compiaciuti sui loro cavalli perfetti.

GLI INGLESI SUI LORO CAVALLI

Gli inglesi restano sui loro cavalli. Solo uno di loro smonta, si toglie il cilindro e si dirige verso nonno José, riconoscendo nel suo sguardo la posizione gerarchica del capo.

—Buongiorno, *don* Maria —dice l'inglese, improvvisando un sofisticato accento portoghese impacciato.

È chiaro che quest'uomo appartiene al gruppo di coloro che sono in Portogallo da alcuni anni.

I Maria avevano sentito parlare di uomini d'affari inglesi che avevano comprato foreste di pini e le stavano abbattendo. José si chiede se il legno sia utilizzato in Portogallo o portato in Inghilterra. Quest'ultima soluzione gli sembra poco pratica, ma, quando si tratta degli inglesi, hanno inventato così tante cose...

—Il mio nome è Walter Brown. Rappresento la Compagnia del Legname di Coimbra. Stiamo visitando il suo terreno per valutare alternative di acquisto. Abbiamo già comprato alcune proprietà qui vicino.

—Queste foreste non sono in vendita, e non credo che il mio compare D'Almeida voglia vendere.

Un grande sorriso si disegna sul viso dell'inglese, che porge un biglietto da visita a nonno José. Poi dice che le terre dei Maria gli interessano, che per i proprietari è una buona occasione da sfruttare, dato che offrono buoni prezzi, che poi scenderanno. I capelli dorati dell'inglese riflettono il sole che è appena apparso dietro una nuvola che passa. Mentre aspetta la reazione del nonno, l'uomo socchiude gli occhi con un'espressione di difficoltà.

—Signore, noi abbiamo lavorato queste terre molto prima dei tempi del nonno di mio nonno, come pensa che potremmo vivere fuori di qui?

—Capisco, ma per favore conservi il biglietto. Tornerò.

Nonno José tace, un silenzio carico di significato, di storia. Tutta la sua vita, la vita dei suoi antenati e i cento anni a venire gli balenano in mente in un istante e gli si fermano in gola. Deve inghiottire per poter respirare.

L'inglese quasi capisce, solidale con quei sentimenti che lui stesso avrebbe provato se si fosse trovato al posto del nonno, anche se, subito, rassegnandosi facilmente alla fatalità che lo ha messo nei panni del carnefice, si inchina, si mette il cilindro, monta a cavallo e si volta, riprendendo il sentiero da cui era venuto. Gli altri inglesi, sentendosi tacitamente invitati ad abbandonare il luogo, seguono l'esempio.

In tale contesto era logico pensare che la frantumata industria locale richiedesse sempre meno materia prima. Nel caso del legno grezzo, il prodotto dei Maria e dei D'Almeida, a causa del peso dei pezzi, non era un articolo facile da esportare. Inoltre, i paesi del nord avevano vaste foreste di cui fornirsi. Questi paesi, piuttosto, erano incentrati sull'attuazione di altre strategie per altri obiettivi, più vicini al raggiungimento dell'egemonia economica, il che significava parlare su larga scala. Più che il bosco, si ambiva la posizione privilegiata per il commercio, e la terra per generare l'agricoltura. Sappiamo già che il Portogallo manteneva una simbiosi con l'Inghilterra, per gli affari e la politica coloniale. Il regime portoghese dell'epoca facilitava tutto agli inglesi, compresi gli acquisti di terre da parte dei proprietari terrieri di quel regno, per sfruttare la ricchezza, il lavoro umano e l'egemonia che risultava dalla presenza strategica in diverse parti del mondo. L'economia in recessione di questi contadini si rivelava molto utile come elemento di pressione. In questo senso era meglio che i contadini soffrissero per il soffocamento economico, così da potersi liberare con maggiore determinazione e sollievo della loro terra. L'esattore imponeva tasse eccessive e, grazie a questa pressione, esercitata dall'avidità di fondi, divenne, per inciso, un alleato degli avvoltoi. Così i Maria e i D'Almeida, come tanti altri, lavorando i loro amati boschi, ottenevano sempre meno compensi, e si sentiva sempre più l'aria di instabilità. Tutti quelli nella loro situazione, pur avendo la proprietà della terra, stavano diventando poveri.

LA DECISIONE È PRESA

Qualcuno chiama quando tornano dalla chiesa.

—Aspetta, Antonio! —è la voce di Manuel Ferreira, che li ha visti da lontano e ha accelerato il passo, insieme ai figli Manuelito e Carlota— devo parlare con te e tua moglie. Abbiamo una notizia.

I Ferreira sono i loro vicini più stretti. Antonio li conosce da bambino: Manuel e Félix. Giocavano insieme fin da piccoli, e impararono i mestieri del boscaiolo e del falegname artigiano mentre aiutavano i loro genitori. Antonio Maria e Manuel Ferreira conducono vite simili. Alla stessa festa popolare avevano incontrato le rispettive fidanzate: giovani donne che sarebbero poi diventate inseparabili compagne di vita. Felix era emigrato in Brasile tre anni prima, con moglie e figlio. Manuel voleva restare in montagna.

Catarina guarda Manuel con una scintilla negli occhi:

—Dobbiamo congratularci con voi? Ho già visto che la figura di tua moglie si allarga. E gliel'ho detto. Sono così felice Manuel!

—No, non è quello.... bene, si: sta arrivando un bambino... grazie Catarina. Però si tratta di un'altra cosa, —il gesto si rattristò— venderemo pure la terra. Ce ne andiamo, Antonio.

—Però, Manuel, la terra... prendere una decisione così...

—Sono stanco, Antonio. Non vedo alcun futuro qui, stiamo peggiorando sempre di più. Non posso più pagare i lavoratori, i bambini sono troppo piccoli per aiutarmi. Sai che le altre gravidanze di mia moglie sono state difficili. Da quando mio fratello vendette e andò in Brasile, le sue lettere arrivano ogni due mesi, con buone notizie. Ha aperto un negozio in un paesino vicino alle piantagioni di caffè, ha potuto comprare delle terre e ha bisogno di persone affidabili per gestire la sua attività durante i suoi viaggi nell'entroterra.

—E a chi le vendi...? Sai che noi, in questi momenti, non possiamo...

—No, no, un'azienda inglese ci ha fatto una bella offerta. Stanno comprando terreni a nord e lungo le sponde del Mondego. È la nostra opportunità di cambiare vita, Antonio. Pagheremmo i debiti e il viaggio in Brasile, e ci resterebbe ancora una buona parte per ricominciare nel Nuovo Mondo.

—Manuel, ti chiedo solo di pensarci, potremmo aiutarti ad andare avanti, con i nostri lavoratori, Catarina e le mie figlie potrebbero aiutare tua moglie in casa fino a...

—Non posso pensarci, Antonio. Ho già ricevuto parte dei soldi.

In passato non era stato il bisogno di sostentamento la principale motivazione per gli uomini a lasciare le proprie famiglie in attesa, mentre intraprendevano l'avventura delle colonie, ma il fervente desiderio di arricchirsi. Molti uomini erano andati da soli in Brasile o in altre colonie per fare soldi, ed erano tornati ricchi. Pur essendo un'impresa dura, avevano potuto farcela. Erano riusciti ad andare e venire dall'altra parte del mare. Ma nell'ultima metà del secolo il panorama era radicalmente mutato: la popolazione cresceva, le campagne si svuotavano, le devastazioni prodotte dalle disuguaglianze sociali e dalla fame erano più evidenti che mai.

In un primo momento, la dirigenza nazionale non vedeva di buon occhio l'emigrazione di massa, ma poi capì che le centinaia di migliaia di autoesiliati di metà secolo, che andavano in Brasile da soli, lasciavano le loro famiglie nella penisola e mandavano in Portogallo i soldi che riuscivano ad accumulare, per sostenerle. Osservarono con soddisfazione che l'economia trovava in questi viaggi un'interessante compensazione. Era come se la geografia del Portogallo si fosse diffusa come una grande chiazza di petrolio, dando lavoro a molte persone. Questo creò un afflusso di denaro dall'estero senza precedenti, nemmeno paragonato a quello della fine del secolo XVIII.

Tale situazione favoriva anche il fatto che in Portogallo le cose continuassero ad andare come al solito, con scarso interesse ad aumentare gli investimenti produttivi.

Se prima i viaggiatori, maggiormente uomini avventurieri, lasciavano in casa le loro famiglie, nel 1892, però, qualcosa era cambiata: quasi tutti quelli che se ne andavano in America portavano con sé bauli, moglie, figli, storia e persino i mobili. Raramente ritornavano, poiché il motivo dello sradicamento non era più l'avventura della ricchezza promessa del Nuovo Mondo, ma piuttosto la sopravvivenza, la paura di restare e di perire.

UN PICCOLO ASINELLO BIANCO

Nuvola raglia nella stalla e muove una zampa anteriore. A modo suo saluta Francisca, che viene dalla casa con parte del cibo per la squadra di operai e lo carica sui cestini dell'asinello. O forse Nuvola saluta il cibo, sperando di assaggiarlo un giorno? È erbivoro, ma non insensibile ai buoni aromi dell'aria, anche se sono pane e formaggio o stufato di capra. Bianco e lucente, rosa dentro le orecchie, denti enormi e occhi seducenti, ha già i cestini disposti uno per lato del lombo; Amelia e Ana se ne sono occupate prima. Manca pochissimo per la pausa pranzo. Francisca corre a casa per cercare quello che resta del cibo; ama aiutare, andare con l'asino nella parte del campo dove suo padre, suo nonno e gli operai si radunano a mezzogiorno per mangiare, intorno ad una lunghissima tavolata di pino, sotto un tetto rustico. La ragazzina ha ereditato dalla madre tutta la dolcezza, il candore e la femminilità della donna portoghese, e dal padre, oltre a una voce melodiosa, alcune scintille di arguzia, sconcertanti in una bambina di otto anni. È determinata, ma docile, fluisce come un fiume calmo e profondo che scorre dolce, arginando le sue sponde, quando logicamente dovrebbe essere il contrario. Lei contiene, sostiene, aiuta, contempla e ascolta.

Dalla finestra di casa, gli occhi della madre sono fissi sui suoi capelli scuri mossi dal passo ritmato dell'asinello, che trasporta due ceste giganti piene di pane, formaggio e altre prelibatezze, celebrato dal cane, che gli gira intorno per tutto il sentiero, fermandosi solo per sentire l'odore di un coniglio accovacciato nell'erba, o magari per disturbare allegramente la calma di qualche pozza cristallina. Gli occhi sorridenti di Catarina si staccano da Francisca in lontananza, perché capisce che lo sguardo di Antonio, dalla distanza, la osserva e l'accompagna per il resto del percorso, fino al suo arrivo.

Riposano anche i buoi, l'aratro, gli attrezzi e gli instancabili uccelli multicolori, che a mezzogiorno osano appoggiarsi sulla terra appena arata, quasi pronta per la semina del grano primaverile, in cerca di lombrichi, paglia e bastoni sottili per fare i loro nidi; ci si posano con aria di sfida, amici dello spaventapasseri. Su di loro ha più potere l'aquila reale che a volte si vede lassù, che balla col vento, nelle giornate di sole. Quando l'aquila vola sui campi, gli uccellini scompaiono, vanno a rifugiarsi nella foresta. Poi tornano.

Catarina, di buon mattino, ha munto le capre. Ha avuto una buona produzione di latte. Amelia e Ana la aiutano sempre nelle faccende domestiche: stanno imparando a fare il formaggio. L'hanno visto fare così tante volte che lo sanno già a memoria. Successivamente, portano i formaggi in una sezione ben ventilata del piano superiore per aerarli. Gli insaccati, la frutta e i prodotti dell'orto sono conservati in un fresco capannone annesso alla casa, ma più basso.

Amelia, Ana e Francisca apprendono i mille mestieri della vita di campagna. Fin da piccole collaborano, anche in compiti che richiedono un certo coraggio, come uccidere un pollo o preparare uno stufato per diciassette commensali. Al tramonto, quando tutto il lavoro è finito, puoi vederle e sentirle cantare, imparare a pregare, ricamare fazzoletti, rammendare vestiti, raccontare storie, fare domande, senza stancarsi di nulla.

Nel 1892, a maggior ragione quando si parla di campagna, non è consuetudine mandare le ragazze a scuola, non è ritenuto essenziale o utile, e raramente è desiderato da loro. L'ignoranza della lettura e della scrittura non è disapprovata. Succede anche nelle famiglie benestanti. In campagna è perché le scuole sono molto lontane e i bambini sono necessari a casa per aiutare con il lavoro, nelle città, perché l'ambizione della maggior parte delle ragazze è il matrimonio, la formazione di una famiglia. In certi ambienti il desiderio di studiare è percepito addirittura come una forma di peccato, perché implica l'uscita, il distacco, anche temporaneo, dalla protezione e dal controllo della famiglia. Questo "peccato", per natura, è più perdonato all'uomo, ma meno alla donna. Se questo peccato è "commesso", può, in molti casi, per il giovane studente, rivelare carenze finora insospettate, insieme alla necessità di rompere con l'ambiente che causa questa carenza, cioè vedere crescere le proprie ali e sentire il desiderio di volare, poiché la conoscenza è madre di sé stessa.

L'opinione che la società ha di lei è decisiva per il futuro di una ragazza di fine secolo. Negli ambienti tradizionali, l'unico modo per mantenere l'onore delle giovani donne è tenerle in casa fino al giorno del matrimonio, educandole alla fede religiosa più profonda, come si faceva con i loro genitori e con i genitori dei loro genitori, partendo da un idealismo che, nello stesso tempo, le protegge moralmente e le lascia indifese di fronte alla realtà sociale, poiché rimangono estremamente pure ed innocenti. Forse troppo per un mondo che si vergogna sempre meno della propria decadenza morale.

E la scuola... non è che a casa si parli mai di andare a scuola, per di più, l'argomento non è nemmeno sfiorato. Semplicemente, il sistema della vita è così: non viene trattato, né desiderato, né è presente. È un sistema stabilito e accettato, quindi il tema non è nei loro pensieri. Nonostante ciò, il giorno prima erano un po' curiose del cugino Juan D'Almeida, perché andava a scuola e l'avevano scoperto.

—*Juancito* frequenta la scuola —dice Francisca.

—Quando non deve aiutare suo padre nei campi —risponde Ana.

—Ma la scuola è lontana, quando torna è tardi, perde un sacco di tempo —opina Amelia.

—D'altronde, non è bene che un bambino vada in quei campi da solo in questi tempi —interviene la madre, quasi a voler chiudere la discussione.

In un contesto condizionato da un diffuso analfabetismo, lettere e numeri ne alimentano solo pochi. E fanno morire di fame molti, tra loro gli stessi insegnanti di scuola, eroi senza ferro in quella faticosa lotta per sopravvivere con così poco e far intravedere ai bambini l'irraggiungibile. Quei pochi che vengono mandati a scuola, infatti, scopriranno orizzonti mai immaginati, praticabili solo in altri ambienti, ma difficilmente raggiungibili per un giovane contadino. Chi studia avrà probabilmente voglia di rinunciare al lavoro agricolo.

I loro lontani cugini, i D'Almeida, hanno pinete un po' più a sud, terra ereditata di generazione in generazione. Nella zona sono conosciuti con il soprannome di "*Os Pinheiros*". Sono lontanamente imparentati con i Maria, e di tanto in tanto si riuniscono per celebrare un evento familiare. A volte, suo figlio Juan e le ragazze di Antonio si vedono alla messa domenicale e fanno insieme la via del ritorno, fino al bivio. Più tardi, Juan prosegue con sua madre e le ragazze con la loro famiglia, ciascuno verso la propria casa.

Pedro Joaquim D'Almeida, il padre di Juan, ha altri due figli grandi, nati dal suo primo matrimonio.

Quando la sua prima moglie morì, Pedro Joaquim aveva continuato a dirigere la famiglia per un certo periodo, ma era ancora giovane, e si era risposato. I suoi figli, ormai maggiorenni, avevano ricevuto una parte della terra. Pedro conservò i titoli dell'altra metà, per proteggere Rosa, la sua nuova moglie, che mesi dopo partorì Juan. I fratelli di Juan formarono ciascuno la propria famiglia, sebbene continuassero a lavorare al fianco del padre, sottoponendogli le decisioni più importanti per rispetto e affetto.

Juan è un bel bambino di dieci anni, con la testa tonda, gli occhi castani con lunghe ciglia sul viso bianco. È intelligente, premuroso, agile, abbastanza alto per la sua età, e di corporatura robusta. È creativo. Fin da piccolo, prova i mille modi di fare le cose; assembla e smonta oggetti da lavoro per migliorarli, costruisce attrezzi, cura l'orto di sua spontanea volontà, classificando i semi che pianterà il prossimo anno in diversi luoghi, per testare quali sono le migliori condizioni di coltivazione. Giovanissimo imparò a coltivare la vite, e ora ha il serio scopo di imparare a fare i vini. I suoi genitori a volte si chiedono da dove abbia preso l'energia, la scintilla di curiosità, quella maturità innata. E sono grati di avere un figlio sempre pronto a collaborare.

Un campanello che tintinna al collo di Nuvola avverte Catarina che Francisca sta tornando, in groppa all'asinello, felice e al trotto, con le ceste vuote.

IDENTITÀ, TRIBUTI E TOSSE

I mesi passano, e gli inglesi tornano regolarmente a ricordare ai Maria la loro proposta. La prima volta che tornano, aumentano l'offerta del cinque per cento e la seconda del dieci; le altre volte abbassano metodicamente il prezzo offerto, come per far sentire a José e Antonio che se non reagiscono subito perderanno soldi.

La crisi economica che il Portogallo sta attraversando negli ultimi anni ha portato molti a vendere la propria terra per metà o per un terzo del suo valore reale, con l'obiettivo di abbandonare l'ingrato lavoro della coltivazione. Le persone sono stremate per l'impari lotta contro le onde di un'economia distruttiva. Ma il nonno resiste. E non è che nel suo interno o nelle solitudini del capannone non l'abbia considerato, è che si rifiuta di fare un passo che significherebbe un doloroso annullamento dell'identità familiare dei Maria. L'argomento è stato discusso anche in famiglia. Sono tutti d'accordo.

I Maria da una vita sono persone con radici secolari in quei campi di pini. Hanno sempre respirato l'aria inondata di elisir, nascono e vivono con i vegetali che vengono dal profondo della terra e che li completano come esseri; i loro cuori sono parte delle pietre, degli aromi penetranti e delle resine vischiose, posseggono la ruvidezza dei tronchi severi e la levigatezza delle spighe di grano. Sono fatti di albe fredde che con le loro dita di ghiaccio cristallizzano l'acqua delle grondaie. Guardano la campagna e respirano le pinete dagli occhi dell'aquila reale e del falco. Ridono dello spaventapasseri come fanno le rondini. Le loro anime sono fatte di canti di galli, di stormi di uccelli migratori, di suoni di tronchi che cadono, di ululati notturni del vento tra gli alberi e di canti di contadine che lavano i panni nel fiume.

È passato un anno e mezzo da quando i Ferreira sono partiti per il Brasile su una nave battente bandiera spagnola, con la propria vita racchiusa in una borsa gelosamente custodita, tre bauli di legno, tremila ricordi conficcati nell'esofago... e la vaga speranza di poterli ingoiare, un giorno. Due mesi fa è arrivata la prima lettera. Senza esagerare, dicono che la fortuna ha cominciato a sorridere.

Le cose non vanno bene per i Maria. C'è sempre meno possibilità di mettere in vendita il legname e, quindi, di continuare a pagare la squadra di operai. Devono licenziare alcuni lavoratori. Nella maggior parte dei casi, sono gli stessi lavoratori che vedono lontano il futuro e vanno a cercarlo. La terra per le colture di grano e altre specie alimentari è scarsa, sufficiente solo per l'approvvigionamento familiare. L'erario impone tasse sempre più elevate e sproporzionate sul reddito effettivo dei proprietari. Di conseguenza, rimangono indietro sui pagamenti. Gli stranieri si aggirano come falchi, ma non contattano più il nonno per circa tre mesi.

Un giorno arriva l'avviso che il governo ha trasferito un debito fiscale che hanno i Maria. Da quel momento in poi la trattativa di interessi e condizioni va fatta con gli acquirenti, che sono, naturalmente, gli inglesi coi cilindri.

Riappaiono accompagnati da avvocati, ma questa volta per esigere il pagamento del debito.

—No, signore Maria, lei non sta capendo bene, ora siamo noi i suoi creditori e non possiamo darle più tempo. Abbiamo anche obblighi da affrontare e risultati da dimostrare.

—Mi dia un po' di tempo per risolvere il problema.

—La soluzione ce l'ha a portata di mano: la cessione della pineta sottostante, confinante con l'antica terra dei Ferreira.

—Chiedo solo due giorni.

Messi alle strette, i Maria si recano in città per cercare di ottenere un finanziamento dall'unica istituzione che sta dando credito ad alcuni piccoli proprietari in difficoltà. Entrano in un ufficio di ricevimento, dove un segretario piccolo e magro ordina e sigilla documenti. Vengono poi ricevuti da un grasso banchiere dalle guance rosse, che ha oro dappertutto, dalla bocca alla grossa catena dell'orologio, e si è fatto attendere, come dettato dalle regole degli individui importanti. Li fa accomodare in un ufficio pomposo decorato in stile classico, con vista sulla strada trafficata. Loro spiegano il problema. Il borghese dal dente d'oro, seduto dietro la magnifica scrivania di mogano con l'aria di non capire niente, li ascolta con assoluto disinteresse. Poi, come se non avesse sentito nulla di quanto detto, chiede loro quale sia l'attività di sfruttamento della loro terra. Antonio e José spiegano verbalmente nel dettaglio, ma il grassone, oltre a commentare di non aver capito bene, dice che non concedono più prestiti a boscaioli e a contadini, che è meglio cominciare a pensare di vendere il terreno, ora che possono ancora ottenere prezzi ragionevoli.

C'è del gelo nello sguardo acuto del banchiere, ma il suo sorriso vuole trasmettere fiducia. Antonio e nonno José gli mostrano alcuni disegni del terreno, e notano che l'uomo si sofferma con piacere sul disegno quando il suo dito grosso passa sopra il nome Ferreira. "Ah..." è tutto ciò che dice. Poi commenta che, siccome è vicino alla terra di un amico, forse si può fare un'eccezione, cioè concedere loro un mutuo applicando un'ipoteca a garanzia, ma dovrebbe essere per l'intera terra. Prima che José e Antonio possano reagire, se ne va, chiedendo loro di aspettarlo per qualche istante, e scompare attraverso una porta dietro di lui. Antonio e il padre sentono che c'è qualcosa di strano in questo cambio di atteggiamento, ma non sanno cosa. In assenza del grassone parlano sottovoce, discutono dei pro e dei contro, finché nonno José non sente che gli manca il fiato: apre la porta, attraversa la sala pubblica, esce qualche istante per prendere aria e fa qualche passo lungo il marciapiede. È proprio in quel momento che gli capita di vedere, attraverso una finestra, l'interno della stanza accanto, dove il grasso *"dente d'oro"* stringe la mano, con forza e con gioia, al biondo riccio inglese, creditore dei Maria, il quale tiene il suo cappello a cilindro con l'altra mano. Dallo stesso braccio una bella dama penzola graziosamente. Il grassone offre un enorme sorriso, attraverso il quale si può vedere la sua epiglottide e oltre, perfino la sua anima.

—Maledetto spregevole... uccello rapace!

Disingannato, nonno José torna in ufficio dove lo aspetta Antonio, lo prende per un braccio e dice: "Dai, andiamo, ti spiego dopo". E senza ulteriori indugi se ne vanno. Al nonno manca ancora l'aria, soffocato da un grande senso di impotenza. L'ometto che li aveva ricevuti prima guarda alternativamente verso di loro e —attraverso il vetro—

verso l'interno del lussuoso ufficio vuoto. La porticina comincia ad aprirsi e il corpo del grassone la attraversa con una studiata aria pomposa, che si sgonfia quando lo trova vuoto. Nello stesso momento, José e Antonio escono dall'ingresso principale, in tempo per vedere la schiena dell'inglese col cilindro che, dopo aver lasciato la banca per un'altra porta, cammina senza fretta e armoniosamente, a braccetto con la sua dama.

Dopo una riunione di famiglia, la decisione è presa: cederanno la pineta sottostante alla ditta di legname di Coimbra, e così si libereranno del debito.

I Maria aiutano molti, nonostante il lavoro e il cibo scarseggino. Condividono il pane, i frutti della terra, ma i contadini capiscono che le porte si stanno chiudendo per i taglialegna. Cercano giustamente un'alternativa nelle fabbriche, in altre città o, come soluzione tanto amata quanto odiata, sulle navi che solcano l'Atlantico. A distanza di due anni, sono rimasti solo Antonio, Venancio e nonno José per svolgere i compiti più gravosi, sempre con maggiore difficoltà. Catarina e le ragazze si occupano delle faccende domestiche.

Bisogna comprare altre forniture, sempre più costose, riparare attrezzi, sostituire i vestiti, a volte comprare delle medicine e, soprattutto, pagare le tasse all'erario pubblico. I prezzi dei beni crescono a un ritmo pazzesco, mai visto prima. I soldi scivolano dalle mani come il sale fino. Fare qualsiasi miglioria significa aprire il pugno e restare senza niente, così crescono i debiti. Hanno dato in pegno un anello molto prezioso che apparteneva alla madre di Catarina, quello che avevano messo da parte per eventi futuri come i matrimoni delle sue figlie. Hanno fatto lo stesso con qualche piccolo gioiello d'oro che c'era in casa. Non importa quanti sforzi facciano, non possono recuperarli. Ogni volta che avanzano un po' di soldi, c'è un pagamento urgente da fare, uno strumento indispensabile da acquistare, delle scarpe da sostituire o una capra da far guarire.

Antonio e Catarina si svegliano una notte al rumore della tosse persistente di Ana nella stanza accanto. Ana e Amelia hanno tossito di notte per una settimana. Di giorno stanno bene, poi Catarina è convinta che fosse uno di quei raffreddori da bambini, e la giornata continua con le solite faccende.

Il mese precedente avevano visitato la città di Guarda, erano stati a casa di alcuni amici d'infanzia di Antonio, per celebrare il fatto che il loro primogenito aveva ricevuto con medaglia d'onore il primo grado di ufficiale dell'Esercito. La sorella del giovane, sebbene malata di raffreddore e tosse, era di buon umore e di aspetto sano. Avendo l'età di Amelia, trascorsero ore insieme a raccontare storie, a provare i cappelli che la zia aveva portato loro in regalo da diversi viaggi in Francia, Belgio e Inghilterra. Anche Ana e Francisca scherzavano con i loro cappelli davanti allo specchio, mentre chiacchieravano.

Catarina pensa che le sue figlie abbiano preso un brutto raffreddore a causa della tosse di quella ragazza, e si incolpa di aver permesso il contagio.

Entra nella stanza delle sue figlie portando un po' di miele, ma trova Ana delirante, calda e sudata. La febbre scende grazie ai panni freddi sulla fronte. Amelia ha una leggera febbre e, anche se dorme, è leggermente irrequieta. Tocca Francisca sulla fronte, lei sembra stare bene. Il giorno dopo, a quanto pare, il peggio dell'influenza è passato. Non immaginano neanche lontanamente cosa stia per succedere.

CRIMINE A MONSAGRO

Mentre la vulnerabile maggioranza dei lavoratori portoghesi cammina sul filo del rasoio, nel vuoto di una crisi totale come nazione, il paesino di Monsagro, in Spagna, è il centro di un universo magico sospeso nel tempo, romantico, ideale per contenere l'amore che sboccia tra Claudio e Benita. Siamo alla fine del 1894.

Il paesaggio circostante è molto simile a quello della terra portoghese dei Maria, dal momento che Monsagro è molto vicino al confine con il Portogallo. Hanno le stesse pinete, cieli simili, simili suoni e profumi, ma ognuno di loro è immerso in una realtà caratteristica.

Il paese ha una strada principale lastricata con pietre spianate. Più stradelle si diramano verso i lati seguendo varie direzioni. La via centrale si allarga e forma la piazza, con il palazzo comunale sullo sfondo e al centro un albero frondoso, circondato da un muretto basso e circolare in pietre, su cui giocano i bambini.

Le costruzioni sono semplici, rurali, generalmente a due piani, in pietra, con architravi e soppalchi in legno. In montagna, l'acqua sgorga dalla roccia, limpida, pura, cristallina. Fin dal secolo precedente incanalarono l'acqua della sorgente e la fecero comparire nella piazza, accanto a un muro. Costruirono una vasca rettangolare addossata a una parete per contenere la caduta, far abbeverare gli animali e fungere da sedile per le donne che vengono con le loro brocche ad attingere l'acqua per il giorno, mentre commentano le notizie del paese o ascoltano i particolari dei viaggiatori che sono stati a Salamanca e Ciudad Rodrigo. Quest'ultima città si trova a soli venti chilometri in linea d'aria, che saranno venticinque o trenta tra tutte le curve della strada. L'acqua continua il suo scorrere fino a scendere, più in basso, nel ruscello, solo dopo aver saziato la sete dell'intero paese, per la gioia dei viandanti che vi si rinfrescano prima di andare a contemplare l'antico ponte curvo di pietra.

Al termine della via principale, quando inizia la discesa verso il fiume Agadón, i paesani hanno seguito l'antica usanza di terrazzare il pendio della *sierra*, contenendolo con muretti a secco di ardesia a semicerchio per formare aie, trenta in totale, come terrazze costruite apposta per lavorare le spighe dei cereali. Questo procedimento si fa attraverso il pestello o la trebbiatura, percuotendo o calpestando le spighe in modo che il seme si stacchi, e lasciando tutto pronto per poi fare la vagliatura, cioè il getto della paglia al vento, in modo che voli più lontana e che il grano rimanga a terra. Su queste aie non si può coltivare, perché sotto c'è roccia, cioè della pietra viva. Nel resto della Spagna ci sono anche aie per lavorare cereali e legumi, ma non come queste: mai così tante aie insieme. Alla fine dell'Ottocento, non sono ancora consapevoli della loro particolarità all'interno del territorio spagnolo, sono un caso unico, gli agricoltori hanno saputo sfruttare lo spazio con maestria, per essere curato e utilizzato da tutte le famiglie del paese.

È quasi finito l'autunno. Da mesi la notizia più commentata è l'ufficializzazione del fidanzamento tra Claudio Rodríguez Pérez e Benita Pérez Zarzo. In seguito, sono state completate le procedure legali per il matrimonio, incluse le pubblicazioni. Nel frattempo, nella sartoria di don Gervasio Pérez viene realizzato l'abito da sposa per la figlia e gli abiti che lo sposo e i padrini indosseranno nella cerimonia. La sera Claudio festeggia con i suoi amici dell'osteria e torna a casa quando tutti dormono, ma spesso sua madre lo aspetta sveglia per dargli consigli.

Benché Claudio appartenga a una famiglia agiata, non sa né leggere né scrivere, perché non è mai stato incoraggiato ad andare a scuola. C'è una piccola scuola nel paese, ma la famiglia di Claudio ritiene che, avendo molti soldi, perché impegnare il figlio negli obblighi dello studio, se in questo momento occorrono altri occhi per vegliare sull'azienda di famiglia? Si, Claudio sposerà Benita, faranno bellissimi figli —tutti quelli che Dio vorrà— e continuerà con la produzione della legna e del carbone, che forniscono buoni redditi, alla pari dei suoi due fratelli maggiori e Carlos, suo cugino. Quest'ultimo è rimasto orfano alcuni anni fa, e sostiene due sorelle minori.

Un sabato, due mesi prima della data fissata per il matrimonio, Claudio è appena giunto a casa mezzo ubriaco, ridendo tra sé, ricordando la baldoria di una delle tante feste che gli amici organizzano per dire addio al celibato, quando comincia a sentire urla come di rissa per strada. Attraverso la finestra, cento metri più avanti, mentre la luce della lanterna illumina i contorni delle case tranquille in quella notte senza luna, riesce a vedere alcune ombre che con movimenti furtivi scivolano dietro il muro di una piccola rimessa per attrezzi agricoli. Claudio si rimette la giacca, assicura il coltello intorno alla vita per essere protetto, scende le scale ed esce nel buio della notte, in direzione del rumore che ha sentito. Corre per una sessantina di metri, ancora vestito come era venuto dalla festa. Non vede niente. Dietro alcuni cespugli va a sbattere contro una massa informe e ci cade sopra. La cosa si muove. Sono due uomini. Riconosce la voce di Rafael González che gli dice:

—Claudio, non sono stato io...

—Ma... cos'è successo, Rafael?

—C'è stata una rissa nelle vicinanze, non riuscivo a vedere chi fosse l'altro, ho seguito Carlos fino a qui, stava correndo mezzo morto...

—Morto? Ma... ma, come mai!

Claudio si gira nel buio per aiutare il cugino Carlos, e la sua camicia si macchia del sangue del morente, che emette un grido soffocato.

—L'ho chiamato, ma lui non mi ascoltava ed è caduto qui...

Carlos vuole dire qualcosa prima di morire, ma sembra quasi incapace di pronunciare una parola completa. Claudio si accovaccia e riesce a sentire il suo ultimo filo di voce:

—Sia detto a quell'infelice che mi ha ucciso per niente... Ah...

—Chi è stato, cugino?

Carlos non può più rispondere. Rafael sembra sordo e fuori di testa, continua a parlare senza ascoltare.

—Gli ho detto di confessarmi chi gli aveva fatto questo, ma non è riuscito più a parlare, e ho capito che non c'era altro da fare!

Claudio si sente stordito. Carlos, suo cugino, è sdraiato supino con camicia e pantaloni bagnati di sangue, morto. Lui stesso è stato macchiato da quel sangue.

—Ha detto qualcosa! Ha detto che è stato ucciso per niente! "Sia detto a quell'infelice che mi ha ucciso per niente..." Rafael, tu hai sentito quello che ha detto?

—Io non ho sentito niente. E tu che ci fai qui, se ho visto che te ne sei andato prima di noi, Claudio?

—Ho sentito, io...

Claudio, sconvolto dall'alcol che ha nel corpo, non sa cosa fare, dove andare, chi chiamare o cosa dire.

Quindici minuti dopo, Rafael e Claudio si presentano alla caserma per chiedere aiuto e dichiarare l'accaduto, entrambe le loro camicie bianche e le loro mani ancora sporche del sangue di Carlos. Li avvertono di non abbandonare il villaggio e li lasciano andare, ma la mattina dopo, senza aver trovato alcun indizio per scagionarli, il comandante invia un gruppo di guardie civili, che entrano di forza in casa Rodríguez e portano Claudio in prigione, tra i volti sorpresi e le proteste di tutti i parenti. Pochi minuti dopo fanno lo stesso con Rafael.

Benita guarda il suo corpo allo specchio perché da un paio di mesi si sente strana. È gonfia, i suoi vestiti non le stanno più, li scuce da dietro e nasconde i punti scuciti sovrapponendo uno scialle, ma crede di sapere o di percepire cosa le stia succedendo, da quello che ha sentito. L'amore che Claudio e Benita avevano l'uno per l'altra era suggellato per sempre da quel momento magico nel laboratorio di sartoria. Un pomeriggio d'autunno disattese il consiglio che il peso dei secoli dava alle "brave ragazze", e si diede anima e corpo, senza pensare a quanto sarebbe stato difficile sfidare il vortice di lingue velenose dietro le finestre. Ogni volta che rievoca gli eventi della sua vita, giunge alla conclusione che, se avesse dovuto vivere mille volte, mille volte avrebbe deciso di amare Claudio senza rimpianti. Ma ora che sta guardando il suo corpo cambiare, vede arrivare la spinta della tempesta. Tira un sospiro di sollievo ricordando che tra due mesi sarà già sposata, e finalmente la "cosa" si risolverà senza scandalo. Decide che al momento è meglio non parlare con i suoi genitori, per non infrangere la loro illusione. Esce dalla sua stanza proprio nell'attimo in cui suo padre entra dalla strada con la terribile notizia:

—Claudio e Rafael González sono in carcere per la morte del cugino Carlos Rodríguez.

Benita, che sta andando a guardare il giorno attraverso la finestra, diventa prima gialla, poi bianca, e infine cade a terra riuscendo ad appendersi a una pesante tenda, che cade anch'essa, insieme al suo supporto di legno. Il bastone cadente colpisce e rompe tre bicchieri posati sul tavolo.

—Santa Vergine! —dice la madre di Benita, correndo verso di lei.

La ravviva e la aiuta a mettersi a sedere per terra, mentre suo padre *don* Gervasio si avvicina dall'altra parte del tavolo, incapace di capire la sua reazione, poiché Benita, seppur coccolata, non è una di quelle ragazze impressionabili che svengono alla minima brezza, anzi, tende a reagire di punto in bianco e a fare tutto il necessario per opporsi a ciò che è sbagliato. A titolo di esempio, *don* Gervasio rammenta l'episodio del ragno. Benita rassicura la madre, le dice di stare bene, che è stata solo l'impressione, e fa uno sforzo per alzarsi; è allora che sua madre sente uno scricchiolio di stoffe che si aprono, vede il vestito strappato e associa nella sua mènte lo strappo del vestito con lo svenimento, le guance rosee che sono venute a Benita in queste ultime settimane, l'appetito vorace. Sua madre, sebbene sappia poco di scrittura e lettura, è capace di fare due più due. Rimane muta e sorda per un po'. *Don* Gervasio chiede "non so che cosa dell'acqua" e "non so cos'altro di una sedia", e sua moglie risponde "Si, si" o "No, no", senza sapere cosa le stiano domandando, poiché nella sua mente c'è spazio solo per le riflessioni su ciò che si debba, si possa o convenga fare nel prossimo minuto.

Non appena il padre parte per il laboratorio di sartoria, Juana chiede alla figlia:

—Benita, hai fatto quello che non dovevi fare? —Benita... muta— Tu e Claudio, è successo...? —Benita... prima tace, ma poi alza lo sguardo verso sua madre con la bocca stretta, che si apre meschina per pronunciare un imbarazzato "Sì", quasi impercettibile.

—Mi dispiace, madre... è successo...

Quando il padre lo scopre, prende cappello e giacca per regolare i conti con il fidanzato, anche se è in prigione, ma Juana e Benita lo convincono a non andare, poiché sarebbe peggio suscitare scalpore nella città: tutti ne parlerebbero, e ne andrebbe dell'onore di sua figlia.

—Ti ha in qualche modo costretta?

—No, padre. Ci amiamo e ci sposeremo.

—E non potevate aspettare, come conviene? Avete dovuto complicare tutto! E ora cosa diranno le persone su di te? Su di noi!

—Mi dispiace, padre, mi perdoni. Ci sposeremo tra due mesi e tutto andrà a posto.

—Come puoi dire questo, figlia mia? Non ti rendi conto che l'hanno arrestato per la morte di Carlos? È in carcere! Potrebbe essere in prigione per anni!

—Ma non può essere stato lui! Claudio non è così! È un bravo ragazzo!

—E ci crederanno perché lo dici tu!

—Voglio andare a parlare con lui! Venga con me, per favore, padre!

—Per il momento no. Lascia che le cose si chiariscano un po'. Staremo a vedere cosa si farà nei prossimi giorni.

Era strano, ma Carlos, il morto, come se avesse tolto un pezzo di carta all'assassino, aveva nella mano chiusa la metà di un biglietto giallo macchiato di sangue e vino, scritto con una grafia molto precisa, strappato in diagonale; l'altra metà era introvabile. Diceva "Non mi..." e più in basso "Hai..." "L'ho scoperto..." Non si poteva leggere niente in modo chiaro. Ecco perché le guardie lo misero in una scatola insieme agli altri effetti personali del morto. Oltre al sangue sui vestiti ci sono altri deboli indizi, per cui le autorità decidono di tenere Rafael e Claudio in cella. È l'unica cosa che le guardie civili hanno, e alla quale comodamente si aggrappano.

Rafael e Claudio avevano litigato con Carlos per sciocchezze da ubriachi al bar. Li avevano visti tutti. Claudio aveva sfidato il cugino a litigare per cose stupide, tipo chi avesse ragione e chi torto rispetto al bar del tal dei tali, della via di un certo tizio, cosa che, sicuramente, il giorno dopo sarebbe stata completamente dimenticata, come sempre.

A tarda notte Claudio prese la strada verso casa sua, notando in lontananza che dietro di lui uscivano delle persone, tra cui suo cugino Carlos, anch'egli diretto a casa. Più tardi girò la testa, ma non lo vide più e si allontanò.

Rafael era uscito dal bar diretto a casa sua, ma, percependo una rissa, si voltò per vedere cosa stesse succedendo. Una strada prima di arrivarci, la luce di una lanterna gli permise di vedere Carlos che correva mezzo accucciato. Quando si avvicinò al posto, vide che Carlos stava lasciando una scia di sangue. Un po' spaventato, gli corse dietro per vedere cosa stesse succedendo, ma non poteva, perché aveva già lasciato il cerchio di luce proiettato dalla torcia, ed era entrato nella notte più buia e senza luna. Confuso, inciampò nel buio su un corpo in movimento e, pochi secondi dopo, un altro corpo si scontrò con lui da un'altra direzione. Quest'ultimo era Claudio che, ingenuamente, riceveva le carte di una brutta mossa del destino: una mano che si era procurato lui stesso, tanto bello e affascinante quanto temerario, animale da festa, ubriacone e chiacchierone.

Il giudice di Ciudad Rodrigo avvia un'indagine sulla base di quel poco che ha, tenendo sospetta la famiglia di Claudio per speculazioni su un movente economico, poiché Carlos era un parente, e aveva la sua parte negli affari. Manda un emissario che si stabilisce in paese e interroga tutti nelle loro case, uno per uno, più volte. Automaticamente, vengono sospesi tutti i diritti di compiere atti civili o viaggi a favore di coloro che sono rimasti coinvolti. Addio, per il momento, al tanto atteso matrimonio di Claudio e Benita.

Più tardi, i commenti della gente fanno luce su Maruja, una giovane donna del villaggio, il cui ventre gonfio ha cominciato a farsi vedere, e i sospetti sulla morte di Carlos ricadono sul fratello della ragazza. Ma questo dichiara di essere stato a Ciudad Rodrigo quella notte, e presenta testimoni che lo videro lì. La verità è che nessuno sa chi possa essere stato l'autore dello scandalo, né i motivi che possano aver indotto una persona a voler uccidere qualcuno come Carlos, il cui peccato più grande era stato ubriacarsi alcune volte o baciare di nascosto qualche damigella innamorata, e che aveva tante virtù di buon fratello e di fedele amico.

Si respira un'aria densa. Gli sguardi di tutti cambiano, così come le prospettive da cui si osservano tra loro gli abitanti del paese. Anche coloro che sono liberati dal sospetto, invece di continuare con la loro vita normale, cadono schiavi dell'attrazione collettiva di questo evento infame. Quello sembra un tempo maledetto. Nessuno si sposa o battezza i propri figli, e coloro che sono vecchi o malati e devono morire aspettano, come se avessero bisogno di conoscere l'epilogo della storia prima di partire. Una morte violenta e misteriosa in paese è qualcosa che nessuno dei vivi ricorda di aver vissuto. Per questi semplici abitanti, tali delitti impuniti sono vicissitudini tipiche di altri tempi della storia, i cui protagonisti sono già sotto terra da diversi decenni o, potremmo dire, un secolo.

Benita, che è già incinta di tre mesi quando i suoi genitori lo scoprono, parla con Claudio in prigione, convinta in cuor suo che lui sia innocente. Gli dice che stanno aspettando un bambino. La notizia fa provare a Claudio più angoscia, ma, allo stesso tempo, gioia e speranza. Quello che più preoccupa Claudio è che quando suo figlio nascerà, non potrà andare a riconoscerlo per dargli il cognome. Benita lo tranquillizza:

—Non ti preoccupare, lo farai dopo, quando questo incubo sarà finito.

I suoi genitori, l'unica cosa importante per Benita oltre a Claudio, dopo un primo momento di rabbia, capiscono, accettano, perdonano e, infine, aspettano con estasi il momento di ricevere in questo mondo il primo frutto di quell'amore: un bambino biondo, roseo, con bellissimi occhi castani, che chiamano Benito Benigno. Benito come madre e nonno.

Benito Benigno Pérez Zarzo nasce a Monsagro, Salamanca, in terre castigliane, il 3 aprile 1895. Ha un padre che già tutti conoscono come tale, ma la legge non gli consente di essere registrato con il cognome del padre, poiché Claudio e Benita non si sono ancora sposati. Affinché sia possibile, il padre deve presentarsi per riconoscerlo, ma Claudio e il suo amico Rafael sono ancora detenuti ingiustamente. Sono trascorsi sei mesi dalla morte di Carlos senza che le indagini si concludano. Viene registrato come figlio naturale, con i cognomi della madre.

Nel paese di Monsagro la nascita di Benito sembra essere il tocco di una fata che pone fine a un incantesimo. Con effetto domino, gli eventi iniziano a districarsi uno dopo l'altro, come se le carte da gioco cadessero naturalmente sotto il peso di quelle sovrastanti.

L'emissario del giudice, uomo perspicace, senza poter chiudere un evento che agli occhi di tutti non ha il minimo senso, ripulisce il tavolo e ricomincia da capo, facendo un elenco dettagliato di tutte le persone presenti a Monsagro la notte dell'incidente. Il popolo collabora in modo preciso, ognuno raccontando la sua verità e le sue esperienze di quelle ore. Interrogano tutti tranne i bambini. Quindi, davanti agli occhi delle autorità emerge un nuovo indizio:

c'è un uomo che non è ancora stato interrogato. Alcuni cominciano a chiedersi dove sia Fernando Puertas, dal momento che non l'hanno quasi mai più visto passeggiare per la città.

Il morto, Carlos Rodríguez Martínez, rimasto orfano di entrambi i genitori, possessore di una discreta eredità e a capo delle due sorelle, appena raggiunta la maggiore età si era unito alla fruttuosa attività dello zio, il padre di Claudio e fratello di suo padre, che procurava legna da ardere e carbone per tutto il paese.

Fernando Puertas, figlio di un prolifico mercante di Ciudad Rodrigo, che si recava a Monsagro per trascorrere i fine settimana, conosceva Carlos da una vita, ma gli stava antipatico da quando aveva scoperto che anche lui era innamorato di Carmencita Palacios Delgado. E questo era noto a tutti, logicamente. Entrambi iniziarono a corteggiarla e, alla fine, Carmencita decise per Fernando Puertas. Ma le avventure di Fernando a Ciudad Rodrigo gli avevano portato un figlio indesiderato e una donna non amata, che si accontentava di mantenere sé stessa e suo figlio in un'umile casetta alla periferia della città, con una quota scarsa e rigorosa che il padre di Fernando le assegnava ogni mese. Fernando non ne aveva parlato a Carmencita; se l'avesse scoperto, lo avrebbe abbandonato. Voleva prima ottenere il vincolo matrimoniale, pensando che in quel modo avrebbe potuto averla con sé per sempre. Chi venne a sapere della doppia vita di Fernando fu Carlos, tramite una fiorista di Ciudad Rodrigo.

Carlos aveva già capito che Carmencita preferiva Fernando, ma l'amava da quando l'aveva conosciuta, quando erano ancora bambini. Non avrebbe consentito a

Fernando di ingannarla. Se —pur sapendo la verità— Carmencita avesse deciso di mantenere il fidanzamento con Fernando, lui sarebbe rimasto calmo. Lo fermò in strada, al tramonto, fuori dal paese, per dargli un ultimatum.

—Ti darò tre giorni per trovare un modo per farla franca, ma devi dirle la verità, o gliela dirò io.

Fernando, disperato, masticando la rabbia e approfittando del fatto che non c'era nessuno ad ascoltare le sue parole, aveva giurato a Carlos che l'avrebbe ucciso se avesse osato dire qualcosa. Più tardi, nell'osteria, si era ubriacato, dicendo la verità al vino e ai bicchieri, mentre qualcuno all'ombra di una tavola vicina si godeva il banchetto di pettegolezzi che avrebbe potuto raccontare a sua moglie. Prima che la verità giungesse alle orecchie di Carmencita trascorsero quattordici ore, solo perché era notte, due ore in più affinché la giovane lo rifiutasse per sempre mediante un freddo biglietto di quattro righe, e cinque ore di vino per far sì che l'ubriachezza mettesse mille demoni nel corpo di Fernando.

Senza poter pensare con chiarezza, vedendo doppio, armato del pugnale che portava sempre in vita, Fernando Puertas aspettò Carlos, che non c'entrava niente, finché non lo vide uscire dall'osteria. Non ricordava bene come avesse fatto quello che aveva fatto, ma si ricordava di aver lasciato gravemente ferito quel dannato che osava ancora chiedere aiuto, maledetta causa della sua disgrazia, urlando come un matto di non aver aperto bocca, che Fernando si sbagliava, che lo aveva ucciso per niente.

Fernando Puertas vide arrivare Rafael González e scappò lungo una strada laterale. Si sdraiò nell'ombra, piegandosi per confondersi con uno dei muretti delle aie, dietro alcuni pagliai che erano rimasti laggiù, ma non potette scendere, il sentiero era molto impervio, e non gli avrebbe permesso di svignarsela facilmente. Quando fu sicuro che nessuno lo vedesse, andò dall'altra parte, fuori dal villaggio, nascondendosi dal chiaro di luna, nel bosco, facendosi male al buio contro cespugli spinosi. Si slogò entrambe le caviglie cadendo in fossi non ben visibili nell'oscurità. Corse e camminò tutta la notte e si rifugiò in una baracca semi abbandonata, a metà strada tra Monsagro e Ciudad Rodrigo. Il giorno successivo raggiunse la città cinta da mura.

Rimase sobrio per tre mesi, cercando di ricomporre nella sua mente il *puzzle* di quei due giorni a Monsagro. Voleva convincersi del tradimento di Carlos per giustificare la fine della miserabile esistenza del traditore che aveva distrutto il suo futuro. Ma dopo diverse notti in cui non riusciva a dormire, tra incubi di giustiziere insicuro, si era reso conto di essersi rovinato la vita da solo.

Prese l'abitudine di arrivare a Monsagro solo una volta al mese, al calar della notte, perché temeva che quello che aveva fatto gli si vedesse in faccia. Tra un bicchiere e l'altro, cercava di avere notizie dell'indagine, ma con discrezione. Lasciava che l'argomento venisse sollevato da qualcun altro. Un pomeriggio Carmencita Palacios Delgado lo vide passare e pensò che, con un minimo gesto di cortesia, si sarebbe fermato a scusarsi con lei, e forse, nel suo dolce cuore di adolescente innamorata, avrebbe trovato un posto per ricostruire qualche illusione. Ma Fernando chinò il cappello e continuò a camminare, contando i sassi per terra in modo che non si vedesse il suo volto spaventato, il che fece tornare Carmencita a casa senza parlare con nessuno. Lei andò in camera sua, ma non chiuse occhio per tutta la notte, e il giorno dopo si punse accidentalmente otto volte con l'ago da ricamo.

Dov'era Fernando Puertas che non l'avevano quasi mai più visto?

Ebbene, Fernando Puertas portava sulla schiena il peso della sua coscienza, con il fantasma di Carlos che lo osservava da un angolo della stanza, con una bottiglia vuota sul comodino e altre tre in cucina, in attesa che qualcuno andasse a prenderlo, perché non poteva più tacere su ciò che aveva fatto.

A volte lanciava il coltello contro il fantasma in modo che smettesse di guardarlo, ma Carlos non sempre scompariva, e molto spesso tornava, insanguinato, avvolto nelle ombre della notte, al minimo rumore del vento.

Quando la Guardia Civile di Ciudad Rodrigo entrò per interrogarlo sulla notte del delitto di Monsagro, Fernando Puertas era molto magro, puzzava, e non disse una parola finché non raggiunse la caserma. Nella tasca della sua giacca trovarono l'altra metà del bigliettino giallo scritto da Carmencita, macchiato di sangue e vino. Nell'angolo più buio della sua stanza, conficcato saldamente nel muro tante volte forato, apparve il coltello macchiato di sangue.

Con le cose a posto, Monsagro riprende il ritmo perso, a lungo rimandato in mesi di incertezza. I vicini ricominciano a guardarsi in faccia senza diffidenza, l'aria rarefatta diventa diafana e Benito, il figlio di Claudio e Benita, comincia a crescere tra quei freschi profumi di montagna.

Chiusi i dettagli legali, Claudio e Benita si sposano, lei ha venticinque anni, lui trentuno. Poi avranno altri figli che porteranno il cognome Rodríguez, ma Benito, che è l'orgoglio della famiglia Rodríguez, rimane con il cognome Pérez Zarzo. Nessuno se ne accorge o si occupa di correggerlo, visto che non se ne parla più, e meno che mai davanti al bambino!

LA TUBERCOLOSI

Portogallo, tardo 1892. Lunghe giornate in ospedale nella città di Guarda fanno sì che Catarina conosca già a memoria le piastrelle a scacchi, quelle nere e quelle bianche, quelle sane e quelle rotte, i profili delle pareti verdi sbiadite, le porte stridule e quelle silenziose, le finestre strette attraverso le quali la luce si fa strada flebilmente, come fa la speranza in un cuore afflitto, ma più di ogni altra cosa, l'odore dell'ospedale.

Amelia e Ana non possono respirare bene. È molto probabile che le due figlie più grandi di Catarina e Antonio abbiano contratto la tubercolosi. Sono stati prelevati campioni di espettorato per le analisi, ma è necessario attendere almeno quattro settimane per sapere con certezza se le colture che sono state fatte siano positive o meno. Nessuno in famiglia ha mai sofferto di questa malattia, e anche se l'avessero avuta, sono ancora tutti esposti. Prendono delle precauzioni, oltre a quelle che hanno preso da alcuni giorni. Ana e Amelia sono isolate nella stanza delle ragazze. Catarina colloca il letto di Francisca in un angolo della sala da pranzo.

—A domani, figlia mia, sogni d'oro.

Ha disinfettato tutta la casa con acido fenico, liquido nauseabondo che le hanno dato in ospedale, e ha preparato tanti vecchi stracci di lino che serviranno per l'igiene delle malate e che poi dovranno essere cosparsi di quella stessa sostanza e, se possibile, bruciati. Solo gli adulti potranno accedere alla stanza delle ragazze, adottando tutte le precauzioni. Devono essere eseguite ventilazioni e disinfezioni periodiche. Francisca guarda le sorelle attraverso la finestra, da fuori casa, o le saluta dalla porta. Le mancano.

Di notte, mentre tutti dormono, Catarina, in ginocchio, chiede alla Madonna di tenerli integri per resistere a qualunque cosa accada. Poi, in piedi, esausta, inchiodata al pavimento, si guarda intorno nella sala da pranzo, guarda le ombre che la luna produce quando la sua luce entra dai vetri delle finestre. Ascolta una sorta di silenzio mai percepito prima, e sente che il loro destino non è più nelle loro mani. Con questa certezza in mente, il suo sguardo si ferma sul volto addormentato di Francisca, che nel sogno sembra essere in pace. È forte. Catarina prega Dio di preservarla da ogni male; in una preghiera disperata offre alla morte la propria vita, in cambio di evitare ogni sofferenza a quell'angelo. In quel momento si ricorda che giorno è: Francisca compie nove anni e nessuno se ne è accorto.

Un mese dopo, viene confermata la diagnosi di Ana e Amelia.

Alla fine del diciannovesimo secolo, la tubercolosi uccideva le masse senza pietà. Le sue principali vittime erano coloro che lavoravano e vivevano in condizioni di sovraffollamento. Nessuno poteva immaginare che il mostro avrebbe bussato alla porta di una casa di campagna, dove l'aria pulita abbondava e le regole di pulizia erano seguite alla lettera. Ma il problema era che poche persone tenevano conto dei mezzi di contagio.

Se l'origine dell'infezione non fosse stata la tosse di quella ragazza con cui giocavano a provarsi i cappelli, il germe della malattia avrebbe potuto viaggiare negli stessi cappelli che la zia aveva portato dalla Francia. Tuttavia, era probabile che il solo camminare per le strade sullo sputo secco di un malato avesse sollevato una polvere infetta, respirabile da molte persone, e avesse provocato un'ondata di infezioni impreviste. La saliva era il veicolo ideale per la propagazione del microbo, e purtroppo a quel tempo il gesto di sputare ovunque era un atteggiamento diffuso in tutte le classi sociali.

Nell'ambiente medico di fine secolo, si sapeva da un decennio che l'espettorato, una volta essiccato, poteva diventare una temibile fonte di contagio, poiché i microbi, lungi dal morire, venivano rilasciati con leggerezza nell'aria e volavano liberamente, aggiungendo miliardi di bacilli, ogni giorno, per ogni malato di tubercolosi. Al contrario, quando il paziente aveva appena tossito e sputato, la sostanza espettorata era ancora umida, formando una specie di massa vischiosa unita, quindi controllabile.

I più colti sputavano nei loro eleganti fazzoletti che, se aggiunti alla pila dei vestiti da bucato —il fatto più probabile— si sarebbero mescolati al resto dei capi in un pasticcio infetto che solo Dio sapeva quanto danno avrebbe causato. Certo, uno starnuto o la tosse di un malato avrebbe probabilmente diffuso la malattia tra tutti coloro che lo circondavano, trasformandoli a loro volta in fonti di infezione, prima che essi stessi fossero a conoscenza di qualsiasi sintomo. Tutti, intanto, avrebbero incollato i francobolli con la saliva, si sarebbero inumiditi le dita per voltare la pagina di un libro condiviso, si sarebbero baciati, avrebero messo qualcosa in bocca, anche le proprie mani, che poi avrebbero teso per salutare o aiutare un altro, spinti dalle intenzioni più lodevoli, senza sapere di stare incrementando il numero dei contagi.

Era un periodo in cui un settimo della popolazione mondiale moriva di tubercolosi: su tre, uno moriva nel primo anno, ma dopo cinque anni la metà dei pazienti era deceduta. Il resto attraversava il calvario e si salvava. C'erano delle persone contagiate che non si ammalavano, forse dovuto alla loro costituzione fisica, o per caratteristiche congenite che le rendevano più resistenti, o perché capaci di non contrarre la malattia e di restare portatori sani del bacillo per un paio d'anni, fino a quando l'organismo stesso non avrebbe sviluppato delle barriere quasi definitive. Per questo, all'inizio dell'Ottocento si riteneva che la tubercolosi fosse una malattia ereditaria, poiché fattori genetici predisponevano la persona a soffrirne o a resistervi. L'osservazione delle malattie in una famiglia attraverso le generazioni aveva portato a questa ipotesi.

Nel momento in cui le ragazze si contagiarono, alla fine dell'Ottocento, era passato solo un anno da quando il prussiano Koch aveva dimostrato che la malattia si trasmetteva per contagio. Molti medici erano morti nella lotta alla tubercolosi, nel tentativo di scoprire vaccini e cure. Tuttavia, non c'era nulla di certo da fare per curare il terribile morbo se non migliorare l'ambiente e il microclima nei luoghi di ricovero, elargire cure fisiche ai pazienti, alleviarne i sintomi. Ogni altro tentativo era come procedere alla cieca. Non c'erano rimedi o vaccini specifici. Il bacillo responsabile era già stato isolato, ma sarebbe dovuto trascorrere ancora mezzo secolo prima che i medici scoprissero il primo antibiotico con un'alta probabilità di sconfiggerlo.

Amelia e Anna stavano peggiorando. In un giorno buio e angosciante in cui Catarina sembrava assente, il dottore spiegò loro l'esito previsto della malattia. Persa nel divagare dei propri pensieri, lei sentì appena la voce del medico. Dopo un lungo patimento aveva già perso il conto dei giorni dall'inizio del calvario. Forse duecento, duecentocinquanta, trecento? Di notte non dormiva, in lotta contro febbre, sudore, tosse e malesseri delle ragazze. Durante il giorno non si riposava per dedicare loro tutte le attenzioni necessarie e stimolarle a mangiare qualcosa. Persero sia il peso che la voglia di vivere. Catarina combatteva contro la morte che voleva prendere le sue figlie; quando era sola batteva i pugni contro i muri per riuscire a tirare fuori l'energia dalle pietre e mettere un sorriso sul suo volto sfigurato dal dolore.

Perfino la parte più recondita di quelle montagne cadde nel più aspro abbandono. I Maria impegnarono i pochi gioielli rimasti e i risparmi di famiglia per consultare i migliori specialisti, ricorrere a cure miracolose, far respirare loro l'aria di qua o di là. Francisca, a volte relegata ma mai dimenticata, aiutava come poteva, con il suo visino di mite incertezza. Antonio lavorava sempre più duramente. Nonno José si dissanguava dalla tristezza durante i pomeriggi solitari nella falegnameria, il regno chiedeva tasse sempre più illogiche. Gli stranieri a cavallo abbattevano le foreste, che ottenevano attraverso accordi e acquisizioni di debiti o costringendo i contadini a cedere le pinete per miseri pagamenti, carnefici di un mancato controllo verso il quale il governo chiudeva un occhio.

Un paio di anni prima, dalle vicende politiche del 1891, quando la casa reale aveva ceduto alle pressioni degli inglesi sulle colonie africane, i lavoratori si erano risvegliati dal loro torpore: intuivano di essere stati traditi dalla monarchia, seppur costituzionale, mediante cessioni, patti e alleanze, a tutela di meschini interessi, lontani dal bene comune. Per la gente semplice il bianco era bianco, il nero era nero. Non capivano le posizioni strategiche, se sottintendevano fame, sofferenza, povertà strutturale.

Amelia e Ana se ne andarono coi primi venti autunnali del '93, morirono a distanza di due settimane l'una dall'altra. I Maria, andati in rovina, rimasero spezzati dal dolore. Tutti i contadini della regione, in pochi anni, avevano subito storie parallele di barbarie e miseria. Alcuni anche con gravi malattie alle spalle.

Poco dopo, la famiglia raggiunse un punto in cui le cose cominciarono a precipitare una dopo l'altra, trascinandoli nel vortice. Dovettero vendere la terra in perdita per evitare la fame. Anche così non era facile, a causa della scarsità di cibo. Le compagnie inglese, con potenti alleati, detenevano l'egemonia dell'industria del legno. Per i contadini, il loro legname di piccoli proprietari non aveva più un mercato, costava più produrlo di quanto si guadagnava vendendolo, le terre non davano più abbastanza per pagare le tasse dovute per averle. Non avevano più capre, avevano venduto tutti gli animali, avevano perso le porzioni di seminativo, non c'era niente da mangiare. Erano affamati. I pochi alimenti disponibili erano troppo cari.

Francisca vide come nonno José fu costretto a firmare il trasferimento dell'ultima pineta rimasta, ricevendo come unico saldo a favore una cesta di pane, affinché la famiglia potesse resistere fino a trovare lavoro in città.

Due mesi dopo il nonno morì di tristezza, distrutto dalla delusione, e un anno dopo Catarina lasciò questo mondo da un letto d'ospedale, con la polmonite. I dolori sofferti l'avevano resa così debole che, alla prima noncuranza, una folata di vento gelido la trascinò e le tolse il respiro. Se ne andò, però, con un sorriso, perché capì che la morte inesorabile stava riscuotendo il compenso offerto per lasciare la sua piccola figlia libera da ogni male.

Così Francisca, a undici anni, aveva perso tutto ciò che amava al mondo, tranne suo padre. Decise allora di dedicare la sua vita ad amarlo moltissimo, a sostenere la sua anima, in modo da non farlo sentire tanto solo.

Antonio guadagnava un misero stipendio, appena sufficiente per l'affitto e poche altre cose. Francisca si offrì per lavorare come tessitrice in una fabbrica di stoffe. L'accettarono, anche se, essendo ancora una bambina, lo stipendio era poco, e con quello che guadagnava in un intero anno mangiavano soltanto sei mesi. Il fantasma della fame era in agguato, sempre vicino, spesso stringendo la fune e lasciandola andare solo un po', quel tanto che bastava per concedere a malapena una tregua.

Alla fine del secolo XIX, il lavoro minorile era normale, veniva visto dalle famiglie come un aiuto essenziale per l'economia domestica e come un'opportunità per imparare un mestiere con cui mantenersi in futuro. Quando in una casa c'erano un padre e una madre, forse i bambini andavano a scuola per un paio d'anni, se ne avevano una nelle vicinanze. Ci voleva almeno il lavoro di due, se non di più persone, per sopravvivere in famiglia. Per i datori di lavoro, i bambini producevano meno degli adulti, ma ricevevano anche salari più bassi, e per gli imprenditori dell'Ottocento era un'opzione interessante impiegarli in lavori in cui sarebbe stato uno spreco pagare gli stipendi degli adulti. Avevano le manine piccole, che potevano cavarsela con un lavoro delicato e ripetitivo. Quando impiegavano i bambini nelle fabbriche tessili, li mettevano a badare più che altro alle filatrici, macchine con centinaia di fusi in movimento. Erano permanentemente in piedi o in cattiva posizione, controllavano i fili, pulivano e, in alcuni casi, lubrificavano le macchine mentre erano in funzione, raccoglievano gli scarti sotto la supervisione di un adulto, per ottenere le fibre con cui venivano confezionati i tessuti. C'era poco tempo per riposare o mangiare, di solito si mangiava lì, tra i filamenti sciolti, il rumore e la polvere, senza uscire all'aria aperta per tutto il giorno. La monotonia si alternava a pause per spazzare via l'infinita lanugine che volava nell'aria, e che poi cadeva a terra dopo essere entrata nella bocca e nel naso di tutti. Dovevano stare molto attenti, perché potevano ferirsi i ditini o metterli nel posto sbagliato della macchina se mancavano di destrezza. Quelli che potevano indossavano abiti da lavoro o grembiuli, perché in certi tipi di filatrici gli oli lubrificanti schizzavano fino all'altezza dei fianchi.

Un giorno in fabbrica, Francisca vide un ragazzo più piccolo di lei, che iniziava la sua giornata di lavoro a piedi nudi davanti alla macchina. Aveva detto di avere già dieci anni, per essere ammesso. Alla fine della giornata di dieci ore se ne andò soddisfatto, camminando con grazia come un uomo, con ai piedi grandi scarpe vecchie e usurate che il caposquadra gli aveva procurato.

La giornata lavorativa era normalmente di dieci ore, ma qualche anno prima era stata più lunga, e si dava il riposo domenicale per tutti, bambini e adulti. I lavoratori sindacalizzati, bollati come anarchici, si battevano per portare le ore giornaliere a otto e per altri diritti ritenuti impensabili dai proprietari delle fabbriche. I bambini che lavoravano crescevano in fretta, non avevano tempo per i giochi o per l'istruzione, quelle esperienze andavano presto lasciate indietro, come ricordi lontani della prima infanzia. Le responsabilità della vita adulta gravavano su di loro come un pesante fardello fin dalla preadolescenza.

IL DESTINO DI JUAN D'ALMEIDA

UN incendio notturno, tasse illogiche, asfissie economiche... i D'Almeida, come i Maria, persero in quegli anni i loro boschi. Un figlio di Pedro D'Almeida si era imbarcato qualche mese prima, dirigendosi verso le piantagioni di caffè del Brasile. Aveva portato con sé, come unico capitale, il prodotto di una cattiva vendita, ma era meglio di niente. L'altro figlio si arruolò nell'Esercito, ma fu assegnato agli accampamenti in Africa e da allora non si ebbero più notizie. Pedro e Rosa, con un piccolo risparmio che bastava per comprare una casa minimale in periferia, andarono nella città di Guarda con Juan, che aveva appena compiuto dodici anni. Pedro trovò lavoro nella costruzione dell'ultima linea ferroviaria, e Juan aiutava sua madre in casa e andava a scuola. Almeno Juan era felice, dal momento che vivendo in città poteva completare la scuola, cosa che gli piaceva molto. Ma accadde qualcosa che sconvolse la sua vita. Poiché la linea ferroviaria era stata terminata, molti uomini erano rimasti disoccupati, compreso suo padre. Per questo Pedro iniziò a lavorare in un capannone dove veniva immagazzinata la merce da distribuire ai rivenditori.

Una mattina come le altre, Pedro sta spostando, insieme a un altro uomo, una rotaia pesante. Altri due tengono la manovella di una puleggia, che aiuta con il carico dal punto centrale del pezzo di metallo. A uno di quelli che reggono la manovella mancano le forze, quindi la lascia andare sovraccaricando l'altro, che viene trascinato dal peso del ferro finché non ce la fa più, mentre Pedro e l'altro uomo si allontanano per non essere schiacciati dalla rotaia. Cadendo, il pesante pezzo di metallo provoca il violento movimento e la rotazione di una lastra tagliente di zinco che raggiunge Pedro e gli taglia l'addome sul fianco sinistro. L'uomo cade all'indietro e batte la testa su una torre di travi accatastate. Con Pedro quasi privo di sensi, non sapendo cosa fare, gli altri lo mettono su un tavolo prima di andare a cercare il medico, dopo aver dato l'allarme. Tra un confuso andirivieni e un via vai concitato, quando il dottore finalmente lo visita, scopre che Pedro ha un ferro conficcato in uno dei suoi polmoni.

Due giorni dopo il suo tredicesimo compleanno, Juan, tornando da scuola, scopre una folla alla porta di casa sua e sa che è successo qualcosa. Si fa strada tra le persone senza capire i loro commenti. Sente la mano della signora Carmen che scivola lentamente sulla sua testa. Trova la porta aperta, sua madre in lacrime e suo padre sul letto: il poverino aveva esalato l'ultimo respiro pochi minuti prima. Dopo l'incidente lo avevano riportato a casa perché non c'era altro da fare.

Così Juan, appena tredicenne, avendo già vissuto uno dei dolori più tristi della vita, inizia a cercare lavoro per aiutare la madre, che si arrangia anche lei facendo la sarta e la tessitrice. Trova lavoro come operaio in una fabbrica di coperte, dove lo pagano poco, perché è quasi un bambino, ma è meglio che non avere niente.

Nella fabbrica tutti lavorano dall'alba al tramonto, riposano la domenica. Le prime volte gli sembra di vedere sua cugina Francisca in mezzo alla folla di operaie di un altro settore, poi ne ha la conferma. Amici di supporto nella sfortuna, dopo aver subito situazioni simili, a volte tornano a casa insieme e parlano di cosa vorrebbero diventare da grandi. Juan dice che quando sarà più grande andrà con sua madre a lavorare in Brasile, perché suo fratello è lì ad aspettarli. A Juan piace molto passeggiare con Francisca, perché lo ascolta e fa sempre il commento giusto. Nonostante sia tranquilla e serena, quando deve fare un'osservazione è precisa. Francisca dice che non abbandonerà mai suo padre, che non si sposerà mai, per prendersi cura di lui, che non permetterà mai che suo padre rimanga solo. Juan vede Francisca come la sua migliore amica, la persona che può capirlo di più in ogni situazione. Tuttavia, più avanti quando crescono, si allontanano, entrambi fanno nuove amicizie e si affacciano nell'eccitante periodo delle cotte platoniche furtive, confessate solo ad amici incondizionati e ai cuscini, in quelle notti di adolescenti in cui i ragazzi iniziano a vivere in contraddizione, quando il mondo appare loro improvvisamente come una mistura crudele tra il potere assoluto dell'io e l'abisso dell'incomprensione.

La casa reale del Portogallo voleva formare un nuovo impero con le sue colonie, che occupavano gran parte dell'Africa centro-meridionale, ma c'erano diversi cani che litigavano per il godimento di quell'osso, compresa l'Inghilterra. Non solo la monarchia era entusiasta delle nuove arie coloniali, ma anche i mercanti borghesi e, per tutto ciò che poteva venire di buono, il popolo stesso. Come abbiamo detto prima, nel 1891, quando l'Inghilterra non potette imporre i propri pretesi diritti con altri mezzi, diede un ultimatum al Portogallo, che ne accettò le condizioni e ritirò le sue truppe da un settore chiave nell'avanzata imperiale. Sembrava che la monarchia preferisse perdere quello prima di altri interessi più succosi, in cui la Gran Bretagna avrebbe potuto tirare le fila. Le condizioni imposte dai britannici, accettate dai regnanti, stavano facendo nascere l'idea popolare di essere stati traditi a causa della corruzione del re e dei suoi seguaci che, secondo il sentimento del popolo, erano in complotto con l'inglesi. Di quello, Juan e Francisca ne sapevano abbastanza.

A causa di tutti gli intrighi politici, si temeva una seria rivolta popolare. Come sappiamo, già alla fine del XIX secolo molti gruppi erano insorti in rivolte popolari, talvolta represse sanguinosamente. Persino la milizia era divisa: gli ufficiali difendevano il ramo monarchico, mentre i sottufficiali si schieravano dalla parte repubblicana.

Passano alcuni anni durante i quali l'idea di andare in Brasile continua a maturare in Juan, in attesa del momento giusto, che tarda ad arrivare. Viene invece convocato in caserma per prestare il servizio militare. Dato che in fabbrica i padroni lo apprezzano molto, sono disponibili a riservargli il posto di lavoro per il tempo necessario. Juan conta anche sulla paga da inviare ogni mese a sua madre.

Nel 1907 il re Carlos I instaura una dittatura, è proprio l'anno in cui Juan D'Almeida si presenta al servizio militare a Lisbona. Ha poco più di ventiquattro anni, tolleranza di età dovuta per essere l'unico figlio di una madre vedova. Immediatamente l'ufficiale di grado più alto, un generale, si affeziona molto a lui a causa delle sue buone maniere e del suo comportamento di uomo perbene. Il giovane D'Almeida non è come gli altri comuni giovani della città, è una persona molto dignitosa, educata, rispettosa, con una forte presenza. Quindi, dal momento che deve prendere un assistente tra i nuovi, il generale sceglie Juan.

—Senta, Juan, vada dal negozio "Dos Acevedo", porti a casa mia i pacchi che le daranno e aspetti lì finché mia moglie non decide quale cappello acquistare. Poi torni dal cappellaio e restituisca il resto, domani ci passerò io a saldare i conti.

È una delle tante occasioni in cui il generale affida a Juan delle commissioni, ma è la prima volta che lo manda a casa sua.

Dopo aver camminato per quindici minuti cercando di non inciampare dietro le cinque cappelliere, Juan arriva all'indirizzo che il generale ha indicato su un pezzo di carta. È colpito dalla facciata della casa, il cui ingresso si erge imponente dietro una scala principesca in marmo. Dopo l'invalicabile recinzione che separa la proprietà dalla strada, e che esprime chiaramente l'appartenenza a un'élite, due leoni di marmo guardano oltre l'orizzonte, con la stessa superbia con cui i servi si occupano del suo arrivo e la stessa frivolezza con cui la moglie del generale gira per la stanza, dando e annullando ordini. Juan, portato a termine il suo compito, resta in piedi al centro dell'enorme atrio, in attesa dei pacchi che devono essere restituiti. Stanco di aspettare, si incammina un po' verso i dipinti di ammuffiti antenati e li scopre uno ad uno, per intrattenersi all'interno di quel lussuoso mausoleo, fino a raggiungere un dipinto diverso. È una giovane donna, abbagliante nella sua bellezza, vestita di verde chiaro, con lunghi capelli mossi castani e accattivanti occhi turchesi. Sembra fuori posto tra le immagini di personaggi severi, che appaiono oscuri e amareggiati. Juan si ferma meravigliato davanti agli occhi di quel dipinto, e la giovane donna che si avvicina deve ripetere le sue parole per svegliarlo dall'incantesimo.

—Speriamo che Lei abbia tempo da perdere, perché la mia matrigna non è molto veloce nel prendere una decisione, quando si tratta di abbinare un cappello a un vestito.

Juan si compone, si ferma dritto e porge i suoi rispetti alla signorina che scende per le scale, ma, quando la vede, perde di nuovo la compostezza, perché sembra che la donna del quadro ne sia uscita per giocargli uno scherzo.

La discesa di Clara Isabel verso l'atrio non è un caso. Aveva visto Juan attraverso la finestra dell'atelier quando era arrivato con le cinque cappelliere, mentre aspettava che la porta si aprisse. Alto, imponente, con spalle forti e un viso attraente, con occhi scuri e sguardo profondo. Lei aveva spiato dall'ultimo piano e aveva pianificato un modo per irrompere in modo naturale, per evitare che la sua emozione si manifestasse.

—Quella è mia madre, tutti dicono che le assomiglio, quello laggiù è il fratello di mio padre e quello serio è...

Mentre la ragazza parla, Juan considera ogni momento della sua vita ben vissuto se è servito a guidarlo verso quegli occhi verdi in quel pomeriggio d'estate.

—Mi scusi, io sono Clara Isabel, la figlia del generale, e Lei è...

—Juan... Juan D'Almeida, sono un soldato, assistente personale di suo padre, il generale.

—Ebbene, il generale deve essere molto affezionato a Lei per mandarla qui... sembra una persona che ispira fiducia, il che non è facile da trovare di questi tempi.

Juan ringrazia, piuttosto prende la parte cosciente del messaggio ricevuto. Nel loro reciproco fascino di neo innamorati, nessuno dei due pensa al vero e involontario significato di quelle parole, cioè che le classi abbienti non permetterebbero mai a una persona comune di integrarsi al loro livello. I detentori del potere usavano unirsi in matrimoni di convenienza, promuovevano la separazione tra le "caste" facoltose e coloro che non avevano titoli o beni che potessero avvantaggiarli; gli operai e i poveri erano visti come una piaga sociale, causa delle sventure dei ricchi, anche se servivano ad accrescere la loro ricchezza nelle piantagioni e nelle fabbriche.

Da quel momento in poi non mancano le occasioni per Juan e Clara Isabel di conversare di nascosto, senza essere presi in considerazione dalle persone in casa. Così si costruisce una relazione affettiva, fatta da pezzetti di pomeriggi soleggiati parlando del passato, di frammenti di mezzogiorni piovosi correndo e scoprendo le reciproche sfaccettature dell'allegria, di piccoli ed eterni momenti di tramonto immaginando un futuro impossibile.

In qualche festa nella grande casa, di quelle a cui Juan partecipa come assistente del generale, riesce a ballare un paio di valzer con Clara Isabel, cosa che non è disapprovata, come gesto di cortesia davanti a tutti, ma questo è il limite assoluto che si impone ai corteggiatori, e Juan non può nemmeno chiamarsi tale poiché, essendo la persona che più la adora, è colui che meno ha da offrirle, oltre alla propria persona e una determinazione quasi adolescenziale di servirla per il resto della sua vita. L'amore è corrisposto dalla giovane e tenuto segreto, lontano dagli sguardi di tutti.

—Oggi in caserma parlerò con suo padre, perché mi permetta di farle visita.

—Non lo faccia, Juan, non devono assolutamente saperlo, specialmente la mia matrigna. Non lo permetteranno.

Dietro le pesanti tende della stanza accanto, due occhi nascosti nell'ombra osservano con attenzione l'evidente tensione emotiva tra i giovani.

—Mi prometta che non lo farà. Mi prometta che mi darà il tempo di preparare le cose. Troveremo un modo.

—Va bene, lo prometto. Ma non sarà in grado di impedirmi di pensare a Lei ogni minuto della giornata.

Il giorno successivo, la matrigna si presenta in caserma per conto suo, con due servi che si prendono cura di lei durante il viaggio. C'è una conversazione di cinque minuti a porte chiuse tra il generale e sua moglie. Da quel momento, Juan smette di tornare a casa come messaggero, e viene relegato a compiti all'interno della caserma, nell'ufficio del generale e nelle vicinanze del reggimento. Nessuno dice una parola, ma è molto chiaro che si è stabilita una barriera insormontabile. La decisione preannuncia un nuovo triste colpo che punirà la vita di Juan.

A quei tempi sua madre sapeva di avere solo pochi giorni di vita. Si era ammalata due mesi prima, e non aveva voluto infastidire il figlio con richieste. In un ultimo respiro, aveva chiesto di abbracciare suo figlio. Le vicine inviano a Lisbona una dolorosa lettera che risveglia Juan dal suo romantico letargo. Sua madre sta morendo di una specie di malattia maligna. Non c'è niente da fare. Deve urgentemente tornare a casa se vuole vederla prima dell'inevitabile.

Con un cambio d'abito in borsa, il permesso in mano e la triste sensazione di non poterla vedere viva, Juan fa il viaggio di ritorno, ricordando gli occhi luminosi di Clara Isabel e le mani morbide di sua madre quando lo confortavano dopo gli incubi, da bambino, le orecchie pronte ad ascoltare le sue preoccupazioni, le carezze facili, i profumi delle torte appena sfornate, l'odore dei vestiti quando li lavava e li stirava accuratamente. Il servizio militare gli era stato utile per volare fuori dal nido, anche se prima di questo non aveva mai pensato a quanto potesse sentirsi vulnerabile un uomo di fronte all'idea di essere orfano di madre.

Si sforza di non piangere per non ferirla nell'animo. Riesce a tenerla tra le braccia, ad alleviare i suoi sospiri con baci, ad accarezzare per l'ultima volta quel volto amato. Rimane tutto il giorno sdraiato accanto a lei, poi entra in uno stato di sonno non molto profondo.

Sua madre, mentre si allontana da questo mondo, vede dall'alto il suo amato figlio addormentato, ancora con indosso stivali militari, che tiene il suo lasso corpo morto su un letto invecchiato. Vede al suo fianco il tavolo con il bicchiere e gli antidolorifici, la candela nella lampada ancora accesa, la tavola ordinata che i vicini le hanno pulito, la sedia a dondolo dove riposa il tessuto incompiuto, e dalla finestra vede un rosso tramonto che invita a salire. Ma non può andarsene senza baciare suo figlio; chissà quanto tempo passerà prima che lo riveda. Si sente calma sulla soglia di quella morte mite. Juan, che è tutta la sua vita, è diventato un uomo. Lui stesso non è del tutto consapevole di essere pronto per affrontare la vita da solo. Lei, essendo già solo un profumo, dall'aria ringrazia Dio per averle permesso di accompagnarlo nella sua vita fino a quel momento. Come ultima carezza d'amore si avvicina a Juan per baciargli il viso, ma non riesce a controllare il proprio corpo trasformato, e così capisce che è fatto di innumerevoli particelle invisibili di energia. Juan, semiaddormentato, avverte il piacevole brivido di una sensazione calda, come milioni di piccoli punti che attraversano parte del suo corpo. Il movimento di Juan spezza l'istante; si sveglia, con il corpo inerte di lei tra le braccia, e Rosa si sente attratta da una forza maggiore che intorpidisce anche la sua coscienza, e la trascina sempre più lontano, su un'onda di pace infinita.

Da Juan spuntano meno lacrime di tutte quelle che ha dentro, ma l'impotenza lo contiene. Tre giorni dopo depone un mazzo di garofani sulla tomba di sua madre e torna in caserma.

Clara Isabel aveva avuto una forte discussione con suo padre, in cui era stato stabilito, senza spazio per alcuna riflessione, che la famiglia non solo rifiutava l'unione della sua erede con un nessuno, ma che esisteva già un matrimonio programmato con un giovane capitano, appartenente ad una delle famiglie benestanti del Portogallo. Clara Isabel conosceva il suo futuro marito dalle feste e dalle riunioni della società. Era bello, attraente; sapeva che, se non avesse incontrato Juan, avrebbe potuto pensare di essere innamorata di quell'altro uomo e si sarebbe sposata con gioia. Ma aveva conosciuto Juan, quindi avrebbe dovuto rinunciare all'amore che sognava, a condizione che lui fosse lasciato in pace. In quei tempi di rivolte popolari, la vita di tutti era in pericolo, non si poteva contraddire un militare di alto rango e la sua potente moglie senza correre il rischio di venire fucilati in un vicolo. Tuttavia, non sarebbe mai più stata felice in modo puro ed elementare, come aveva immaginato.

Il padre le concede dieci minuti con Juan, che dovrebbero usare per salutarsi per sempre. Possono raccontarsi parte di quello che hanno nel cuore, ma più di ogni altra cosa, Juan può finalmente raccontare a qualcuno il dolore che prova per aver perso sua madre, e così versa alcune delle lacrime che escono dalla sua anima e bagnano i capelli di Clara Isabel. Quando la porta si apre e il generale sbatte impaziente sul pavimento, Clara Isabel porge segretamente a Juan una propria fotografia, e gli fa promettere di non dimenticarla mai, perché nemmeno lei lo farà. Nella fotografia indossa l'abito verde chiaro della madre; è ornata di pizzi fini, gioielli di smeraldo e riccioli raccolti in alto. Avrebbe preferito dare a lui una fotografia modesta, con un vestito semplice, senza gioielli né decorazioni, proprio come era stata la sua amicizia con Juan, ma non ne aveva nessuna. Poi, con il cuore spezzato, si rigira, riacquista la compostezza ed esce dalla porta per compiere il suo destino di ricca ereditiera. Quando arriva a casa, si taglia una ciocca di capelli ancora bagnata dalle lacrime di Juan, per averla sempre segretamente nel suo medaglione. Non si rivedranno mai più. Juan si terrà la foto per amore, ma, se l'amore non fosse un tempo il sostentamento della memoria, la manterrà anche come simbolo, per non dimenticare mai com'è il mondo.

Durante i due mesi che mancano alla fine del periodo militare, Juan continua come assistente principale. Non si dice una parola su ciò che è accaduto perché Juan ha capito e accettato il suo posto nella società. Il generale, che dentro di sé sta morendo di dolore perché apprezza il ragazzo, ama sua figlia e se ne frega davvero di chi sposa, ha dovuto accettare le imposizioni di quell'élite, di cui la sua seconda moglie è un pilastro fondamentale, amante del denaro e dei titoli, proprietaria e padrona della capacità di distruggere il futuro della figliastra, se solo avesse osato sposare qualcuno che lei non approvava. Il generale aveva sposato la madre di Clara Isabel per amore, invece l'altra solo per convenienza, solitudine, ambizione e rassegnazione. L'amore che aveva provato per la sua prima moglie e il frutto di quella relazione sono le uniche due cose che lo hanno davvero segnato nella vita; ora sta sistemando la vita di sua figlia a costo di rovinare la sua felicità. Ma è convinto che le due cose, nel suo caso, non possano andare insieme, e ha scelto la sicurezza della famiglia. Data la tesa situazione politica in Portogallo non è bene rischiare, e lui, come militare di classe, deve essere dalla parte opposta dei repubblicani, oppositori della monarchia. La differenza deve essere marcata, a rischio di essere bandito da quella élite, con conseguenze disastrose.

Il 28 gennaio 1908 vengono arrestati diversi uomini che si erano ribellati alla dittatura imposta dal re. Da qualche tempo sta prendendo piede un gruppo all'interno dei repubblicani, chiamato i *carboneros*, che a volte agisce senza l'approvazione del partito, soprattutto per eseguire azioni che né il partito ufficiale né la magistratura avrebbero mai compiuto.

Sta iniziando febbraio, da diversi giorni i militari avvertono nell'ambiente una tensione diversa da quella sperimentata finora, situazione che ha cominciato a preoccuparli. Viene avviata un'indagine per conto della milizia, ma i gruppi sospetti lavorano in segretezza e creano confusione. Il re pensa a come sviluppare legami che rafforzino la fede del popolo nelle sue decisioni, ma la miscredenza rende inutili i suoi sforzi. I sudditi della Corona del Portogallo sono stanchi del sistema. La monarchia antiquata è caduta nel discredito. Da sempre ogni governo monarchico è peggiore del precedente. I gruppi realisti insistono nel mantenere la dirigenza intatta, ma nell'aria c'è odore di complotto. I sostenitori del re si sono un po' tranquillizzati, perché sono riusciti a contenere i repubblicani e i loro disordini politici attraverso gli arresti di alcuni capibanda e certi accordi a porta chiusa: ciò darà loro il tempo di organizzarsi.

Un pomeriggio del mite inverno del 1908, precisamente il 1° febbraio, la regina Amelia, il re Carlos I e i loro figli tornano da uno dei loro palazzi nella regione dell'Alentejo. Dopo aver attraversato il fiume Tago su un battello a vapore, fanno un giro annunciato in una carrozza scoperta lungo la strada più importante di Lisbona, e si avvicinano alla piazza *Terreiro Do Paços*. La scorta è scarsa: i consiglieri di corte l'hanno ritenuta poco necessaria, per privilegiare l'avvicinamento al popolo e così riconquistare parte dei consensi perduti.

Non lontano, accaldato dalla corsa e tutto trafelato, un capitano di milizia scende dal cavallo e si precipita nell'ufficio di comando della caserma chiedendo del generale; ma il generale è assente, si trova nel palazzo, in attesa del re, al galà delle autorità. Gli ci vuole qualche minuto per spiegare al sottufficiale in carica cosa stia succedendo. Juan ascolta dalla stanza accanto e si rende conto che il suo superiore non vuole capire cosa gli stiano dicendo, o capisce perfettamente e fa finta di no. Al responsabile giunge voce di un complesso attacco contro la famiglia reale che si prepara per lo stesso giorno, ma non si conoscono i dettagli. Non c'è tempo, bisogna avvisare il generale, che è a palazzo con il resto degli ospiti.

Con la massima calma e senza molta fretta, il tenente Melo, sostituto del generale, dà a Juan l'ordine di preparare due cavalli e di attenderlo nel cortile della caserma. Quindi lo congeda, e fa capire col gesto che darà l'allarme immediato ai suoi superiori, ma Juan vede, attraverso le fessure tra i cardini della porta, che si siede comodamente con le gambe sulla scrivania, si accende una sigaretta e fa una piacevole boccata, guardando i cerchi del fumo nell'aria. Tutti i gradi più alti sono nel palazzo per onorare il re e la sua famiglia, che darà un ricevimento al termine della loro passeggiata.

Un giovane uomo si fa largo tra la folla che applaude il re al suo passaggio. Tra le braccia porta un grande mazzo di fiori che ha ricevuto da un altro uomo pochi istanti prima, e mostra un ampio sorriso sulle labbra. Prende un bambino che è in mezzo alla gente, lo tiene in alto con un braccio, come per suscitare la solidarietà del resto dei passanti. Era stata la stessa madre del bambino a darglielo, ma poi, rimproverata da una donna più anziana, si gira come pentita e corre dietro all'uomo per recuperare suo figlio. Lo vede in lontananza, sopra la testa degli altri.

In caserma una pattuglia di soldati si prepara a uscire per rinforzare la guardia nelle strade, ma scopre una barricata davanti al cancello principale. Le sentinelle che dovrebbero esserci sono scomparse.

La madre del bambino dà un grido di angoscia che si confonde tra i vivi e i fischi della folla, ma l'uomo la ascolta e lascia il bambino a terra, poiché gli è già stato utile per avvicinarsi abbastanza. Un altro uomo di mezza età ha nascosto un fucile sotto il cappotto ed è riuscito ad aprossimarsi dall'altra parte.

Juan e altri soldati si dirigono verso un altro accesso, un accesso nascosto che solo quelli in caserma conoscono, uno che avevano ordinato di costruire quello stesso anno, attraverso la strada secondaria, per fughe strategiche. Possono attraversarlo, ma finiscono in un vicolo completamente chiuso da carri con sassi e balle di fieno secco che i rivoltosi hanno dato alle fiamme. La caserma è stata isolata, e l'ufficiale incaricato dà l'ordine di restare fermi. Dice di non avere dati affidabili dall'altra parte, e non vuole esporre i suoi soldati a rischi inutili. Finché non si sa cosa stia succedendo, ordina di procedere con cautela. C'è molta tensione, si può intuire una sorveglianza segreta organizzata nell'ambiente. L'ufficiale in comando dice alla truppa che la sua esperienza gli fa capire quando è ora di fermarsi, e quel momento è giunto, almeno finché non si metterà in contatto con i suoi superiori.

Il giovane si avvicina dal lato della regina, con il suo grande mazzo di fiori e il suo sorriso. Lei non capisce perché, invece di trattenerlo, ci siano persone che ne facilitano il passaggio. Confusa da questo gesto, crede di sentire l'uomo che le dice: "Questo è per voi, Maestà". Un bagliore negli occhi del giovane regala alla regina un momento di orrore mentre vede un'arma brillare all'interno del mazzo di fiori. Ma è l'altro uomo, quello del fucile, che con un movimento agile spara due volte al corpo del monarca, che cade ferito e muore quasi sul colpo. Pensano di sentire altri spari attutiti dalle urla della folla che corre selvaggiamente. La regina, colpendo uno degli aggressori con un mazzo di fiori che nella confusione non sa se sia il suo o quello che le viene offerto, si china a proteggere il corpo del figlio più giovane; tuttavia, il ragazzo viene raggiunto da colpi al braccio. Solo poco dopo si rende conto che anche suo figlio maggiore, il principe ereditario Luigi Filippo, ha ricevuto ferite da arma da fuoco e sta perdendo sangue copiosamente, sull'orlo della morte imminente. C'è confusione: nei primi secondi nessuno si rende conto di cosa stia succedendo. Gli assassini svaniscono tra la folla. Poi due dei tanti uomini che corrono per le strade laterali vengono uccisi dalle guardie del corpo della famiglia reale, ma non sono sicuri che siano stati loro a sparare. Quando alcune persone vengono interrogate, tutte danno descrizioni diverse.

Juan D'Almeida è convinto che all'interno dell'Esercito stesso stia accadendo qualcosa di molto grave. Sono giorni frenetici, nessuno sa di chi fidarsi, e al minimo rumore si voltano a guardarsi le spalle. Questo evento gli fa realizzare come sia incerta la lealtà di alcuni dei suoi superiori. Mentre prepara i cavalli del generale per partecipare al funerale del re, decide di parlare al più presto con il suo capo per avvisarlo del comportamento sleale del tenente Melo, perché teme per la vita del padre di Clara Isabel. Ogni volta che prova ad avviare questa conversazione c'è un problema, un'urgenza o non è il momento giusto. Tuttavia, due giorni dopo, vede il tenente Melo che viene portato via sotto la minaccia di due fucilieri. Mentre il Governo indaga sui tragici eventi di Lisbona, la nazione è un mare mosso di traditori di entrambe le cause, non si sa più chi sia chi.

Il fatto fu attribuito alla *carboneria*, di propria iniziativa, senza l'approvazione del partito repubblicano. Dentro la *carboneria* partecipavano in segreto alcuni militari di rango inferiore, e in quei giorni si erano notati movimenti sospetti ma non chiari nel centro di Lisbona. Le cronache dissero che il giorno dell'attentato le truppe ufficiali furono bloccate in modo pacifico all'interno delle caserme, con l'aiuto dei ribelli e l'inganno degli ufficiali coinvolti. Per le strade i militari furono fermati, così il re, ignaro degli eventi delle ultime ore, fu lasciato in balia degli assassini come previsto.

Giorni dopo, Juan finisce il suo dovere verso la patria. Il generale, dopo tutto quello che è successo con Clara Isabel, non vuole chiedergli di restare. In suo cuore avrebbe voluto farlo, per avere ancora quel ragazzo prezioso al suo fianco, ma sarebbe stato un atto egoistico da parte sua, e Juan si merita il diritto di seguire il proprio destino per altre strade. Inoltre, non è molto sicuro che Juan sia disposto ad accettare, e non ha torto. Il giovane torna a Guarda per incontrare il suo vecchio mondo.

Al re assassinato succede il figlio più giovane, Manuel II, poiché nell'attacco è anche morto il principe ereditario. Ma la monarchia non gode più né del prestigio né del riconoscimento del popolo. Due anni dopo avviene una rivoluzione che pone fine al governo monarchico, si svolge tra il 3 e il 4 ottobre 1910, il 5 ottobre raggiunge il suo culmine. Ma ormai Juan D'Almeida ha preso decisioni che stanno cambiando per sempre il suo destino.

SEME DEL MALCONTENTO

L e identità nazionali della Spagna e del Portogallo si sviluppavano unite da un destino storico comune: l'arrivare tardi alla Rivoluzione industriale. Nei secoli avevano fatto parte della stessa essenza, con alcune sfumature, ma a poco a poco si era andato delineando il profilo nazionale di ciascuna di esse, fino alla fine dell'Ottocento, che in Spagna si presentava piuttosto come una tragicommedia creata e condotta dai poteri di turno. La Spagna e il Portogallo erano come una foresta di snelli alberi le cui radici erano unite in profondità, dall'origine vicina e dalla storia, così come gli ideali si toccavano allo stesso modo dei rami lassù in alto. Le loro masse condividevano il fervente desiderio di sopravvivere ed emergere dall'indegnità e dalla sofferenza derivante dai piani di alcune classi sociali —propositi a volte machiavellici e in altri casi frutto soltanto dell'egoismo— volti ad esercitare un predominio che le facesse rimanere all'apice del potere.

Nel corso del tempo, in territorio spagnolo venivano imposte leggi, costumi e usi generati in epoche storiche lontane, che incidevano sull'organizzazione sociale, politica ed economica con il loro peso arcaico di secoli. Tali antiche usanze, invece di evolversi verso modelli umanitari, favorivano sempre più la divisione tra pochi notabili, che esercitavano il controllo a loro piacimento, e moltitudini sfortunate, non propriamente sottomesse, ma piuttosto dimenticate, abbandonate al loro destino nel baratro della povertà e nell'angoscia dell'impotenza.

Con una forte domanda di lana da parte dei paesi del nord, i nobili avevano trasformato i terreni coltivati in immensi pascoli adatti all'allevamento estensivo di pecore destinate all'esportazione di lana, succosa fonte di valuta. La nazione favoriva l'attività, data la natura dei redditi che essa generava, facilmente identificabili e tassabili per le casse della monarchia. Così il vecchio terreno agricolo, destinato a pascolo, finì distrutto, devastato.

Ma che fine facevano i contadini? Non erano più necessari. Bastava un pastore qui e un altro là, ma niente di più. Nel corso degli anni si raggiunse un alto livello di disoccupazione: quasi due terzi dei contadini cessarono di avere risorse e persero le loro funzioni nel contesto sociale. Il mondo strutturato in cui vivevano, che li teneva in una situazione di umile ma sicuro sostentamento, era stato sconvolto. Pagando prezzi altissimi, furono costretti ad acquistare i prodotti agricoli che in altri tempi producevano loro stessi. Nel corso dei secoli, per i contadini si configurò un destino disastroso di precari della vite e dell'olivo, quando non disoccupati, via via più indigenti, più umiliati, più affamati, senza la più remota possibilità di progresso, stagnati, viventi in uno stato di disprezzo e rifiuto instancabile di tutto ciò che proveniva da quella società che li aveva dimenticati. Quindi tanti spagnoli cercarono il sollievo offerto dall'emigrazione in America. Coloro che si recavano nel Nuovo Continente per poter lavorare, insieme a quelli che emigravano per avventure di ogni genere, popolavano il nuovo territorio di figli che avrebbero poi plasmato i movimenti indipendentisti delle colonie; sappiamo già che tali movimenti si verificarono, per la maggior parte, durante il

XIX secolo. Molti contadini, invece di emigrare, preferivano trasferirsi nelle città per cercare il salario nelle fabbriche. Finivano in centri urbani pieni di potenziale forza lavoro, ma con un'offerta che non assorbiva tutti e un profilo squilibrato, prodotto dell'esplosione demografica del tempo e della resistenza alla modernizzazione da parte dei pilastri del potere. A metà e alla fine del secolo, a causa dello scandaloso livello di povertà, si tentò di cambiare questa situazione, cercando di migliorare l'equità sociale. D'altra parte, c'erano già ferrovie e altri miglioramenti tecnologici che avrebbero potuto aiutare. Tuttavia, alcuni benefici scaturiti dalla mano del tardivo sviluppo industriale, come la meccanizzazione dell'agricoltura, accrebbero il problema dei contadini, forse molti di loro già trasformati in piccoli agricoltori, senza grandi possibilità di emergere. Davanti a ciò si sentivano profondamente frustrati.

Nel 1898 la crisi si aggravò con l'indipendenza di Cuba e delle Filippine, ultime colonie della Spagna. Ciò lasciò le casse nazionali sprovviste del flusso di ricchezza coloniale. In Spagna erano stati fatti deboli tentativi di industrializzazione applicati, più che altro, all'elaborazione di tessuti, solo in alcune città pioniere; ma erano rimasti nella prima fase dello sviluppo industriale, che nei paesi del nord Europa aveva già dato ampio spazio ad altri progressi tecnologici legati all'acciaio e alla meccanica.

La stessa Spagna, nell'epoca in cui controllava i Paesi Bassi, parte della Germania e il nord Italia, diresse queste tre aree verso una necessaria industrializzazione, con l'intenzione di rifornirsi dei prodotti ivi fabbricati. Come mai? La produzione di beni di consumo era vista come un'attività secondaria e, come tale, poca cosa di fronte all'importante funzione guerriera della penisola stessa. Il territorio peninsulare, onorato dapprima con questo atto, fu poi condannato alla povertà strutturale per effetto di questa decisione, sostenuta nei secoli, con alcune eccezioni, come i Paesi Baschi e le aree di influenza catalana, che furono interessate dall'attività industriale dell'intera penisola. Queste zone subirono il "discredito" e la "disgrazia" di produrre, invece di avere la disponibilità ad acquistare il necessario senza sporcarsi le mani con il lavoro.

Nonostante le differenze, era come quando alle donne non veniva permesso studiare o lavorare perché sarebbe stato un disonore doverlo fare. Invece, quelle che si avvicinarono alla conoscenza e al lavoro, dapprima mal viste, ebbero la possibilità di evolvere verso livelli più alti di autodeterminazione, condizione che nella maggior parte dei casi avrebbe stimolato lo sviluppo economico familiare.

Se posso fare un paragone, questi poli, come i Paesi Baschi, la Catalogna e Valencia, potrebbero rappresentare le donne che hanno avuto accesso all'istruzione e al lavoro indipendente, invece il resto della Spagna rappresenterebbe quelle donne che sono state tenute in casa per "onore". Così all'interno del Paese si configurarono questi luoghi isolati, produttori di ricchezza, che via via cominciarono a sentirsi superiori al resto della Spagna, in quanto furono in grado di ottenere notevoli risultati economici, mentre al di fuori di essi la penisola iberica rimase costretta, salvo poche eccezioni, allo sfruttamento agricolo e all'allevamento.

In Inghilterra, invece, la rapida industrializzazione portò il suo impero a una notevole crescita guidata dalla politica colonialista, essendo strateghi del mare, arrivando sempre prima a posizionare i suoi elementi di ogni tipo nel miglior posto disponibile o a crearlo a gomitate. In questo, l'educazione del popolo e il valore della conoscenza furono fattori importanti, al punto che, durante il regno di Elisabetta I d'Inghilterra, alcuni documenti attestavano la commutazione della pena di morte ai detenuti che possedevano l'arte della lettura, in modo che questa ricchezza non andasse perduta. Intanto, sotto il regno di Filippo II in Spagna, alcune umili scuole frequentate da figli di contadini furono chiuse, perché avrebbero mostrato ai bambini altri orizzonti, allontanandoli dal mestiere di famiglia.

In quegli anni la Spagna era già immersa nella corrente che essa stessa aveva sviluppato nei secoli, una palla di neve che era difficilissimo fermare, schiaccianti differenze sociali, un potere segregato, privo di unità, ricco di rivolte, che non si degnava a metà del secolo di raggiungere gli standard di progresso industriale dell'Europa settentrionale e centrale. Lasciò quindi in eredità alla società di fine secolo uno stato spagnolo formato da un ammasso di volontà individualistiche ed egocentriche desiderose di potere, ma soprattutto, una società divisa tra sostenitori dell'alto clero e della monarchia, contro coloro che erano all'opposizione, bollati come anarchici, a torto o a ragione. Il popolo, stanco nei secoli delle alleanze tra alti religiosi e ricchi, sentendosi tradito dal loro stile di vita, vedendo poi i "buoni rapporti" tra il basso clero popolare e le famiglie con maggiore potere economico o minore voglia di ribellione, identificò la ricchezza e il fasto cattolico con il monarchico, il dispotico, l'autoritario, e l'acattolico con la democrazia. Germogliava così il seme che avrebbe poi aperto le porte alla Guerra Civile. Paradossalmente, gran parte di questo popolo ribelle continuò a mantenere i propri sentimenti religiosi, quelli sostenuti dai fondamenti puri e originali della fede cristiana, oltre a un certo rifiuto del liberalismo che, sebbene contrario al conservatorismo di data secolare, non era considerato come una valida fuga dalla miseria, visto che anche esso si dimenticava di integrare tutti, simile in questo alla monarchia liberale del Portogallo. Solo nel 1900 gli anarchici si unirono a un'organizzazione sindacale pacifica.

La storia ci dice che ogni partito al governo faceva maturare questo seme di malcontento, fortemente germogliato, attraverso un parlamentarismo tacciato come ingannevole e una falsa apertura ai partiti favorevoli alla legittimità monarchica, con "turni" o alternanza tra due partiti dominanti, che si dicevano diversi ma che alla fin fine si comportavano allo stesso modo, quando permettevano i voti solo alla oligarchia, cadendo anche sotto il sospetto di manipolare le elezioni. Si trattava, da un lato, dei conservatori, e dall'altro, dei liberali, o come si sarebbero chiamati più avanti: neoconservatori e liberal-radicali, in merito all'idea di far credere a nuove arie. In seguito, con la concessione del suffragio universale maschile, il sistema del "votate per me, io vi proteggo, vi concedo questo o quel privilegio..." fu il modo in cui le comunità rurali analfabete, miserabili e isolate raggiunsero la sussistenza, "protette" dal paternalismo onnipotente del padrone. Ma nessuno di quei partiti politici di turno esercitava un governo in cui le caste diseredate fossero veramente integrate come vere componenti della nazione spagnola.

I Rodríguez, lì a Monsagro, più vicini al nord che al sud, pur essendo economicamente benestanti per via dell'industria carboniera di famiglia, non ignoravano il pessimismo della gente, la crisi generale, l'incredulità nei confronti della politica, il futuro di sé stessi e della nazione spagnola, poiché il contesto in cui vivevano era responsabile di ricordare a tutti le vergogne del popolo peninsulare, soprattutto di coloro che vivevano più a sud. Ma lì al nord, la loro situazione materiale e geografica, la loro ingenuità e la loro accettazione tradizionalista li manteneva ancora in uno stato di gloria divina.

A questo punto avrete capito che i Rodríguez di Monsagro hanno qualcosa a che fare con me e che ad un certo punto attraversarono l'oceano.

Ebbene sì. Ed è che io, in quanto nipote argentina di immigrati spagnoli, avevo bisogno di localizzare l'ambiente storico di quegli anni per conoscere i nonni, le loro motivazioni, per capire perché tanti emigrarono in America intorno al 1900, come i Rodriguez Pérez di Monsagro, ma anche come gli Ocaña e gli Elena, di Malaga, i cui figli, portati da piccoli sulle navi nel Nuovo Mondo, dettero vita all'altra metà del sangue che scorre nelle mie vene e che ho cercato di comprendere come nonni paterni. Questa analisi mi dice che lo fecero per dignità, per dovere di sussistenza, e con questo propiziarono la continuazione del loro sangue, essendo, nella loro semplicità, perfetti modelli del pensiero anticonformista e deluso della generazione del '98, con le sue immense domande esistenziali e le sue decisioni radicali.

Ma c'è di più. Da quando avevo undici o dodici anni, l'età dello sviluppo del pensiero astratto, mi sono chiesta perché i miei nonni paterni, essendo spagnoli di Malaga, fossero culturalmente così diversi dai miei nonni materni, originari di Salamanca. Pur accettando i semplicismi prima e poi altri fondamenti elaborati in base ai dati che possedevo in quei tempi, ho continuato a cercare con inquietudine una spiegazione che saziasse la mia curiosità. In questo cammino, con un semplice ragionamento, ho concluso che non potevano sfuggire ai loro destini, poiché le culture sono eredità inconsce che si imprimono a fuoco nelle anime attraverso i secoli.

I Rodríguez di Salamanca, quando emigrarono, pur conoscendo il disastroso contesto sociale, politico ed economico, non erano mai stati toccati dalle penurie e dalle carestie, fu una decisione prodotta più dalla voglia di avventura che da altro. Così conservarono la nostalgia per "la Spagna dei loro amori". E nelle lunghe serate raccontavano ai nipoti del pendio pittoresco, delle montagne verdi e delle valli profumate, spiegando loro che l'amicizia dei libri e i ricordi di famiglia erano la via attraverso la quale gli esseri umani comprendevano le proprie radici e potevano sviluppare le proprie voglie. I miei nonni materni lo facevano per puro amore, non perché ipotizzassero che la memoria vivente fosse la calamita più potente per generare il sentimento di appartenenza alla famiglia. Non è che ne fossero consapevoli. Non ci sarebbe voluta nemmeno la consapevolezza del fatto per fare bene come hanno fatto loro.

Invece i nonni di Malaga, di indole chiusa, non volevano evocare il rifiuto della "Spagna delle loro pene", e nei pomeriggi di compleanni, incontri e visite, si chiacchierava del presente e del futuro, delle terre che un certo Pedro *Tizio* aveva comprato, del numero di camion che un tale Mario *Caio* possedeva, sui risultati nell'affare del giorno prima, della simpatia di un certo Roberto *Sempronio* e dell'ultimo modello di auto di Alberto *Pinco Pallino*. A loro volta, i genitori non avevano mai parlato con loro delle angosce delle generazioni passate, essendo stati sradicati quando erano ancora troppo piccini per ricordare. Forse loro, nei panni di piccoli spagnoli cresciuti in Argentina, avevano intuito qualcosa dietro i volti severi dei loro genitori. Mia nonna Ana aveva sei anni quando rimase senza madre —fa male l'anima a pensarci—, e suo padre, come pure gli altri miei bisnonni paterni, che conobbi dopo la morte solo per commenti a contagocce, conservavano molto nel profondo le storie della Spagna perduta. Se mai le raccontarono ai loro figli grandi, questi tacquero. Le storie non venivano portate alla luce —avrebbero arrecato dolore—, furono proscritte in una memoria al di là di ciò che era consentito.

Oggi vedo i miei nonni paterni in un modo così diverso! Non che io faccia mie alcune cose, ma le comprendo, e questo me li fa amare così come erano, accettando le imperfezioni che ereditarono attraverso i silenzi, le disavventure e le speranze dei loro genitori esiliati.

L'INFANZIA DI BENITO A MONSAGRO

Lontano nel tempo, a migliaia di chilometri da Monsagro, Benito rievoca aneddoti del suo villaggio natale, all'inizio del Novecento, come il giorno in cui portarono la prima carriola con ruote di puro ferro: quando veniva spinta per quelle stradine di pietra faceva un rumore infernale. La gente credeva che il mondo intero stesse crollando, e lasciava le proprie case di pietra terrorizzata. Era il progresso che arrivava al paese. Benito ride molto quando lo ricorda. Ride così tanto che la sua figlioletta Victoria lo immagina bambino, le guance rosee dal sole...

Benito Benigno Pérez Zarzo, che durante l'infanzia crede di chiamarsi Benito Benigno Rodríguez, figlio di Claudio e Benita, inizia a crescere in Monsagro tra la natura pura che lo circonda, il lino lavorato dalla madre e il carbone, oggetto dell'attività familiare.

Benita semina il lino nella sua terra in Spagna. Ha un filatoio e un fuso per fare i fili, che vengono poi trasformati in stoffa. Ma per arrivare a realizzare i tessuti ci vuole quasi mezzo anno di lavoro, ed è un compito che richiede molto tempo alle signore dell'epoca. Il processo è lungo, perché fatto a mano: prima la semina a spaglio, poi, quando è già maturo, la raccolta, il lavaggio in fasci, lo sfregamento, un nuovo inumidimento, l'essiccamento, la battitura ed infine la stigliatura. Quest'ultimo è il compito imposto a

Benito da sua madre: ma a lui non piace perché è noioso, e il ragazzo vuole giocare con i suoi amici. La stigliatura consiste nel far passare il fascio di lino diecimila volte attraverso una specie di pettine di metallo, colpendolo in modo che la fibra si apra e la peluria venga rimossa. In questo modo si ottengono fili sempre più sottili, che poi vanno al telaio di Benita per la realizzazione dei tessuti. Dai filati più pregiati si ottengono i tessuti più delicati, come quelli per camicie, sciarpe e biancheria intima per neonati. Le fibre più grossolane danno vita a tessuti più rustici; ovviamente tutto viene utilizzato dopo essere passato attraverso il filatoio e il fuso di Benita.

Benito frequenta la scuola; era già un vero erudito anche prima dei dieci anni; è retto come può esserlo un bambino, con forte determinazione, amante dei libri, della conoscenza, delle storie. È il prediletto di suo nonno il sarto, che gli ha confezionato un completino di velluto azzurro identico a quelli indossati dai veri principi, perché lo abbia in eredità e memoria. Ha un bel gruppo di amici con i quali si diverte a fare passeggiate nei boschi, ad arrampicarsi sugli alberi, a sguazzare nel fiume e a raccontare storie piene di *suspense* sulle rocce sotto il ponte di pietra. Ha tutto ciò che un ragazzo può desiderare. È completamente felice, amato, è come un dio per i suoi fratellini Juan e María e lo sarà, tra qualche mese, anche per il neonato Antoñito.

Tra la nascita di María e Antoñito, Claudio e Benita avevano avuto un altro figlio, Ángel, ma era morto da piccolo. Benita si era rassegnata alla disgrazia subita. Il giorno in cui nacque e gli misero in braccio quel figlio, Benita ebbe la premonizione che era un angelo di passaggio, e che lo avrebbe perso. Una profonda tristezza, radicata nelle sue viscere materne attraverso chissà quali capacità divinatorie sorte improvvisamente mentre era ancora stremata dalla fatica del parto recente, si è poi trasformata nella certezza che questo bambino le era stato posto in grembo solo dall'opera e dalla grazia dello Spirito Santo, indipendentemente dalla sua non verginità. Ovviamente lo chiamò Ángel, e non raccontò a nessuno le sue premonizioni. Là dove si trovava Ángel c'era un bagliore speciale nell'ambiente, anche se era di notte. Quando dormiva sembrava illuminato dalla luna, anche nelle notti più buie e tempestose. Stare con lui dava la sensazione di avere la compagnia di un adulto, e che tutto ciò che veniva detto fosse compreso dal bambino, che non aveva ancora un anno. Benita si chiedeva se il Cielo si fosse dimenticato di andarlo a prendere, perché stava crescendo forte e in salute, sembrava che sarebbe diventato un maschietto robusto. Poi abbassò la guardia, dimenticò i suoi presentimenti e si dedicò ad amarlo e a goderlo senza paura né tristezza. Perciò si sentì morire la mattina in cui si svegliò, andò alla culla e lo trovò freddo, immobile, morbido e con un sorriso sulle labbra, come se fosse andato via saltando e giocando con altri angioletti. Benita si chiedeva cosa fosse venuto a fare quell'angioletto in questo mondo... forse a prepararla per qualcosa che sarebbe venuta dopo? Forse per insegnarle a lasciar andare... a separarsi?

Benita è felice a modo suo, con i suoi figli, le faccende domestiche, il suo mondo generoso che premia con abbondanza il lavoro familiare. Non dimentica mai che sua madre, prima di sposarsi, le aveva detto felicemente: "Figlia, almeno non ti mancherà la legna da ardere", alludendo all'azienda di famiglia del futuro genero.

In questi anni, le parole della madre, salvo poche eccezioni, si adattano perfettamente al loro significato letterale. Tuttavia, più avanti assumeranno un senso figurato molto diverso nella vita di Benita, poiché "legna", nel gergo metaforico, sono percosse, non solo quando si parla di fisico, ma anche —ed è il caso— quando si riferisce al dolore dell'anima.

Claudio non impara ad essere prudente, è prodigo fino all'incoscienza, un amico incondizionato dei suoi compagni di taverna, ingenuo nel credere alle fantasiose storie che gli raccontano, e un po' folle, ma molto felice, quando i drink vanno oltre il limite. Un pomeriggio sfida un ragazzo magrolino che era venuto in paese per una visita, dicendo: "Posso farti sollevare due uomini da terra contemporaneamente". Scommettono l'onore, sull'uno e sull'altro, visto che tra i conoscenti di Claudio c'erano pochi soldi. Quando il forestiero accetta la sfida, Claudio lo fa sdraiare a faccia in su sul pavimento dell'osteria, e due suoi amici si siedono su ciascuna delle sue braccia per essere sollevati. Fino ad allora il giovane uomo ride compiaciuto. Quando tutto è pronto, Claudio gli stringe i testicoli così forte che il magrolino lancia un urlo che si sente in ogni angolo di Monsagro e, cercando di liberarsi per salvaguardare le sue parti sensibili, alza le braccia con enorme forza, mentre l'intera osteria esplode nelle risate. Claudio, reso allegro dal vino, chiede perdono, mentre il giovane è trattenuto da sette uomini, perché vorrebbe ucciderlo proprio in quel momento, mosso dalla furia dello scherzo, e lo avrebbe fatto se Claudio non fosse scappato di corsa, con tutta la forza dei suoi piedi. Per il resto della sua vita, il magrolino non farà mai più ritorno nel paese di Monsagro, per rabbia e vergogna.

Non sorprende che, nonostante le sue adulte sciocchezze da eterno adolescente, Claudio sia così amato dai suoi amici. È sempre pronto ad aiutare tutti, e nelle sue mani possiede un potere alchimista che rende produttiva qualsiasi attività che intraprende, tanto da essere sempre in grado di dare lavoro a chi glielo chiede; è già molto in una Spagna punita come quella del primo Novecento. I Rodríguez, senza possedere così tante terre, sanno trarre buoni benefici da quelle che hanno ereditato.

Un fatidico giorno in cui Claudio si è recato a Ciudad Rodrigo per comprare provviste, un uomo in abito signorile, orologio a catena e cappello elegante arriva in paese dicendo che è lì per affari. Scende dalla carrozza che ha noleggiato in città, che non guida lui stesso, e si sistema ad un tavolo dell'osteria senza far nulla, con una valigetta contenente un album fotografico e alcuni opuscoli. Paga da bere a tutti gli uomini che ci sono, per guadagnarsi la loro fiducia, e comincia a parlare delle meraviglie del Río de la Plata, mostrando il suo libro di fotografie. Più per fantasia favolosa e bevande in eccesso che per i detti dell'uomo, i parrocchiani, clienti abituali dell'osteria, sono convinti che dall'altra parte del mare ci sia un paradiso di ricchezze non sfruttate, e che un gruppo di persone aspetta a braccia aperte gli immigrati, in modo che possano servirsene. Così come il percorso di bocca in bocca del repertorio popolare trasforma in mezz'ora un rumore di gastrite in gravidanza, quando Claudio torna da Ciudad Rodrigo, tutti fantasticano sulle case del Nuovo Mondo immaginando che siano dei palazzi, che i suoi amichevoli abitanti agiscano come bambini ingenui, e che la sabbia per terra sia polvere d'oro che si estrae spalando qua e là.

Questa idea di paradiso terrestre matura a poco a poco nelle serate da osteria, alimentata dai racconti di viaggiatori, dai voti di fede esagerati e dalla propaganda dei governi *rioplatensi*, i cui riferimenti provengono dai principali centri cittadini.

Allora un giorno Claudio, non appena arrivato a casa, rilascia la sentenza:

—Ce ne andiamo in Argentina!

—Ma... Claudio!

Benita cade seduta su una sedia in cucina, con il ferro a fiore delle frittelle imbrattato di pasta, gocciolante sul grembiule.

—Se qui stiamo bene! Meglio di bene!

—Una pala, Benita! Una pala! Solo con una pala! Scaveremmo qua e là, e chissà quali ricchezze troveremmo! Certo, dovrai rassegnarti a mangiare carne di manzo, perché la gente lì non mangia né polli né conigli. No! Mangiano le mucche! E hanno così tanta terra che, se guardi in lontananza, vedi l'infinito! Benita, riesci a immaginare la vita che potremmo avere lì? È tutto più facile! Non hai voglia di lasciare il villaggio e vedere il mondo? Là ti aspettano a braccia aperte, arrivi e ti danno terra, casa, tutto! In poco tempo ti organizzi e inizi a fare soldi e a vivere da re...

—Ma qui abbiamo tutto, terra, lavoro, parenti... lì non abbiamo nessuno...

—Benita! Vengono anche i nostri amici! Ignacio con la moglie e i figli, Manuel... e Pedro... e Agustín Salazar... anche Roque... e l'altro Manolo, quello della vigna...

È vero che Claudio e Benita non hanno bisogno di diventare immigrati, ma gli amici del bar, che non hanno niente da perdere, hanno entusiasmato Claudio, tanto bello quanto zuccone. Gli hanno messo in testa il pensiero dell'Eldorado, fantastica terra promessa in cui gli abitanti ballano la danza del dono in un mondo ideale da favola. Lui accetta prontamente l'idea e la mastica per un po', così inizia a sognare la loro favolosa avventura, finché la voglia di viaggiare quasi gli esplode nel petto. Subito dopo, in paese hanno inizio i preparativi per l'esodo, con tremendo trambusto.

—Benita! Oggi ho comprato i biglietti per tutti.

—Come "hai" comprato? Li hai comprati tu? Ma i soldi? Avremo bisogno di soldi per stare lì i primi tempi o per comprare la terra! Tu non sai cosa può succedere! E se poi non è così come ce l'hanno dipinto?

—Non ti preoccupare, donna, altrimenti dovremo rimandare il viaggio finché non avranno un po' più di soldi; non ne avevano abbastanza, e ho detto che io li avrei aiutati. Me li restituiranno quando arriveremo lì e potranno diventare ricchi. Non può essere così difficile! No?

Benita non dice più niente, determinata a seguire suo marito nel bene e nel male. Il credulone e prodigo Claudio ha comprato i biglietti per i suoi e per altre sette famiglie. In tutto trentacinque. Il villaggio è in subbuglio. Non si parla d'altro.

Una settimana prima di imbarcarsi, Benita decide di fare le frittelle a forma di fiore per sfruttare il gran numero di uova che le galline hanno deposto. Mentre prepara l'impasto, ride tra sé e sé pensando che i polli argentini forse non sono molto gustosi, visto che la gente non li mangia. Le sue frittelle, dette *ponderaciones*, sono impasti dolci fritti a base di uova: si scalda un ferro a forma di fiore in olio molto caldo, poi lo si intinge nell'impasto di uova e farina, lo si immerge nuovamente nell'olio bollente: l'impasto si stacca, poi, già fritto, si passa nello sciroppo. Benita non trova il ferro neanche cercandolo come una matta. Quando Claudio arriva, lei gli chiede se l'abbia spostato e lui risponde:

—Ma no, Benita, l'ho venduto. Perché lo vuoi se andiamo in America? Lì ci sono solo mucche, niente galline, quindi niente uova.

La donna piange dentro di sé pensando che questo strumento è un ricordo dei suoi genitori, e si chiede in quale terra maledetta l'avrebbero portata, che non è in grado di fornire sostentamento a questi uccelli tanto utili quanto indispensabili.

Così, quando è già cominciato l'autunno del 1907, sistemati i loro vestiti e alcuni utensili in bauli, *don* Claudio Rodríguez Pérez, sua moglie Benita, i loro quattro figli —Benito, Juan, María e Antonio— e il loro infinito seguito di quasi trenta persone vanno a Vigo per imbarcarsi a bordo del piroscafo francese *Amiral Aube*, verso l'avventura nella terra dell'oro. Il paese di Monsagro rimane immerso in un silenzio che non si sente da più di trent'anni. Il padrone dell'osteria perde improvvisamente undici dei suoi migliori clienti e va quasi in bancarotta, salvato dal fatto che le poche persone rimaste a Monsagro, per contenere la nostalgia e rimarginare la ferita, cominciano a frequentare il bar per fare dei commenti e bere alla salute dei recenti esiliati, in un rito commemorativo tacitamente concordato. Grazie alla buona indole di Benita e del suo primogenito, sono quelli di cui si sente maggiormente la mancanza. Tutti avvertono l'improvvisa assenza di madre e figlio, e quando pensano ai nomi dei pochi bambini nati in paese, decidono di chiamarli Benita se è una donna o Benito se è un uomo. Così, quel nome dal suono tanto dolce e dal significato benevolo diventa una tradizione a Monsagro, che avrà sempre un Benito tra i suoi abitanti durante gli anni in cui durerà il ricordo dei Rodríguez Pérez.

Il dodicenne Benito Benigno Rodríguez dice addio all'infanzia, alla scuola, agli amici del paese, ai pomeriggi passati a giocare nei boschi, a un passato che diventa sempre più remoto man mano che la nave si addentra nelle selvagge solitudini dell'oceano, un tempo che ricorderà e che rimpiangerà tante volte nella sua nuova patria, quasi con la sensazione che sia stato un sogno.

In futuro, quella vita elementare, incontaminata e sublimata, apparirà nella sua mente più di una volta come un dubbio, così irreale e distante che sentirà il bisogno di cercare nei suoi ricordi per scoprire se tutto faccia davvero parte del suo passato... se sia frutto dell'immaginazione... o entrambi.

E L'ORO?

L'Argentina del 1900 aveva adottato per molti anni una politica aperta all'immigrazione nei confronti degli europei. Già il mandato costituzionale del 1853 dava il diritto ad ogni persona per bene, cittadino o no, di risiedere, lavorare e muoversi liberamente attraverso il territorio argentino. Tuttavia, i creoli di antica stirpe continuavano ad essere proprietari della terra, signori della ricchezza. Erano diventati la classe dominante dell'Argentina ed erano, da un lato, latifondisti allevatori di bestiame e proprietari di *ranch* —o "*fincas*", come venivano chiamati ad ovest— con alto prestigio sociale tra i loro pari, e dall'altro, ricchi mercanti con notevole potere economico. Le terre vergini conquistate e gli stabilimenti produttivi erano nelle loro mani, in attesa di braccia forti disposte a lavorarli. Quelle braccia scarseggiavano; una cosa del genere era sinonimo di potenziali ricchezze che i proprietari non avrebbero accumulato se avessero continuato così. A sua volta, dagli strati alti proveniva la maggior parte degli avvocati e dei dirigenti. Il modello osservato a Mendoza fino al 1880 mostrava una realtà in cui il potere politico e quello economico si comportavano come un corpo unico, operavano in relazione permanente, attraverso i propri attori politico-imprenditori. Essi furono influenti in tutto il paese per la loro origine oligarchica, per la loro privilegiata formazione accademica e per le vantaggiose posizioni politiche che occupavano, quasi sempre acquisite con lo scopo di promuovere al massimo i loro interessi.

La classe abbiente, come abbiamo già detto, coincideva con la classe politica, agiva in modo di mantenere nelle proprie mani la supremazia. La chiave per assicurarsi il controllo sulle proprietà conquistate agli antichi aborigeni era colonizzare e popolare. L'obiettivo altruistico di rafforzare la sovranità, discorso fatto al popolo, anche se vero, aveva lo scopo nascosto di moltiplicare il beneficio economico. Tutto combaciava alla perfezione, e permetteva di prendere tre piccioni con una fava: soldini in tasca, altruismo e rafforzamento dell'immagine. Indubbiamente, la crescita agricola e industriale andrebbe gestita mediante l'utilizzo della forza lavoro immigrata, atteggiamento che crebbe mirabilmente, soprattutto dopo il 1880, a seguito delle politiche più aperte forgiate durante la presidenza Roca, con il suddetto scopo di "popolare" il territorio. Prima dell'apertura all'immigrazione, la società era composta da ricchi e poveri, dominanti e dominati, potenti e sottomessi. Ma a seguito di queste correnti migratorie iniziò a formarsi la vera classe media argentina.

Molti membri delle masse italiane e spagnole arrivate prima del 1880 avevano potuto investire i propri risparmi e ottenere così la terra. Avevano culture secolari impresse nel loro sangue, sapevano il "come fare", e così avevano avviato molte delle loro piccole imprese produttive, per crescere con il lavoro e i buoni affari. Era stato anche possibile, per coloro che desideravano stabilirsi nelle città, acquistare proprietà per avviare le proprie attività, e persino mandare i figli a studiare. Fu così che molti immigrati, intorno al 1900, avevano già in famiglia professionisti o impiegati ben posizionati. Formarono la struttura di una classe media emergente. Le loro vite promettevano continui miglioramenti all'interno di una società governata dalle oligarchie di turno.

Tuttavia, la classe facoltosa basava la sua scala di valori su possedimenti, cognomi, antenati e influenze notevoli. Mentre idolatrava le innovazioni europee nelle arti, nelle scienze, nelle mode, negli stili, manteneva al di fuori della sua ristretta cerchia l'europeo divenuto immigrato per necessità: integrarlo come partner o familiare costituiva una certa perdita di prestigio sociale. Questa segregazione divenne più evidente con l'afflusso massiccio che fu favorito a partire dal 1880 dalla nuova legge sull'immigrazione. Inoltre, molti ricchi trovarono l'opportunità di servirsi a buon mercato di una classe sociale operaia, che forniva manodopera tanto più economica quanto più abbondante.

L'immigrato europeo in genere portava con sé una formazione artigiana ancestrale, molti viaggiavano su navi con i loro attrezzi ed elementi di lavoro. Avevano avuto un'educazione pervasa di localismi, a volte risentiti dalla disgrazia della fame. Avevano abitudini alimentari diverse, quindi, naturalmente, i loro corpi, loro vestiti e le loro case emanavano odori diversi da quelli a cui era abituato l'argentino di fine '800. Le condizioni di vita nelle loro terre d'origine e sulle navi li indebolivano, quindi molti di loro arrivavano malati non solo nel corpo, ma anche nell'anima, per la nostalgia e per lo sradicamento. Non mancava la xenofobia, che considerava l'immigrato come facente parte di una "razza inferiore". La cosa notevole è che tutto ciò traduceva i sentimenti e i pensieri di molti, che segregavano questi nuovi arrivati e se ne approfittavano. Un comune denominatore li univa: tutti si imbarcavano con in mente lo stesso sogno: migliorare il loro futuro e quello della propria famiglia, lavorare e vivere in pace. Italiani, spagnoli, portoghesi, francesi, tedeschi, polacchi, danesi, irlandesi, gallesi, russi, svedesi, ebrei, alcuni asiatici e dei paesi confinanti, trovavano la speranza sul suolo argentino e ci scommettevano. Quando arrivavano, coloro che non conoscevano la lingua spagnola si univano alle colonie dei loro compatrioti per andare avanti.

Secondo i dettami della legge in vigore sull'immigrazione, l'Argentina, prima del 1900, manteneva uffici di propaganda in Europa per attirare gli immigrati. Questi programmi rendevano noti tutti i benefici offerti dalla gentile terra del cono meridionale, la remunerazione che si poteva ottenere in cambio del lavoro, la promessa di una vita nuova e buona. Aiutavano pure a gestire le spedizioni di persone dall'Europa, e in alcuni casi pagavano persino i biglietti. Comunque, nella seconda e terza classe delle navi, molto spesso non si viaggiava nel modo previsto: caldo, freddo, vapore, odori, rumori, disagi, sporcizia, promiscuità, tra l'altro, erano dati emersi dalle testimonianze di quel tempo, fornite non solo dai viaggiatori ma anche dal personale sanitario. Questi operatori dovevano controllare le navi per accertarsi che le persone che pagavano i biglietti di seconda e terza classe viaggiassero in condizioni adeguate di pulizia, alloggio e vitto, cosa che non avveniva quasi mai. Una volta sbarcato, la legge stabiliva che l'immigrato aveva il diritto di essere ospitato e nutrito per cinque giorni, e che poteva optare per il trasporto ferroviario gratuito verso qualsiasi luogo del paese in cui gli venisse offerto un lavoro.

Nel 1873 Buenos Aires fu devastata da un'epidemia di colera. Seguirono momenti conflittuali, durante i quali gli immigrati divennero il capro espiatorio delle disgrazie, e furono incolpati di tutti i mali. Da quel momento in poi, lo Stato capì che doveva rafforzare le misure sanitarie, ma anche creare un sistema di contenimento per questi gruppi che arrivavano su navi con speranza, anche se spesso vulnerabili alle malattie, feriti dall'angoscia, dalla nostalgia, dall'abbandono. Fino a quel momento, nonostante il bisogno fosse venuto a galla, non era mai stato preparato un luogo per accoglierli, e si cominciò a pensarci più seriamente, mettendo l'urgenza di questi servizi all'ordine del giorno del dibattito politico nazionale. La burocrazia si fece sentire per altri tredici anni, finché finalmente fu approvato il progetto e la costruzione di un edificio destinato a soddisfare le esigenze immediate dopo lo sbarco, e quindi fornire a queste anime i mezzi per raggiungere i confini del paese per popolarlo in modo organizzato, invece di esporle alla tentazione di rimanere in città, nel sovraffollamento, nella miseria e nel propiziare il caos sociale che si vedeva arrivare.

Così, a partire dal 1890, fu riservato uno spazio vicino all'imbarcadero per contenere tutte queste persone, mentre continuava il dibattito su come mettere in pratica il centro ideale per l'immigrazione. L'Asilo degli Immigranti del 1890 era un capannone convertito, che per più di due decenni servì da prima casa per i passeggeri di seconda e terza classe che arrivavano con l'obiettivo di stabilirsi nel paese. Sembrava di forma ottagonale, ma in realtà aveva sedici lati, motivo per cui era stata battezzata "La Rotonda". All'esterno aveva le pareti ricoperte di assi che sembravano provenire dallo scafo di vecchie navi: la letteratura aveva sistematicamente criticato il rifugio che c'era a "La Rotonda" dicendo che era vergognoso, e assimilandolo a un'orribile voliera. Forse provocava intimidazione e dubbi, invece di incoraggiamento e rassicurazione. "Ci stanno portando in un rifugio o in una prigione...?" Una volta dentro, si vedeva che si erano sforzati di farlo sembrare carino con strati di pittura, che però non bastavano a nascondere la sua precarietà di capannone non nato per altro. Forniva un'immagine scoraggiante, e questo era un discredito politico per il Governo, che intendeva promuovere il paese in Europa. Tuttavia, solo nel 1907 iniziò la costruzione del nuovo centro, che sarebbe stato chiamato *Hotel de Inmigrantes*. Non più "asilo", poiché l'immigrato non doveva sentirsi un mendicante, ma avente diritto al recupero della propria dignità umana.

Buenos Aires, intorno al 1900, stava crescendo, sorsero bei palazzi signorili in stile neoclassico, alcuni con reminiscenze neobarocche ed altri fortemente influenzati dal movimento *Art Nouveau*, una tendenza presto abbandonata, ma ancora oggi testimonianza di quei tempi moderni. Con l'espandersi dell'edilizia e dell'urbanizzazione, crescevano le arti plastiche, le lettere, la musica, al livello delle grandi capitali del mondo e in contatto permanente con esse. Città delle luci, spettacoli, feste, tornei sportivi, passeggiate e piazze suggestive. Un mondo di intrattenimento che salvava l'alta società dalla noia letale. Altri eventi popolari attiravano le persone meno sofisticate, le classi medie e basse, nella misura in cui potevano permettserselo. Era una città abbagliante, in continua espansione. Era un polpo, il polo magnetico della repubblica, il tombino e la fogna, l'ingresso e l'uscita di tutti i mali e di tutte le meraviglie. L'immigrato appena arrivato che aveva modo di conoscerla rimaneva sbalordito, gli era difficile rassegnarsi a perdere la sua fetta di quella "buona e promettente torta" andando nell'entroterra. Era collegata con lo screditato "interno" principalmente attraverso la ferrovia, avviata più di due decenni prima, e con il resto del mondo, attraverso la fiorente industria cantieristica su entrambe le coste atlantiche.

Le persone che arrivavano in terza classe, salvo casi isolati come i Rodríguez Pérez —giunti nel 1907—, sfuggivano alla fame di un'Europa devastata dai pasticci dispersi ovunque dalla Rivoluzione industriale. Poco dopo, nel 1914, un terzo della popolazione, per un totale di quasi otto milioni, sarebbe stato straniero. Questo massiccio afflusso di immigrati iniziò a incrinare l'equilibrio sociale intorno alla fine del XIX secolo, più che altro nelle appetibili città, e pochi anni dopo portò a decisioni politiche limitanti. I salari non fornivano più il benessere minimo per la classe operaia. Le possibilità di acquisire terra attraverso il lavoro erano state ridotte quasi a zero per un immigrato. Di fronte ai prezzi irraggiungibili di masserie e case, si accontentavano di affittare una modesta proprietà dove poter vivere con la famiglia, spesso un paio di stanze in una grande casa condivisa con altri inquilini: il tipico *conventillo*. E in casi ancora più stretti, "la stanza", dove viveva l'intera famiglia, anche con più figli. Invece di optare per l'arduo insediamento in campagna, l'immigrato, se veniva lasciato alla sua libera volontà, cercava quasi sempre lavoro nei conglomerati urbani; a seconda delle circostanze e del modo in cui si sviluppava, gradualmente ascendeva allo status di ceto medio, o era relegato alle classi sociali più povere.

Nonostante tanti mali in agguato, era proprio nella vita urbana che si trovavano occasioni di avanzamento sociale e di accesso ad alcuni benefici tipici delle città, come l'istruzione generale, le scuole professionali, le istituzioni amministrative, i bar, i negozi, i luoghi pubblici, l'intrattenimento, i contatti, le influenze e tutte le tipologie di servizi. Pertanto, gli immigrati preferivano le città, e tra queste, le vicinanze di Buenos Aires, Santa Fé, Córdoba, i poli più sviluppati. Si cominciò a percepire la sensazione che provocò anni dopo la nota frase "Dio è ovunque, ma il suo ufficio è a Buenos Aires".

Così, le migliori intenzioni del governo di popolare le campagne fallirono, e le conseguenze fecero precipitare il Paese in una crisi socio politica causata dal disagio delle classi lavoratrici, ideologicamente incoraggiate da molti avvocati del ceto medio emergente, che portavano idee innovative, contro le arie aristocratiche che avevano dominato fino a quel momento. I governanti furono esortati a fare qualcosa per gestire questa ondata di immigrazione incontrollabile, che stava causando loro troppi problemi, e fu così che elaborarono alcuni regolamenti, motivo per cui le famiglie degli immigrati, all'arrivo, venivano portate a "La Rotonda" ad attendere l'assegnazione della loro prima destinazione, con l'obiettivo di coprire le richieste di manodopera provenienti da tutto il territorio argentino e di provocare un primo "radicamento regionale", lontano dalle città "polpi", il che, in un certo modo, avrebbe condizionato loro a rimanervi. Erano avvertiti dei pericoli e della mancanza di controllo a cui sarebbero stati esposti se fossero rimasti nelle città, e che lo Stato li avrebbe aiutati solo se si fossero recati nelle aree in cui le persone erano necessarie. Lo statista argentino non voleva più immigrati nei centri urbani, e dal '23 fu posto un freno all'immigrazione, richiedendo requisiti estremamente restrittivi, soprattutto per coloro che avevano partecipato alla Grande Guerra dal '14 al '18 e che, demoralizzati, con una fame terribile, con carenze elementari, volevano entrare nel territorio toccati da ferite indelebili nell'anima e ricordi permanenti nel corpo, come una gamba o un braccio mancante. Erano fermati senza esitazione prima di imbarcarsi in Europa.

Già nel 1907, anno in cui arrivarono Claudio e Benita con i loro figli, la distribuzione migratoria di coloro che entravano per lavorare funzionava con una certa restrizione passiva. Quando Claudio si affacciò alla realtà delle cose, il suo "paradiso terreno" di Monsagro era già troppo lontano, e i suoi risparmi decimati dall'incoscienza di pagare i biglietti a sette intere famiglie.

TROPPA INNOCENZA

A causa delle epidemie subite dagli immigrati per le deplorevoli condizioni sanitarie sulle navi, Benita, che portava in braccio Antoñito per allattarlo quando glielo chiedeva, si ammalò gravemente di febbre. Tra la confusione dell'arrivo, il ritiro dei bauli nel porto e le formalità burocratiche, riuscì a parlare molto poco con Claudio. In modo autoritario, fu separata dalla sua famiglia per essere curata in ospedale. La febbre la confondeva, le rimaneva solo il pensiero di stringere il suo bambino di quattro mesi per evitare di perderlo nel tumulto. Costretta a spostarsi dagli addetti ai servizi della salute pubblica, perse momentaneamente il contatto con Claudio. I medici allontanavano dai gruppi coloro che portavano segni evidenti di malattia. Gli altri erano autorizzati a passare per continuare le loro procedure burocratiche e la vaccinazione contro il vaiolo. Correva il 10 novembre 1907.

Senza chiedere il loro parere, Claudio Rodríguez Pérez, insieme ai figli Benito, Juan e María, furono condotti a piedi, con altri nuovi arrivati, dall'imbarcadero a un grande e quasi rotondo edificio vicino, di aspetto malinconico. Maria lo vedeva come una gigantesca nave ancorata a terra. Era lì che portavano, per disposizione di legge, gli immigrati appena arrivati, fino a quando non fossero decise le loro destinazioni. Juan, il secondo, si aggrappava con tutta la forza delle sue manine ai pantaloni di Benito, suo fratello maggiore, mentre Claudio spingeva il carretto che gli avevano dato per portare i bagagli e si chiedeva che ne sarebbe stato delle sette famiglie che erano arrivate con lui, poiché le aveva perse di vista. María, tenuta per mano da Benito, piangeva perché sua madre non c'era. Il suo piedino entrò in una pozza di acqua sporca e si bagnò, così Benito le tolse scarpe e calzini, li diede a Juan per portarli e la fece salire sulle sue spalle, facendole il solletico in modo che non piangesse. Man mano che ci si avvicinava all'edificio di destinazione, le pozzanghere dovevano essere saltate sempre con maggiore difficoltà, finché una grande pozza maleodorante costrinse tutte le persone a stare quasi in fila indiana per poter passare senza bagnarsi i piedi. Quando arrivarono, incontrarono tre delle famiglie conosciute, che erano arrivate per prime. Erano in fila, in attesa dell'assegnazione di un posto nell'ostello, scherzando tra di loro, felici. Claudio si mise in fila con i suoi figli. Attraverso le umide pareti di legno, udì il rimbombo di un tuono, colse l'improvvisa oscurità delle nuvole nel cielo e udì le gocce di pioggia fornire un rumorio di sottofondo, che poi divenne un chiasso assordante sopra i tetti di metallo. Claudio pensò per la prima volta a Benita con compassione: malata di febbre, e che per di più doveva allattare. La notte stava arrivando. Quel luogo era cupo, ma almeno erano al riparo dalla tempesta.

Quando fu il suo turno, rispose alle domande che gli facevano, come ad esempio quanti erano, i nomi di tutti i parenti che venivano con lui, l'età, da dove venivano, cosa portavano, cosa sapevano fare —lui disse "agricoltore" —, malattie che avevano avuto, se erano andati a scuola, se parlavano un'altra lingua, se conoscevano altre persone venute con la nave, se avevano mai avuto problemi con la legge. A causa della momentanea assenza della madre, la bambina sarebbe stata autorizzata a stare nelle camere da letto con il padre e i fratelli. Furono costretti a passare attraverso un settore dove sarebbero stati immunizzati contro il vaiolo, obbligatorio anche per coloro che avevano ricevuto il vaccino in Europa. María e Juan piansero quando fecero la crocetta sulle loro piccole braccia.

Claudio chiese come mettersi in contatto con Benita, e gli dissero che fino al giorno dopo sarebbe stato impossibile; gli assicurarono che non si doveva preoccupare, dato che tutto era stato annotato, e che addirittura lui e i bambini sarebbero stati lì per almeno cinque giorni. Fu informato che il mattino dopo avrebbe dovuto presentarsi alla fila successiva, che era l'ufficio di collocamento. Così Claudio e i suoi tre figli andarono in sala da pranzo, poi nei bagni, poi nel dormitorio collettivo, e infine, per la prima volta dopo tanti giorni di dondolio in mare, dormirono in letti su terra ferma. Il giorno successivo gli inservienti li svegliarono presto e li riportarono nella sala da pranzo, dove servirono una colazione a base di tè con latte e pane appena sfornato. Subito dopo colazione, Claudio condusse i figli nella zona dove erano stati ricevuti il pomeriggio precedente. C'erano già lunghe file di attesa agli sportelli.

Tocca a lui, i dipendenti cercano il suo nome su una lista e attraverso di essa trovano un foglio con tutti i dati che ha fornito la sera prima. Lo fanno aspettare; sembra che stiano confrontando alcuni telegrammi con quei moduli, finché alla fine un altro uomo lo fa accompagnare a una scrivania, gli stringe la mano e lo fa sedere. I bambini, in piedi, ascoltano attentamente.

—Senta signore... Claudio Rodríguez, abbiamo già un incarico di lavoro per lei. È a Mendoza, nel campo dell'agricoltura. La sua famiglia è stata richiesta da un certo dottore Catapano, per la sua fattoria a... Junín, Mendoza.

—Siamo stati richiesti? Che bello!... Allora sapevano già che stavamo arrivando e ci aspettavano...

Claudio è felicissimo, disposto ad accettare la proposta, ansioso di iniziare a fare i cospicui guadagni di cui gli hanno parlato i suoi amici dell'osteria.

—Firmi qui... ritiri i biglietti tra un'ora e parta col treno alle due del pomeriggio, proprio qui, alla stazione del porto.

Claudio inizia ad esitare, vuole dire qualcosa, ma l'impiegato lo interrompe:

—È un viaggio di un giorno e mezzo, comprese le fermate del treno... mille chilometri più o meno, ma non si preoccupi perché... Cosa c'è che non va, *don* Claudio?

—Non posso, non posso andarmene, ho mia moglie in ospedale! Speravo che mi avreste detto dove fosse, così potevo andare a vederla!

Il dipendente aggrotta la fronte, scrive il nome di Benita su un pezzo di carta e si dirige verso il retro ufficio, lasciando Claudio ei suoi figli in attesa... Tre minuti dopo riappare solo un momento per dire loro che stanno localizzando la signora, che dovranno avere un po' di pazienza. Dice loro di uscire; li richiamerà non appena siano arrivate le informazioni richieste. Vedono come si occupa di altre persone e distribuisce documenti; immaginano che siano biglietti del treno gratuiti. Venti minuti dopo, Claudio viene chiamato di nuovo e ascolta attentamente quello che dice l'agente.

—Guardi, *don* Claudio, ho ricevuto il verbale di sbarco... Sua moglie... Benita, è stata portata in ospedale con la febbre e dovrà per forza stare lì per più di dieci giorni.

—Quindi, non posso andare via... altrimenti come faremo ad incontrarci...?

—Aspetti, mi faccia finire perché quello che ho da dire è molto importante. Possiamo ospitarla qui per i primi cinque giorni, di più sarebbe quasi impossibile, perché dobbiamo liberare i letti per le nuove persone che arrivano. Quindi dovrà andare a cercare appartamento e a cercare lavoro. E qui, a Buenos Aires, è più difficile e costoso trovare un posto... e con tanti bambini... Voglio dire che dopo i primi cinque giorni dovrà cavarsela da solo... mi capisce, *don* Claudio?... E guardi che se rifiuta questa offerta... dovremo mandarci un'altra famiglia... forse, dopo ci costerà molto trovare un altro collocamento buono per voi...

Claudio non sa cosa rispondere. Senza Benita si sente solo un altro bambino...

—Ma abbiamo la soluzione, stia tranquillo... —l'agente dell'immigrazione interrompe le sue cupe riflessioni— noi le proponiamo questo: per sua moglie non si preoccupi, che quando uscirà dall'ospedale la manderanno direttamente qui, sicuramente le toccherà parlare con me, perché sono la persona incaricata delle destinazioni lavorative. E da qui la porteremo gratuitamente per ferrovia ovunque lei sia, e la avviseremo tramite le autorità di là.

—È una cosa sicura...?

—Certamente. Questo è tutto registrato su carta, non deve preoccuparsi minimamente. Quindi accetti questa collocazione, vada, prenda due piccioni con una fava, dato che avrebbe una casa e un lavoro allo stesso tempo, i suoi figli possono stare con lei mentre lavora... e Mendoza è carina...

—Sì...?

—Sì, è molto bello lì, molto soleggiato. Quello che si vede di più sono i vigneti, il buon vino, il miglior vino del paese, lo sa?

—Però mia moglie deve sapere che me ne sono andato, che è quello il motivo per cui non posso andare a trovarla in ospedale...

—Non si preoccupi amico mio, le autorità ospedaliere verranno informate oggi e, non appena possa ricevere la notizia, gliela daranno senza indugio... Ma se lo desidera, può anche lasciarle una lettera da consegnare personalmente.

Claudio guarda suo figlio Benito, che subito capisce e chiede carta e inchiostro, perché suo padre non sa né leggere né scrivere.

—Ora mi firmi qui, e se vuole aspettare quindici minuti le consegno l'ordine per la ferrovia, non se ne vada...

Quattro ore dopo, Claudio e i bambini saliti sul treno, che è un alveare di immigrati entusiasti, iniziano a sentire il ritmico oscillare della carrozza. Delicatamente il frastuono svanisce in un mormorio. Hanno ricevuto i posti in treno e le carte per raggiungere la provincia di Mendoza, a mille chilometri da lì, con l'ordine di non scendere fino a una stazione rurale nominata Rivadavia, che non ha ancora ricevuto il nome del *Ingeniero* Giagnoni, come verrà chiamata nel 1908, l'anno dopo l'arrivo della famiglia Rodríguez, in onore di un ingegnere italiano che aveva lavorato alla costruzione delle ferrovie argentine. Sul treno hanno diritto a un po' di cibo. All'arrivo dovranno dare il loro nome all'ufficio ferroviario e aspettare che vadano a prenderli.

Quando Benita, dopo lo sbarco, fu ricoverata nel reparto femminile dell'ospedale, il bambino venne allontanato, adducendo precauzioni contro un possibile contagio. Benita, febbricitante e confusa, chiese di consegnarlo a Claudio. L'infermiera che lo prese in braccio la confortò con un sorriso e rispose affermativamente. Almeno questo era ciò che la mente di Benita riusciva a supporre negli spazi di lucidità che la febbre le permetteva, mentre pregava Dio che suo marito non lasciasse Antoñito dimenticato in cima a un baule.

Ormai senza il peso della creatura, si addormentò, ma le febbri la fecero delirare per due giorni e due notti. Quando si svegliò, la mattina del terzo giorno, un'infermiera le spiegò che suo marito aveva trovato un posto per la famiglia e stava con i suoi figli a Mendoza, che la aspettavano lì. Non sapeva dove fosse Mendoza o com'era, ma la notizia le dava speranza e desiderio di guarire, sebbene si sarebbe trovata in gravi condizioni per altri sei o sette giorni. La lettera di suo figlio non arrivò mai in ospedale. Un po' più sollevata durante la sua convalescenza, in una sala comune con quindici donne, pensò a cosa sarebbe successo a Claudio e ai suoi figli, soli in quella terra straniera e così lontani. Pensava ai suoi genitori, morti alcuni anni prima, e alla strana intuizione di sua madre, che aveva un modo assai particolare di vedere il lato positivo delle tristezze. Attraverso la finestra della stanza d'ospedale si vedeva un pezzo azzurro grigiastro di un altro cielo, non il suo, ma un cielo in prestito. Stanca di vederlo giorno dopo giorno dal letto, desiderò di poter uscire di lì al più presto o morire in quel momento, proprio quando il dottore entrò per dimetterla. Diciotto giorni dopo essere scesa dalla nave, Benita prese il treno per ricongiungersi con la sua famiglia, a mille chilometri di distanza.

Il treno si muoveva ritmicamente attraverso la pianura della Pampa, in una linea retta senza fine, lasciando dietro di sé giganteschi quadrati di tappeti verdi inimmaginabili. Se le avessero parlato di quelle vaste pianure, la sua mente non sarebbe stata in grado di disegnarle, perché non erano simili alla geografia che conosceva. Sebbene avesse visto grandi pianure nella sua terra, i confini si potevano intuire con il profilo delle montagne e le antiche città della Spagna strategicamente adagiate sulle colline. Ma quello era qualcos'altro, imponente perché sembrava non avere fine. Non aveva mai visto tante mucche insieme godersi il generoso verde dei pascoli. Ogni tanto e in lontananza qualche stabilimento contadino marcatamente orizzontale sembrava spezzare il canto monotono dell'infinita pianura verde, ed era accompagnato da boschetti delineati come castelli medioevali, che ferivano il cielo terso con il loro fogliame scuro; solo che nella sua terra quei "castelli" sarebbero stati in cima ai monti, mentre là erano al livello delle praterie, poiché non c'erano montagne in vista. Mentre il treno rompeva la pace dei pascoli riposanti, gli uccelli si alzavano uno ad uno o a stormi, e permettevano di intuire la vita umida che si forgiava nascosta a livello del suolo.

Benita pensò alla lettera del figlio, che aveva trovato quando era arrivata all'Asilo per Immigrati, dopo aver lasciato l'ospedale. C'era qualcosa in quella lettera che la preoccupava, non sapeva cosa fosse, ma sentiva un presagio di dolore, qualcosa che non era al suo posto. Forse era l'effetto dell'impressione che quel luogo orribile e affollato le aveva fatto. Provava tanta voglia di prendere la sua famiglia e correre, scappare, salire su una nave magica e svegliarsi nel suo letto a Monsagro in primavera, così bello, così calmo, così suo.

Benita sonnecchiava, cullata dal movimento del treno. Si svegliava solo quando la macchina fermava il suo dondolio in qualche stazione. Si fece buio. La notte la trasportò con la sua magia onirica in un luogo che non aveva mai visto. Era una casa di mattoni, luminosa, con tutte le finestre e le porte aperte, piena delle risate dei bambini. Cercava il luogo da cui provenivano le risate e non riusciva a trovarlo. Percorreva i corridoi, sbirciava in tutte le stanze. Le risate si stavano avvicinando. Poi il camminare difficile del sogno la portò in una grande cucina in cui c'era un enorme tavolo di legno, dove Claudio era seduto con i suoi tre figli maggiori. Vicini al fuoco, i suoi defunti genitori stavano mescolando una grande pentola di cioccolata calda. Riuscì a percepire l'odore. Suo figlio Ángel, morto due anni prima, era sulle spalle di Claudio, scompigliandogli i capelli. Emanava la luminosità che aveva sempre avuto e che il suo corpicino aveva continuato a diffondere in tutti i sogni di Benita. Claudio giocava a carte e rideva con i ragazzi, mentre loro mangiavano dolci e parlavano con i nonni. Benita si rese conto che Antoñito non era con loro. Da un'altra stanza si udiva il pianto di un bambino, a cui Benita rispose correndo a cercarlo, ma le sue gambe non funzionavano bene, erano lente; le luci si affievolivano, in un attimo era notte, e la sua famiglia continuava a giocare e a ridere in cucina, senza sentire il pianto. Com'era possibile? Antoñito piangeva perché aveva fame e lei non riusciva a trovarlo nelle tenebre di una casa senza luce.

—Signora, mi scusi per il disturbo, potrebbe mostrarmi il suo biglietto, per favore? —la mano che le sfiorava la spalla la svegliò, confusa.

Cercò di dissociarsi in due persone diverse: una che rispondeva automaticamente, con una mossa, alla richiesta della guardia e cercava il suo biglietto tra le cose nella borsetta, l'altra, che rimaneva legata al sogno, poiché l'aveva messa in uno stato di irrequietezza. Si sforzò di pensare al sogno, e ci stava riuscendo, doveva tornare lì e trovare il suo bambino, ma dovette occupare un attimo la mente per cercare il biglietto, ben sistemato per non venire perso. Quel momento di tempo cosciente recise definitivamente il legame invisibile che la separava dai labirinti nascosti nella sua mente, e non fu più in grado di ricordare cosa stesse sognando, le restava solo un vago disagio, una preoccupazione di cui non riusciva a trovare il motivo.

Guardando fuori dalla finestra, scoprì che il paesaggio era molto cambiato. Arrivava l'alba, il sole nascente con i suoi rossi raggi lontani dipingeva a colori buffi il volto della donna davanti a lei, che la salutò con un piccolo cenno e le offrì un biscotto da un cesto di vimini che portava in grembo. Benita l'accettò. Era tenero, delizioso, così iniziò a parlare con la signora. Fu così che apprese che in Argentina il burro si chiamava "*manteca*" e che avevano l'usanza di fare impasti di farina, lievito e acqua, con un buco al centro, fritti nel lardo o nell'olio, che poi si cospargevano di zucchero o sale, a seconda del gusto del momento; erano chiamati "*sopaipillas*" o "*tortas fritas*". Quella signora parlava in un altro modo! Non con il tono sentenzioso, quasi autoritario, che aveva sentito a Buenos Aires. Aveva un piccolo suono, una dolce canzone alla fine di ogni frase che pronunciava, come se chiedesse il permesso di rompere il silenzio con la sua voce. Si guardò intorno e vide i volti colorati dalle luci del nuovo giorno. Tanti di loro erano diversi da quelli della sera prima. Due o tre la salutarono con dolci cenni del capo, come se si fossero svegliati molto in anticipo e l'avessero guardata a lungo. Intimidita, trascorse alcuni istanti a osservare di nascosto. Alcune persone avevano tra le mani una sorta di zucca cava, riempita con un qualche tipo di erba secca, in cui versavano zucchero macinato e acqua calda; quindi, aspiravano il succo dell'infuso attraverso un tubo di metallo. La curiosità era più forte della timidezza. Chiese di cosa si trattasse, allora la giovane che lo stava bevendo gli offrì la sua zucchina appena riempita di acqua, così che potesse provare. Le consigliò di farlo con delicatezza per non scottarsi la lingua e di dirle se il "*mate*" avesse lo zucchero giusto. Si rasserenò quando, prima di consegnarle l'oggetto, asciugò la punta del tubetto con un tovagliolo umido. Era buono. Era una bevanda deliziosa e nuova; passando per la gola le dava una sensazione di benessere e le faceva pensare che, in fondo, quella terra aveva delle cose da godere. Sollevò sottilmente l'argomento delle piante e degli animali di cui le persone si prendevano cura nelle loro case, in modo che la signora parlasse di galline e uova, senza dover chiederlo direttamente. Sì, c'erano le galline. Inoltre, le vide dal finestrino del treno. Che sollievo provò!

Il treno si stava ormai muovendo attraverso dei campi asciutti, con vegetazione naturale del deserto. Tantissimi pioppi gialli e salici ancora verdi davano un colore improvviso ai paesaggi. Il cielo era più blu, l'aria più luminosa. Quelle persone chiamavano i pioppi "*álamos*", invece gli alberi da frutto avevano gli stessi nomi che in Spagna, tutti tranne il pesco, che chiamavano "*durazno*". C'erano degli alberi che non aveva mai visto. Sembravano salici, ma non erano molto folti, non davano una fitta ombra. Le dissero che si chiamavano "peperoni" perché in un altro periodo dell'anno spuntavano delle palline rosse come dei peperoncini, ma non doveva fidarsi di loro, perché erano peperoncini finti. Un uomo dell'ultima fila disse che il nome di questi alberi era "*aguaribay*", e che li piantavano perché erano in grado di resistere per mesi alla siccità, a causa della scarsa superficie delle loro foglie. Di tanto in tanto appariva un'area coltivata a filari di vigne, dove alcuni svolgevano lavori a livello del suolo, rimuovendo terra, mentre altri sembravano dedicarsi alla legatura dei nuovi tralci. C'era nell'aria un odore fruttato, forte, che per un istante la trasportò a Monsagro mentre lei stessa preparava la marmellata. Sembrava che l'odore permeasse l'intero campo.

Mezz'ora dopo, la guardia passò a dirle di prepararsi, perché erano molto vicini alla stazione dove doveva scendere. Il resto del tempo fu consumato solo dall'ansia di ritrovare la sua famiglia. Pensava a ciascuno di loro e a quanto gli mancassero. Si stringeva la testa immaginando le avventure e disavventure che Claudio avrebbe dovuto affrontare per prendersi cura dei quattro ragazzi senza di lei. Supponeva che suo figlio maggiore, Benito, sarebbe stato di grande aiuto.

Claudio era in stazione con i suoi figli da un'ora ad aspettare Benita. Dopo venti giorni, mai finiti, la famiglia si sarebbe finalmente riunita! Quando Claudio era arrivato con i bambini, un emissario del capo era andato ad accoglierli, e li aveva installati in una casetta di campagna a pochi chilometri di distanza. Le autorità dell'immigrazione avevano contattato Claudio per comunicargli l'orario di arrivo del treno. Oltre a Claudio e ai suoi figli, c'erano altre persone in attesa dei parenti o pronte a partire per il villaggio di San Martín o, più lontano, per la città di Mendoza.

Il treno fischia in lontananza annunciando il suo arrivo. L'euforia di tutti alla stazione è contagiosa. C'è movimento di persone e pacchi, ci sono donne con bambini, ragazzini che corrono intorno alle loro madri. Ci si vedono persone che sono semplicemente andate alla stazione per guardare il treno che passa, e così avere un tema di conversazione per un paio di giorni. L'arrivo del treno e il rumore delle frenate destano l'attenzione delle mamme, che prendono per mano i propri figli per evitare il rischio di incidenti.

Benita vede Claudio dalla finestra, e il suo cuore accelera per l'emozione. Ricorda i suoi seni doloranti fino a pochi giorni prima, il latte l'aveva lasciata dopo una settimana di febbri. Vuole premere Antoñito contro il suo petto e respirarne l'odore. Claudio tiene in braccio Maria, la sua piccola figlia, più bionda e con guance rosse, sembra che questi raggi di sole le abbiano fatto bene. Benito e Juan sono in piedi su entrambi i lati. I bambini sono cresciuti e sono più magri. Non vede Antoñito. Cerca il suo bambino tra la folla, ma non lo vede. Pensa che suo marito lo abbia lasciato alle cure di qualcuno, perché è ancora piccolo. Il treno si ferma, e i passeggeri cominciano a scendere uno per uno, finché arriva il turno di Benita, con le sue poche cose e il suo carico di emozioni gigantesche. I bambini corrono ad aggrapparsi alle sue gonne, la coprono di baci, Maria ride e la stringe con le sue manine, Benito prende per mano il fratellino Juan per permettere al padre di avvicinarsi. Claudio, con un groppo in gola, abbraccia Benita molto forte, ma con gli occhi cerca qualcosa oltre, tra le cose di Benita, o forse ancora dentro il treno: il figlio più piccolo. Allo stesso tempo Benita vuole sapere come stia il suo ometto neonato:

—Perché non lo avete portato per ricevermi...?

—Ma se il bambino rimase con te, donna...!

La domanda e la risposta sono sia l'elsa che la lama di una spada affilata, che trafigge il cuore di entrambi con un unico colpo preciso.

Due secondi di silenzio, di vuoto: il niente. Il secondo successivo la consapevolezza di un'immensa perdita, la disperazione. Benito non potrà mai dimenticare in vita sua le grida di dolore di sua madre quando si rende conto di aver perso il suo bambino, vittima di uno stratagemma per rubarglielo. Benito viene segnato da quei lamenti. Sono le grida di un animale ferito a morte, sembrano provenire dalle viscere stesse della terra, attraversare il corpo di Benita ed uscire dai suoi occhi e dalle sue mani, come energia liberata, per immergersi nell'origine stessa del male. Più tardi, essendo Benita la persona più buona del mondo, scoppia in un fiume di lacrime incontrollabili, chiede a Dio di perdonarla per aver sentito il desiderio di uccidere, e cadde in ginocchio, in un penoso dondolio che la taglia fuori dal mondo, sfigurata dalle lacrime che non smettono di fuoriuscire. Mentre il treno si allontana con il suo ritmico ondeggiare sui binari eterni, e sulla banchina la folla si disperde, Claudio, in ginocchio, piangendo anche lui, trattiene e guarda senza dire una parola il volto amato di Benita, sofferente, sentendosi inutile, impotente per consolarla o per consolare sé stesso. Juan e María, i più giovani, sono in piedi, abbracciati, spaventati e intuiscono le cose a metà. Benito, che ha dodici anni e capisce cosa stia succedendo, si accorge che le proprie labbra sanguinano mentre se le morde, e che le sue unghie si sono conficcate nelle mani, dopo aver stretto i pugni per sopportare la vista di sua madre in quello stato di agonia.

A FORZA DI COLPI

Nel 1907, per un contadino appena arrivato in un mondo strano, un viaggio via terra di mille chilometri significava una distanza, un allontanamento equivalente a quello che sentiremmo oggi se percorressimo diecimila chilometri in aereo: l'altra parte del mondo. Appena fu loro possibile, Benita e Claudio sporsero denuncia affinché il bambino rubato potesse essere cercato a Buenos Aires. Volendo accelerare le procedure, contattarono l'ospedale dove Benita era stata ricoverata tramite un telegramma urgente. La risposta, in tre giorni, risultò negativa: non c'era traccia dell'ingresso o dell'uscita di un bambino in quelle circostanze, ma, visto il caso, suggerivano loro di contattare la Casa *Cuna*, nel caso vi fosse stato lasciato, in attesa che qualcuno lo avesse reclamato. Benita non ricordava né gli occhi né i capelli, nemmeno il nome dell'infermiera che glielo aveva strappato dalle braccia, solo il suo sorriso confortante dai denti enormi. E non l'aveva più vista nei giorni successivi.

Inviarono un telegramma alla Casa *Cuna,* che non potette fornire loro alcuna informazione sul bambino. Inoltre, in quella data vi era entrato un solo neonato, ma si trattava di una femminuccia dai capelli scuri che era stata data in adozione. Benita si ricordò della lettera di suo figlio e del proprio presagio di dolore, e capì. Quando finalmente si ritrovò con la lettera nell'Asilo per Immigrati, per una sorta di intuizione materna, lesse ciò che diceva, ma percepì anche ciò che non diceva, istinto che solo nel sogno del treno aveva delineato la forma di un brutto presentimento. Pensandoci, si rese conto che Benito non aveva menzionato il bambino nella lettera.

Claudio e Benita erano stati derubati, ingannati, truffati ventisei giorni prima, a mille chilometri di distanza. Non sapevano cosa fare. L'idillio con la nuova terra era stato spezzato.

Erano in una terra sconosciuta cercando di affermarsi, ma la realtà era ben diversa da quel panorama benevolo che gli amici dell'osteria avevano dipinto per loro. I soldi finivano in fretta, e dovevano lavorare per mantenere la famiglia, altrimenti non mangiavano, e inoltre correvano il rischio di avere problemi con le autorità dell'immigrazione se non rispettavano il primo contratto di inserimento lavorativo. Coloro per i quali Claudio aveva pagato il passaggio dalla Spagna scomparvero, ognuno per la sua strada. A causa dei costi elevatissimi del treno, senza parenti a cui lasciare i bambini, era impossibile per Claudio —un adolescente di quarant'anni— e Benita anche solo pensare di fare un viaggio a Buenos Aires in quei tempi difficili, non sapendo quanto tempo la ricerca avrebbe richiesto, né dove andare e a quali porte bussare in quella città che ora sembrava ostile, mostruosa, gigantesca, sconosciuta, senza alcuna probabilità certa di trovare Antonio. Gli altri loro figli avevano bisogno di loro e del loro lavoro. Claudio capì subito l'inganno di cui Benita era stata vittima. Si sentiva responsabile per aver trascinato la famiglia in quel viaggio inutile. Non diceva niente, ma in cuor suo era riluttante ad intraprendere una ricerca senza possibilità di riuscita.

Come cercare un bambino tra centinaia di migliaia di persone e tante migliaia di case, senza alcun riferimento?

Benito, il figlio maggiore, doveva fare qualcosa, ma era solo un ragazzino di dodici anni; quindi, promise a sé stesso e a sua madre che un giorno sarebbe andato a Buenos Aires per cercare di trovare quel fratellino, quando avesse avuto i soldi. Benita lo incoraggiava, e così mantenevano la speranza. Nessuno dei due —madre o figlio— lo faceva per sé stesso. Ciascuno cercava di alleviare il dolore e l'impotenza dell'altro. Benita ricordava il suo bambino defunto, Ángel, il suo angelo, quello che le aveva insegnato ad accettare le perdite riponendo fede nel Creatore. Le aveva temperato un po' il cuore, abbastanza per non morire di dolore; doveva trovare fortezza per sostenere gli altri suoi figli.

Nell'azienda rurale Claudio lavorò la terra per un periodo, il tempo necessario per liberarsi dall'impegno. Ma presto si stancò dell'ingrato mestiere di vignaiolo, che non era il suo genere, soggetto a inevitabili attenzioni diciotto ore al giorno e, talvolta, anche la domenica. Non appena si presentò l'opportunità di cambiare, divenne un muratore, imparò a fare mattoni di terra cruda, chiamati *adobes*, e si bagnò dai piedi ai testicoli nel fango, secondo le stesse parole di Benito, il quale, essendo il figlio maggiore, era destinato ad aiutare come apprendista.

In alcune regioni della Spagna si conosceva questo tipo di mattoni, ma Claudio proveniva da una terra dove le case erano quasi sempre di pietra; quindi, questo apprendistato fu per lui una novità. Nella provincia di Mendoza era molto diffusa la costruzione con *adobes*: blocchi di fango, mescolati a paglia e sabbia, per conferire loro una certa resistenza agli sforzi. Quando l'importanza della costruzione lo richiedeva, si usavano mattoni cotti in forni fatti con gli stessi mattoni, costruiti più piccoli; ma questi erano più costosi, a causa della legna da ardere che doveva essere usata per cuocerli; così le case, comunemente, erano fatte di questi mattoni crudi, con piccole finestre e soffitti alti, ed erano quasi sempre a un piano. Grazie a ciò mantenevano abbastanza bene il caldo nei rigidi inverni, e al loro interno godevano del fresco tanto agognato nelle insopportabili estati desertiche dell'estremo ovest.

Fino a quegli anni la zona non disponeva di un vero e proprio ospedale importante, ma era diventata un luogo abbastanza abitato, passaggio obbligato per i viaggiatori che da est si spostavano verso il capoluogo di provincia. Quindi, riconoscendo il suo prestigio come centro regionale, il governo decise di costruire un ospedale regionale: l'ospedale di San Martín. Naturalmente vi partecipò Claudio, che a quel punto era già salito a ufficiale muratore, nel suo nuovo mestiere di costruttore edile.

Le sette famiglie a cui Claudio aveva pagato i biglietti della nave avevano sinceramente promesso di restituire i soldi non appena avessero cominciato a guadagnarli. Ma entrando nel mare agitato della nuova realtà e delle sue infinite distanze, anche la voglia di incontrarsi di nuovo svanì. A poco a poco, la terra li ingoiò. Una delle famiglie riuscì a restituire la terza parte del prestito; altre due, che avevano viaggiato sullo stesso treno ma con un'altra destinazione, erano a San Rafael, duecento chilometri a sud di Mendoza, e vivevano molto miseramente. Gli altri quattro non si fecero più sentire; tale fu la fine dell'ingenua fiducia del povero Claudio. A lui, che in Spagna era stato quasi un gentiluomo, la vita stampò uno schiaffo in faccia e un calcio nel sedere, come se gridasse: "fatti furbo, cresci, o ti passo sopra!"

È molto difficile per suo figlio Benito adattarsi al nuovo modo di vivere: dall'avere tutto al non avere niente, e con appena dodici anni. In Spagna aveva finito la terza elementare, e nella nuova terra viene iscritto da Benita alla vecchia scuola Castelli. Lui, con la sua terza elementare di forte contenuto castigliano, potrebbe mettere in ombra l'insegnante nella lettura e nella scrittura dello spagnolo. Da buon nativo di Castiglia qual è, pronuncia la "c", la "s", la "z", la "ll" e la "r" come si deve fare nello spagnolo classico e usa altre parole che non vengono usate nel Río de la Plata, come "*melocotón*" per pesca, "*chopos*" per pioppi, "*cartera*" per portafoglio, "*coger*" per prendere o "*judías*" o "*frijoles*" per fagioli, "*mantequilla*" per burro. Non dice parolacce e pratica naturalmente l'uso del "*tú*" al posto del "*vos*", quest'ultimo generalizzato in tutto il paese, il che provoca le risate dei suoi compagni brutalizzati, prodotti di una società eterogenea in termini di origini, ma livellata per quanto riguarda i localismi e la pronuncia. I compagni di classe di Benito sono ragazzi, quasi adolescenti, inclini a rifiutare e a mettere in ridicolo i ragazzi diversi. Loro praticano questo atteggiamento tutti i giorni, altrimenti quale sarebbe il divertimento del mediocre? Il maestro vede l'intolleranza e gli scherzi, ma ci si diverte, fa finta di essere distratto, assecondando questi comportamenti con la sua indolenza. Benito sopporta i presunti insulti con la voglia di rompere la faccia a qualcuno. Arriva il giorno in cui la sua pazienza raggiunge il limite, e con un solo pugno fa sanguinare dal naso qualcuno che lo ha infastidito tutta la mattina —il viziato, quello abituato a farsi coccolare in casa e a scuola, il figlio del commerciante più importante del quartiere—. È in questo momento che l'insegnante trova l'occasione giusta per scaricare la sua invidia e la sua frustrazione verso questo studente spagnolo che forse gli ricorda tutto ciò che lui stesso non è. Mette Benito nello spazio antistante la lavagna, davanti a tutti i suoi compagni, lo afferra per i capelli e, con tutta la forza di un omone, gli spinge la testa fino a farla sbattere più volte contro il muro. Le percosse non sono nulla in confronto all'umiliazione e all'ingiustizia provate da Benito. Il maestro termina la sua eroica esibizione buttandolo fuori dall'aula, affinché pensi e torni il giorno successivo, dopo aver riflettuto su quanto ha fatto, non senza scusarsi con la parte offesa. "E tu, codardo, non hai intenzione di riflettere su quello che hai fatto?" Benito non lo disse, ma, impotente, si morde la lingua per non piangere mentre nella mente nasce un violento sentimento di rabbia contro questa terra miserabile che gli ha causato solo dolore. Va casa e dice a sua madre che non vuole tornare a scuola. In risposta all'insistenza di Benita e alle sue argomentazioni, secondo cui la scuola è buona e utile, vengono fuori queste parole:

—Mamma, se Lei vuole studiare, vada pure, per quanto riguarda me, non tornerò mai più.

LA FILANDA

Juan D'Almeida si sente smarrito quando torna da Lisbona nel 1908, dopo aver completato il servizio militare. Senza la madre, la città di Guarda non ha il senso di rifugio che lui le attribuiva nei ricordi solitari dei giorni di caserma. Sente che qualsiasi brezza umida di angoscia può arrugginire la sua solitudine, corrodere e disintegrare le sue ossa, senza nessuno intorno a raccogliere la polvere. Contempla i portici della piazza vecchia ricordando aneddoti di ragazzi, guarda le finestre dei piani superiori e intorno a sé, casomai vedesse qualcuno che conosce. Va dietro l'antica chiesa, dove le case a due e tre piani lasciano un vicolo così stretto che i cani combattono per il sole di mezzogiorno. Risale la scalinata a destra. Sorride sollevato quando vede lo stesso cane che due anni fa dormiva alle porte della chiesa, né più vecchio né più grasso —pensa e ride—. Lo trova nello stesso luogo: nella macchia di sole che a mezzogiorno e mezzo di primavera filtra tra i contrafforti tardogotici sui muretti di pietra. Lì capisce che, sebbene a lui sembri una vita, sono passati solo due anni, che per la gente del posto saranno trascorsi veloci come fossero stati due mesi.

Cammina senza fretta verso casa. Fuori è pulito, perché i vicini scuotono le finestre e spazzano il marciapiede, per l'affetto solidale che hanno professato per Rosa. Ci sono gerani rossi in vasi appesi alle pareti di calce biancastra. Il rosso gli riporta alla memoria il sangue di suo padre in quel lontano autunno dei suoi tredici anni. La porta chiusa è un'ulteriore conferma che sua madre non c'è più. Entra, sente un debole odore di pietra umida, apre tutte le finestre. Improvvisamente entra una grossa manciata di sole, e una testa gentile fa capolino dalla porta ancora aperta, chiedendo del figlio di Rosa e portando sei frittelle dolci avvolte nel grembiule, che rovescia sul tavolo per non schiacciarle nell'abbraccio in cui il ragazzone la strige all'istante. I pasticcini cambiano l'odore dell'aria. La signora Carmen è metà zia e metà nonna per Juan, non perché tra loro ci sia una relazione di parentela, ma perché è una vicina di casa molto anziana, che gli vuole bene come se fosse sua nonna, ma divertente e complice di scherzi tra ragazzi come un'altra fanciulla dell'età di Juan. La signora Carmen non ha avuto figli, ma ha tanti nipoti nel quartiere e nella strada: per loro c'è sempre un pezzo di pane caldo nelle tasche del suo grembiule, quando hanno fame.

La signora Carmen lo va portando, una per una, per tutte le case dei vicini, aprendo ogni porta senza bussare. La semplice gioia del suo ritorno fa sorridere gli amici, sono poveri che fanno dal nulla il miracolo della sussistenza, dal momento che vivono di quel poco e niente che possono comprare in un periodo di scarsità, carestie eccessive, salari vergognosi. Anche così, il suo quartiere gli restituisce un senso di identità, la culla tranquilla del sonno e della nostalgia.

Tornato a casa a tarda sera, si rende conto che ci sono delle lettere sul pavimento, accanto all'ingresso. Sembra che siano state infilate sotto la porta dal postino durante il periodo in cui la casa è stata chiusa a chiave. Ce ne sono tre, e vengono da suo fratello che vive in Brasile.

La sera, con un caffè in tavola, una candela e le frittelle della signora Carmen, esplora nelle lettere del fratello gli orizzonti di una vita promessa nel Nuovo Mondo. Mentre si addormenta, i sogni lo portano attraverso mari calmi, spiagge calde, colori tropicali, cibo delizioso, frutti mai visti prima.

L'indomani, dopo essersi presentato alla filanda, dove gli era stato riservato il lavoro, e aver salutato le sue vecchie conoscenze, Juan cerca Francisca tra tutte le sagome femminili che si muovono nell'altro settore. Non può avvicinarsi troppo all'area in cui dovrebbe essere lei; quindi, da lontano può vedere le donne nei loro vestiti, alcune con i fazzoletti che coprono la testa. Ci sono così tante donne e ragazze che lavorano lì, non riesce a distinguere la sua grande amica dal modo in cui la ricorda. Vuole vederla così tanto, e si chiede cosa ne sia stato di lei e di suo padre. Sente sia il senso di colpa di non averci pensato per due anni sia il desiderio di condividere con lei le cose che gli sono successe, in particolare la sua storia d'amore frustrata con Clara Isabel. Così, decide che quando lascerà il lavoro si fermerà a casa di suo zio Antonio. Senza ulteriori indugi, si dedica al lavoro tra i telai, cercando di goderselo prima che diventi di nuovo monotono. Nulla è cambiato, tutto si vede com'era due anni fa, quando se ne andò, ma ora è come se lo vedesse da un'altra prospettiva, magari approfondita dalle vicende vissute. Alti muri sbiaditi, finestre lontane e strette, altissime, con il cielo diafano dietro i loro battenti aperti, esili colonne scanalate di ghisa verde, che si assottigliano in cima ed esplodono nelle piante fittizie di un capitello fiorito; in alto le travi continue, delle quali è visibile solo la parte inferiore, alternate a lunghi tratti rettangolari del soffitto. Al di là, gli imponenti ingranaggi e le cinghie dei filatoi, in un altro settore un gigantesco e lungo tavolo; le vasche di tintura separate, e da questa parte i telai meccanici con il verricello e la loro eterna danza su e giù. Ricorda il giorno in cui arrivò e si ritrovò solo davanti a un filatoio. Era molto curioso. Imparò in fretta, ma crebbe anche, e dopo poco tempo fu trasferito ai telai delle coperte e lasciato in quel settore, perché era bravo. La sua funzione era predisporre l'impianto in funzione del tessuto che si voleva realizzare, l'approvvigionamento, l'avviamento con un sistema di leve ed eventuale spegnimento di due telai attigui, il controllo del processo, il perfetto funzionamento della parte meccanica; inoltre doveva prestare attenzione alla qualità della produzione. Gli piaceva il suo lavoro, ma veniva pagato molto poco. Sebbene si sentisse stimato, non vedeva alcuna possibilità di progresso in Portogallo. Era arrivato al punto del disincanto, un limite dove aveva bisogno di un cambiamento. Stava rivedendo tante cose della sua vita, pensava al Brasile, ad andare lì con suo fratello. Voleva sapere come stavano Francisca e suo padre, lo zio Antonio, e se avevano mai pensato di fare il grande viaggio.

Sulla via del ritorno dalla filanda, quasi di notte, si ferma a comprare un po' di pane e una bottiglia di vino, piaceri che può ancora avere con ciò che gli resta dell'ultima paga militare. Le luci in casa sono accese. Tre colpi gentili e rispettosi alla porta rimangono senza risposta. Altri tre colpi intensi e la porta viene aperta da una bella donna dai lunghi capelli scuri, occhi castani e uno sguardo profondo che lo riconosce subito, nonostante la sua trasformazione. Juan rimane statico, muto, poiché deduce che questa bella donna deve essere...

—Se preferisci restare lì, solo dimmelo, e apparecchiamo la tavola fuori.

Lei guarda ciò che il ragazzo porta tra le mani, e continua:

—Abbiamo un po' di vino, pane, formaggio e arance, possiamo fare una festa...

Proprio in quel momento Juan conferma che lei è la sua Francisca, però non è l'adolescente che ha ricordato in quei due anni, ma una vera donna, un po' più robusta e sicura di sé, con un fascino che esce dai suoi occhi e dalla sua bocca, ma che viene dal profondo del suo cuore. Juan inizia a ridere molto felice e nervoso. Nella sua mente si incrociano molte sensazioni che non riesce a capire e che preferisce lasciar perdere. Abbraccia Francisca con una forza che la lascia quasi senza fiato. Lei si rende conto di quanto sia felice di rivedere Juan. Suo padre Antonio è lì, ad affilare alcuni attrezzi da lavoro. Da diversi anni lavora in un mobilificio, occupazione che gli ha permesso di acquisire una piccola proprietà su cui vivere. Guarda Juan soddisfatto; abbracciandolo, gli racconta della sua tristezza per Rosa e dell'ultima volta che si sono visti. Poi si siedono a parlare a lungo degli aneddoti da caserma, brindano con del vino rosso e ridono per un paio d'ore. Rimasto solo con Francisca, sta per raccontarle della sua sfortunata storia d'amore con Clara Isabel, che ancora lo ferisce. Ma è già tardi, il giorno dopo si lavora.

Durante i mesi primaverili, Juan si scopre a ricordare Francisca quando si sveglia al mattino, e continua a ricordarla nel caffè, durante la passeggiata per andare al lavoro e nelle piccole cose durante il giorno. La prospettiva di vederla in filanda trasforma la giornata in una festa. Non è mai stato così ansioso di andare a lavorare in fabbrica, e non si è mai ritrovato così tante volte durante l'orario di lavoro a cercare il suo volto tra le operaie del settore femminile, di nascosto, in modo che lei non si accorga di quel magnetismo che sveglia su di lui. Durante qualsiasi attività che sviluppa, la guarda con la coda dell'occhio per verificare se lei ha notato i suoi movimenti. Quando parlano, non osa chiederle se ha dei corteggiatori. E sente anche che non è più così urgente o opportuno parlare dei suoi amori passati. Con la Francisca dei suoi ricordi l'avrebbe fatto, ma con questa Francisca si sente intimidito. Sulla via del ritorno l'accompagna, insieme al suo gruppo di colleghe, per le strade fino al quartiere, e poi torna a casa. Più di una volta è attratto dal suo odore, dalla vicinanza della sua pelle, respira la misteriosa seta dei suoi capelli lisci, anche a mezzo metro di distanza. Quando chiude la porta, tira fuori da un cassetto una busta gialla con la foto di Clara Isabel, la guarda e la ripone nel comò.

Finché una domenica, quando si sveglia pensando a Francisca, non sapendo sopravvivere fino al lunedì senza vederla, guarda ancora una volta la foto di Clara Isabel e si accorge che da molto tempo non fa più male, perché Francisca occupa tutti gli istanti della sua veglia e dei suoi spazi inconsci. È persino entrata nei suoi sogni, perché quando si sveglia, pur non ricordando cosa ha sognato, percepisce ancora tra le dita la sensazione liscia di alcuni capelli morbidi come la seta e scuri come mogano. Allora, chiude ancora gli occhi per provare a ricordare il suo profumo ed essere benedetto con altri due minuti di estasi, cercando di tornare indietro attraverso i labirinti della fantasia, che gli fanno raggiungere un'altra volta quel luogo remoto dell'immaginazione dove, senza la certezza della memoria, è sicuro di aver avuto Francisca tra le sue braccia.

È già deciso. Lunedì la incontrerà in fabbrica, all'uscita le chiederà di parlare, si separeranno dal gruppo e le confesserà il suo amore.

Però lunedì non riesce a trovarla. Francisca non va a lavorare quel giorno. I compagni non hanno sue notizie. All'uscita passa davanti alla sua casa e vede che tutto è chiuso; in ansia, non si accorge nemmeno del vicino che si approssima e che rimane con le parole appese alla bocca. Juan esce camminando a passi da gigante verso il centro della città, per cercarla, ma capisce subito che è una follia. Ritorna per la via dello zio Antonio quando è già notte, ma tutto è rimasto uguale, solo che l'intero quartiere è andato a dormire, e non c'è più anima viva per dargli notizie. Aspetta il giorno dopo perché spera di vedere Francisca apparire tra i volti delle operaie. Si gira mille volte a letto, e la giornata lo sorprende addormentato e con le borse sotto gli occhi. Ma lei non si fa vedere nemmeno quel giorno. Immagina che i datori di lavoro debbano sapere perché non va a lavorare, così, durante l'intervallo del mercoledì, va in ufficio a chiedere e, sapendo che lei è una sua lontana cugina, le dicono che Francisca Maria ha un permesso per prendersi cura del padre in ospedale, che è stato portato lì a causa della febbre alta. Sente agitarsi dentro, con un'insolita ansia per la certezza di trovarla.

Con nuove speranze, quando arriva il giorno, desidera come non mai che finisca il turno di lavoro, ma il tempo scorre lento come nelle fughe da un incubo. Non appena esce dal lavoro, cammina veloce e ansioso per i quindici minuti dalla fabbrica all'ospedale, il cuore che gli batte forte nel petto, perché finalmente la vedrà.

Lei, che era stata educata ad essere discreta come le brave ragazze di un tempo, non aveva confidato a nessuno i suoi sentimenti, ma il giorno in cui aveva aperto la porta a Juan al suo ritorno dalla caserma, all'improvviso lo vide come un uomo, e cominciò ad amare l'uomo e il ragazzo che era stato.

Francisca è fuori, in piedi con una brocca in mano, pensando a Juan come fa ogni minuto della sua vita presente, desiderando vederlo e condividere i suoi minuti con lui. Nel frattempo, cerca di trovare la fonte da cui attingere l'acqua. Sente qualcuno fermarsi a tre metri di distanza, un ragazzo che ha visto con la coda dell'occhio venire di corsa verso di lei, volta la testa e si rende conto di tutto, perché lui ha il cuore che gli scappa dalla bocca, ma di amore. Sente tutta la forza di quell'amore riversarsi su di lei, capisce che Juan trattiene mille parole sul punto di esplodere, parole che lei ha voluto sentire dal momento in cui l'ha visto apparire, tre mesi fa, sulla porta di casa sua. Juan non può parlare. Ha finalmente ritrovato Francisca, e tutto ciò che pensava di dirle è stato rimandato, davanti allo sguardo dei suoi occhi profondi, inquietanti, pieni di paura e di felicità, che trasmettono anche amore. Juan sa di essere ricambiato nei suoi sentimenti, le si avvicina lentamente, le accarezza i capelli di seta, le bacia le mani; intanto le prende la brocca di terracotta, la appoggia sulla parete attigua e, dolcissimo, stringe Francisca tra le braccia, baciandole gli occhi e le labbra.

—Non partire mai senza dirmi dove sei, perché muoio... non provo più pace se non sei vicina.

Le pareti imbiancate girano intorno a loro come in una danza, la piazza li avvolge e rotola in un ballo vertiginoso, l'intero pianeta gira intorno a loro come i valzer di una festa, di fronte al potere sprigionato dall'amore di due anime che si sono ritrovate per sempre.

Juan e Francisca si sposano a febbraio, durante l'inverno del 1910, con la benedizione di Antonio. Vanno a vivere nella casetta di Juan. Conducono una vita felice come sposi novelli, con quel poco che il loro deludente stipendio della filanda consente loro. Entrambi si alzano presto, fanno colazione e, prima di andare al lavoro, camminano per la strada verso la casa di Antonio e gli rallegrano la mattinata, perché anche lui vada a lavorare felice. La domenica trascorrono con lui l'intera giornata, e qualche volta si recano nei campi vicini, dove si riempiono l'anima degli aromi perduti dell'infanzia.

Intanto gli stipendi perdono sempre più valore, si possono comprare meno cose, il cibo scarseggia, è molto difficile accedere alle basi per il sostentamento. In città è quasi impossibile coltivare o avere animali, e bisogna affrontare la fame in ogni modo possibile. Le lettere del fratello di Juan continuano ad arrivare ogni tre mesi con promesse di arie nuove, incoraggiando Juan e Francisca a intraprendere il viaggio verso le nuove terre, poiché lì troveranno buon cibo e prospettive di prosperità per fondare una famiglia. Ma Francisca non desidera andarsene, perché non vuole lasciare solo suo padre.

Antonio conosce da molto tempo il suo cuore malato, gli rimane poco tempo. Sente che la fine dei suoi giorni si avvicina inesorabilmente. La sua più grande gioia è stata il matrimonio di sua figlia Francisca con l'uomo migliore che avrebbe potuto desiderare. Juan è un uomo giusto, di buon cuore, nobile compagno. Il padre di Francisca non lavora più con il ritmo e l'obbligo di prima, ma va in falegnameria per fare qualcosa di utile, godendosi l'incontro con la gente di sempre. Ha qualche piccolo risparmio, vive modestamente, ma è quello che vuole. I suoi datori di lavoro e i suoi colleghi, in tanti anni di attività insieme, hanno imparato a stimarsi a vicenda e ad aiutarsi quando necessario. D'altra parte, sente che la sua anima è radicata in quei luoghi della sua giovinezza, la sua identità forestale è ormai identità suburbana, piena di memorie. I suoi ricordi ora lo accompagnano più delle sue realtà. Gli manca Catarina dal momento in cui è morta, continua a sentire la sua mancanza la mattina quando si sveglia e durante il tramonto, quando le ombre notturne avanzano sulla strada, e la necessità di discutere con lei i dettagli della giornata si fa così forte. Gli sembra di sentire l'aroma della torta di altri tempi mentre le ragazze dormono. Capita spesso di notte che Francisca lo interrompa:

—Cosa ha detto, papà? —lì Antonio si accorge che in realtà ha parlato con sua moglie... e in altri momenti della sua vita. È ormai un'abitudine che le domande di sua figlia lo facciano tornare alla realtà. Antonio ha poco più di sessantacinque anni, ma è diventato vecchio, e si vede perché passa più tempo nel passato che nel presente. Juan e Francisca lo incoraggiano ad andare con loro dall'altra parte del mare, perché non hanno il cuore di lasciarlo solo lì, ma la verità è che Antonio non vuole andare a morire in una patria sconosciuta ed essere sepolto lontano dalle ossa di Caterina. Finalmente, una calda notte d'agosto, dopo aver salutato Francisca e Juan, che stavano tornando a casa, si addormenta cadendo presto in un sonno profondo ma molto bello, dove ha in braccio la diciassettenne Catarina, con i suoi lunghi capelli profumati di lavanda e un vestito bianco che la brezza fa volare, ballano con il vento primaverile e lei gli dice in un sussurro:

—Tutto è a posto, amore mio, ora puoi venire con me.

Trovandolo l'indomani, i giovani sanno che il passaggio al sonno infinito è stato dolce come il latte con il miele della loro infanzia.

Così i due, sei mesi dopo essersi sposati, stanno preparando i bagagli e trovando i biglietti per la nave che li porterà direttamente a lavorare nelle piantagioni di caffè del Brasile.

I capi della filanda erano tristi di perderli. Quando Juan e Francisca si erano sposati, i padroni avevano regalato loro due bellissime coperte, di quelle prodotte in fabbrica. Del resto, questi imprenditori, pilastri intermedi su cui si basava un crudele sistema di povertà strutturale, pur vivendo in condizioni superiori, erano anche intrappolati in un circolo economico che non favoriva il miglioramento salariale dei lavoratori. Certo che non faceva loro piacere dover perdere delle brave persone come quei ragazzi.

Juan e Francisca si coprono con gli scialli e si mettono a proprio agio guardando verso la riva, per non perdere di vista né la variegata costa di Vigo né i bianchi fazzoletti che ondeggiano, sempre più lontani. Sono arrivati da Guarda via terra. Il porto galiziano di Vigo risulta più conveniente di Lisbona dovuto alla sua vicinanza. Inoltre, ha un intenso traffico oltremare. Dopo essersi sistemata e aver pensato a lungo alla sua famiglia perduta e alla sua amata terra, Francisca si riprende meglio che può, si asciuga le lacrime e cerca gli occhi di Juan, solo per rendersi conto che suo marito è malato fino al midollo, pallido, malmesso in un mare di sudori freddi e nausea. Lo copre, cerca con gli occhi e le orecchie qualcuno che parli la sua lingua, ma capisce subito che l'incubo è appena iniziato su quella nave sotto bandiera spagnola, senza nessuno che parli portoghese, con il suo forte marito, che avrebbe potuto pasticciare alcune parole di spagnolo, ridotto all'inutilità dal movimento incessante dell'oceano.

DOVE SIAMO?

Ottobre del 1910. Una grande compagnia di caffè del Sud America, con uffici di promozione temporanea a Guarda, recluta manodopera immigrata, quindi Juan e Francisca hanno comprato due biglietti di terza classe per il Brasile. Vanno a lavorare nelle piantagioni di caffè, come fece anni fa il fratello di Juan, che li sta aspettando. I soldi necessari per partire sono arrivati dalla vendita delle rispettive casette, e c'è rimasto qualcosa per sistemarsi all'arrivo. Francisca custodisce delle lettere gialle nella sua borsa, nel caso servano a localizzare suo cognato, e un riferimento dai Ferreira: una lettera macchiata di umidità che suo padre aveva conservato, con un indirizzo di San Paolo semicancellato dietro l'involucro. Di fronte all'idea di viaggiare su un vapore, la novità dell'epoca, Francisca e Juan sono orgogliosi ed emozionati, ma sono anche pieni di paura per ciò che potrebbe attenderli. Il giorno prima raggiungono la città portuale spagnola di Vigo, per imbarcarsi, la mattina presto, su una nave battente bandiera spagnola, la cui prima destinazione è Cadice, nel sud della Spagna; giorni dopo tocca Tenerife nelle Isole Canarie, poi attraversa l'Atlantico e tocca Recife, nel Pernambuco, poi Salvador de Bahia e infine Rio de Janeiro, capitale dell'immenso paese. Il resto dei porti sudamericani appare poco chiaro nella mente di Juan, che si sta già immaginando la sua nuova vita da contadino in Brasile. Entrambi portano borse di stoffa rustiche appese a tracolla. Una di quelle di Juan è una grande cartella di pelle, ereditata da suo padre. Oltre ad una robusta borsa in tessuto, portano un baule resistente e leggero, rivestito in vecchia pelle marrone, usurata, con quattro rinforzi esterni per la struttura, dove la pelle è stata sbucciata da altri usi e altre storie. Presenta alle estremità due maniglie mobili in ferro, che entrambi afferrano per trasportarlo, munite di supporto su quattro gambe in ferro arrotondate che ne consentono il trascinamento senza rompere la pelle. Assomiglia ad altri bauli nelle cicatrici e nella fabbricazione, differenziandosi solo per sfumature e graffi. Eccoli lì, ai piedi della nave spagnola: lui che capisce qualcosa di quello che dicono i membri dell'equipaggio tra la folla, lei, che ne intuisce poco e niente. Le sue gonne azzurre, gonfiate dalle sottogonne bianche, rivelano le graziose scarpe nere con i bottoni, che la alzano di tre centimetri con i loro tacchi larghi. Si protegge dal vento fresco, che già comincia a soffiare, con la sua camicetta bianca, il cappotto beige chiaro lavorato a maglia con le sue mani e lo scialle nero sfrangiato che era stato di sua madre, piegato in diagonale e annodato di nuovo intorno alla vita. Un discreto cappellino di paglia, ornato da un nastrino azzurro e fissato con fermagli sui capelli raccolti in una crocchia, completa la sua semplice delicatezza nei preliminari del viaggio; ma il grande fazzoletto tirato indietro e le mani forti parlano di una donna volonterosa, pronta a coprirsi la testa e arrotolare la camicetta per fare ciò che deve essere fatto quando necessario. Anche Juan ha indossato il suo vestito buono: una camicia bianca, pantaloni marrone scuro, un giubbotto nero con l'orologio a catena che apparteneva a suo padre, un fazzoletto grigio scuro al collo sotto la camicia semiaperta, e una giacca abbinata ai pantaloni, la quale, anche con il vento autunnale, comincia a dargli fastidio. Porta il suo enorme scialle di lana marrone avvolto intorno alla tracolla di pelle della sua borsa, e in testa un cappello nero a tesa corta.

Il frastuono della folla, che lei non comprende, si confonde con i pensieri di Francisca. Vede mani di lavoratori che le ricordano quelle di nonno José, schiene dritte e altre un po' arcuate, famiglie ansiose, bauli, borse, valigie ammucchiate, bambini che corrono e cappelli mal piazzati che volano via col vento. Ci sono alcuni che restano e molti che partono con i loro abiti migliori, per essere meglio accolti in quel mondo nuovo a cui si stanno per proporre. Essendo l'area di imbarco di terza classe, si nota una certa dissonanza tra i vestiti della domenica che indossano e le pelli abbronzate, rugose dal lavoro. Stanchi di non avere un lavoro sicuro e ben pagato, molti di quelli che girano sarebbero stati volentieri a mangiare i frutti appena colti dagli alberi, vestiti di lino rustico sotto il vasto sole dell'abbondanza; ma nel 1910 iberico resta poco di quel sole. Invece traspare l'angoscia, la mancanza, il sacrificio delle monete risparmiate e custodite con tanta fatica per intraprendere il viaggio della loro vita. Ciò che si indovina in quei volti è l'impulso a sfuggire dalla fame, il sentimento di vendicarsi, con l'abbandono, di una nazione che li ha abbandonati. L'intraprendenza, l'entusiasmo del momento e il sorriso non riescono a velare, in quei volti così caratteristici, il dolore di dover partire per non tornare mai più.

Quando è il loro turno, Juan e Francisca portano le loro cose su per la rampa d'imbarco, lentamente, Juan usando più forza, per ogni evenienza, perché Francisca ha già notato l'assenza del ciclo che, senza esserne assolutamente certa, le ha fatto pensare alla dolce attesa. Quindi passano davanti ad un impiegato che esamina la loro documentazione. Poiché non capiscono molto bene lo spagnolo, il controllore ricorre a poche parole di galiziano per farsi capire, e indica loro con dei cartelli la strada da seguire fino al settore dove possono lasciare il baule, tra mucchi di bauli, valigie e pacchi anonimi che solo Dio sa come i loro proprietari avrebbero individuato per prenderli alla fine del viaggio. Altri, che portano casse e bauli di legno più grandi, non possono averli con sé, e vengono inviati a consegnarli in un ulteriore settore per metterli nella stiva della nave. C'è un membro dell'equipaggio che manda immediatamente gli emigranti a trovare delle cuccette al piano di sotto. Ma Juan e Francisca riescono a sfuggirgli tra l'ondeggiare della folla. Si scostano, trovano due posti liberi più lontani e si siedono sul ponte corrispondente alla loro classe, con il bauletto e le loro cose; non vogliono perdersi un minuto di questi ricordi unici che entrano attraverso gli occhi. Juan si arrende alle sue memorie, rievocando le immagini del suo caro Portogallo; pensa a come si sarebbero visti i contorni degli edifici disegnati contro il cielo di Lisbona o di Porto. Si chiede come e quando verrà tagliata la corda che lo lega al suo amato paese, se mai accadrà.

Quando la nave parte, suonando la sua sirena e rilasciando il suo fumo nell'aria nuvolosa, Francisca pensa alla gente che resta, a quelle mani e a quei fazzoletti bianchi che ondeggiano dalla riva: non può fare a meno di immaginare il dolore del loro solitario ritorno a casa. Spera che lei e Juan si abituino presto al Brasile. Rimane a pensare per qualche istante alle cose che ha vissuto da quando riesce a ricordare. La sua vita è stata segnata da continue perdite: anche adesso sta perdendo la sua terra, parte della sua identità. Tuttavia, è sopravvissuta, ed eccola lì, per compiere un destino finora sconosciuto, eccola lì cercando di capire. Vuole che il nuovo ambiente tropicale cambi il segno della sua fortuna e le permetta di gioire in piena giovinezza. Perdendo di vista i fazzoletti bianchi, si rende conto che è ora di cercare un posto all'interno della nave, poiché ad un certo punto arriverà la notte, ma scopre che Juan sta male, infreddolito e malato di nausea. Gli procura riparo con lo scialle di lana, va a cercare aiuto, ma capisce che il suo portoghese è inutile per questa gente di lingua spagnola così varia; le persone vicine, non per cattiveria, ma per la fretta e l'ansia, desistono immediatamente, scusandosi di non capire, troppo ansiose e impegnate per fermarsi e cercare di decifrare le parole di una straniera. Quasi tutti vogliono godersi l'esperienza della partenza dal ponte della nave, ciò ha ritardato nel tempo gli spostamenti verso i dormitori. Quello che fa Francisca è aiutare Juan, in ogni modo possibile, ad alzarsi appoggiandosi a lei. Riesce a farlo camminare verso l'ingresso giù in basso e ad aiutarla a tirare il baule, mentre lei porta la sua borsa e altri effetti personali. Un uomo e il figlio maggiore, che vedono il suo sforzo, capiscono improvvisamente la necessità, e aiutano Juan giù per le scale, verso i dormitori di terza classe. Il ragazzo posa lì il baule e corre via alla richiesta di aiuto di sua madre. Le persone che si spostano con i loro fagotti e le loro valigie riducono la già ristretta larghezza dei corridoi. È difficile trovare una posizione. Juan deve mettersi sdraiato. In un piccolo corridoio, quasi per miracolo, in fondo a una cabina per quattro la cui porta è aperta, trovano un letto a castello vuoto accanto a una finestra rotonda, attraverso la quale si vede il cielo. Salutano appena entrati. La cuccetta accanto è occupata da un vecchio che parla una lingua sconosciuta, con due chiassosi gemelli di circa quattro anni, che si alzano e scendono dal letto come in un eterno gioco, e il nonno glielo lascia fare. Francisca si chiede dove sia la madre di quei bambini. Tra il ferro che sostiene la cuccetta inferiore e il suolo c'è la giusta distanza per riporre il bagaglio e la borsa che hanno con loro. Mette le sue cose sotto la cuccetta e fa sdraiare Juan, riservando per sé la cuccetta superiore, perché quella accanto è occupata dal vecchio.

Francisca si arrampica nel suo lettino e inizia ad osservare lo spazio in cui si trovano. Senza essere cupo, sembra una prigione buia, ma ha dei materassi abbastanza comodi. Ha le lenzuola ma non le coperte. E se facesse freddo? Per fortuna portano con sé quelle che hanno ricevuto in filanda come regalo di nozze. Ci saranno meno di otto piedi dal pavimento al soffitto. Le cuccette sono fisse sopra e sotto, in modo che non si muovano con il dondolio della nave. Francisca volge la testa verso l'oblò, vede che il sole della sera dipinge sull'acqua riflessi dorati che non ha mai visto prima. All'improvviso salta fuori dalla cuccetta, sussurra qualcosa all'orecchio di Juan ed esce per esplorare gli spazi adiacenti, spingendo porte e schivando le persone, finché non trova uno spazio con una statuetta di donna sulla porta, e subito capisce correttamente che è un bagno femminile, dove sono presenti quattro rubinetti di acqua dolce, che ne permettono la caduta su lavandini circolari di zinco, in cui le donne possono lavarsi il corpo, i vestiti o attingere acqua. In effetti, ci sono bacini di zinco impilati vicino a una parete e una ventina di vasi da notte disponibili in un angolo. Più lontano c'è uno spazio con due vasche da bagno. Si chiede dove possano espletare le loro necessità fisiologiche, ma vede presto un corridoio con quattro porte a persiana; quando le spinge, vede che tre di queste contengono gabinetti a pavimento alla turca di metallo smaltato;

in un altro c'è un moderno gabinetto per sedersi, che lei si ripromette di evitare assolutamente, pur essendo tutto abbastanza pulito. C'è un forte odore di disinfettante. Pensa all'igiene durante il viaggio. Francisca ha la sua borsa appesa a tracolla, con i suoi effetti personali, un sapone che ha fatto lei e gli asciugamani. Altre donne hanno avuto la sua stessa idea, perché inizia a sentire conversazioni animate e risate, acqua che scorre... e quando esce dal gabinetto, vi si è formata una convenzione di colorate donne. Saluta in portoghese e loro rispondono in spagnolo. Nel corridoio ci sono sette bambini che giocano all'inseguimento. Un piccoletto strilla ad un altro bambino, e quella che sembra essere sua madre gli urla qualcosa dal bagno: potrebbe benissimo essere una minaccia di punizione o qualsiasi altra cosa, dal momento che i bambini continuano a litigare con più intensità. Francisca li guarda con un gesto neutro: essi tacciono alla vista dei suoi occhi scuri. Pensa a Juan solo nella cuccetta, e si chiede se sia migliorato un po'.

Juan ha il voltastomaco, è sconvolto dalla nausea, è stordito, pallido, sembra che tutto sia uguale. È il mal di mare. Il viaggio è appena iniziato e le vertigini sembrano già durare per sempre. Lei guarda fuori e vede solo cielo e mare. Molte persone vanno in giro alla ricerca di un posto per sdraiarsi. Non è possibile che non ce ne siano per tutti, pensa Francisca. I passanti, vedendo attraverso la porticina aperta che il posto è occupato, assumono una faccia seccata e proseguono lungo il corridoio o tornano sui loro passi. Francisca ha paura di lasciare da solo Juan, che non può badare a se stesso. Non solo pensa che i gemelli potrebbero calpestarlo da un momento all'altro, ma capisce che il semplice atto di muoversi per i suoi bisogni biologici, nutrirsi, qualsiasi movimento, può ridurlo a un deplorevole stato di nausea incontrollabile. Quindi dovrà rassegnarsi a stare in quell'angolo per lunghi periodi, ad occuparsi di Juan. Al tramonto la nave tocca il porto di Cadice. I movimenti quasi svaniscono. Si sentono mormorii mescolati di persone: gente che canta, musica, grida e risate.

Non appena il piroscafo si ferma, vedendo che Juan riesce a dormire un po', si distende sulla cuccetta superiore del letto a castello e si addormenta come un bambino. All'inizio i soldi e i documenti sono stati portati da Juan, ma sentendosi così male, ha paura di svenire e di essere colto di sorpresa da qualche ladruncolo furtivo, così li ha dati a Francisca, che li ha messi dentro le sottogonne, in una tasca segreta, dove sono inaccessibili anche durante il sonno. La nave non salpa fino al mattino. Servono la cena, ma lei si sveglia solo con i movimenti e i rumori del giorno successivo, affamata.

Francisca ha delle noci, arance e limoni in una delle sue borse, ma inizia a sentire l'odore della colazione, e cerca di convincere Juan ad alzarsi in piedi, ciò che non è possibile: Juan può solo sedersi sul letto. Così, mostrando i due biglietti, riesce a farsi dare dal cameriere il vassoio di Juan: "*Meu marido está doente, ele tem náuseas, vômitos: a doença do mar*"[1]; dopo riesce a capire a fatica, ma con senso pratico, di dover restituire il vassoio quando avranno finito la colazione. Lo stesso farà all'ora di pranzo. Al tramonto sale qualche minuto sul ponte per respirare un po' d'aria fresca; ci sono più bambini che giocano, più persone che parlano spagnolo e altre lingue sconosciute. Può riconoscere il tono dell'inglese, perché l'ha sentito parlare nella filanda, mentre i suoi datori di lavoro mostravano le strutture ai visitatori.

---

[1] Mio marito è malato, ha nausea e vomito: il mal di mare.

L'aria pura del mare le ravviva la vita. Nelle stanze si vedono figure che ballano e ridono, altri sono seduti, fumano e giocano a carte. Le piace camminare sul ponte e guardare il mare, la scia che lascia quando avanza o le barchette, le cui luci si stemperano nell'acqua quando sono ferme in porto. In una di quelle passeggiate, in coincidenza con la fermata della nave alle Isole Canarie, a Tenerife, trova in un angolo del ponte una donna galiziana che allatta un bambino. Istintivamente, si porta le mani sulla pancia, desiderando che il suo sospetto si avveri. La donna le chiede qualcosa, e di conseguenza riescono a capirsi per metà con i segni, per metà con alcune parole che sono simili in entrambe le lingue. Francisca prende il bambino in braccio, pensando che il contatto con una creatura così piccola e graziosa sia molto gratificante. Nel frattempo, la signora allunga le gambe e la schiena, riconoscente. Il giorno dopo la cerca, ma non la vedrà mai più. Trova invece un gruppo di portoghesi che aveva visto salire a Cadice. Era finalmente in grado di comunicare con qualcuno, quindi chiede loro dove stiano andando. Anche loro sono emigranti. Loro le raccontano che devono scendere dalla nave al primo porto che toccheranno dall'altra parte dell'Atlantico: Recife, perché hanno dei ricchi parenti che daranno loro un lavoro in una tenuta agricola, e hanno anche uno stabilimento di pesca. Dice loro che è molto preoccupata perché suo marito ha il mal di mare e non può alzarsi per vedere i porti. Ha paura di non sapere dove andare. I portoghesi la rassicurano, immaginano che l'equipaggio sappia dove stiano andando i passeggeri che sono saliti a bordo della nave, e che verranno avvertiti quando saranno arrivati nel posto giusto. Allo stesso modo, la informano che Rio è il terzo porto giù nel Brasile. Così Francisca si rilassa, si arrende all'ondeggiare del mare e riesce a riposarsi un po'. È solo un pochino preoccupata perché pensa che, nel caso in cui vedano Juan malato, non gli permettano di sbarcare.

—Juan, io da sola non saprò dove dobbiamo scendere dalla nave. Devi guarire.

—Te l'ho già detto, prima passeremo per Cadice, poi per un'isola spagnola... vediamo, qui c'è scritto sul biglietto, fammi vedere... ah... dammi il vaso di notte, non ce la faccio più —dice addio a tutto quello che aveva mangiato prima. Francisca si rende conto che, a causa delle nausee, Juan è disorientato, e considera come future soste alcune che hanno già fatto, ma non lo rimprovera, perché comprende la natura della sua confusione.

—Ripulisciti. Ti porto dell'acqua, aspetta un po', non ti muovere da qui.

Francisca si dispera pensando a come prendere il controllo di questo viaggio senza poter comunicare. Prega di ritrovare il gruppo di portoghesi. Lei, che non ha mai frequentato una scuola, ha un'idea molto vaga della geografia del mondo. Vorrebbe più che mai essere andata a studiare, per sapere dove si trovino. Pensa che avrebbe potuto imparare alcune frasi basilari in spagnolo, e ora non starebbe attraversando queste angosce. Almeno questo è quello che pensa, mentre si sforza di interpretare, senza capirne neanche un po', le frasi che le persone dicono in giro.

—Juan, bevi un po' d'acqua, lascia che ti pulisca i baffi, mettiti questo sotto la testa.

—Voglio alzarmi, provare a camminare, voglio andare in bagno —si mette a sedere, afferra le sbarre tonde che sostengono la cuccetta, fa tre passi, sente la camera da letto girargli intorno facendogli vomitare l'acqua che Francisca gli aveva dato. Lei pulisce il suolo umido e si accorge che la pavimentazione è colorata e impermeabile, fatta di un materiale mai visto prima.

—Lascia perdere, dovrai fare le tue cose qui, ci scuseremo e chiederemo qualche momento di intimità. Ti porto tutto —Juan cade sul letto con la sensazione che la nave gli stia precipitando addosso.

—Juan, quando dobbiamo scendere dalla nave...? —chiede Francisca in uno dei momenti di lucidità di suo marito.

—Bisogna essere calmi, ci sono diverse fermate da percorrere, almeno tre porti prima di arrivare a Rio de Janeiro. Prima Recife, così si chiama quel posto, dopo Salvador de Bahia, e poi arriveremo a Rio de Janeiro: è lì che dobbiamo scendere. Ah... sto cadendo... —si mette orizzontale sul lettino— Francisca, sono cinque fermate, alla quinta fermata dobbiamo scendere: c'è l'itinerario sui biglietti...

—No Juan, non è scritto sui biglietti, almeno questo lo posso capire.

—Ah, no, Francisca, è scritto sull'opuscolo della compagnia, guarda qui, qui è scritto Río de Janeiro, è la quinta fermata... ah... non posso fissare la vista, mi fa male... ma guardalo tu... —queste oscillazioni nauseanti continuano nella sera e nel giorno successivo, e nel prossimo. Il dolore di ogni spasmo e il disgusto di ogni nausea sono un martirio per Juan. Hanno appena iniziato il viaggio e Francisca è già esausta mentalmente.

Passano circa sette identiche giornate in più. La nave sta arrivando al primo porto dall'altra parte dell'Atlantico. L'emozione delle persone diventa visibile, ci sono discussioni lontane in lingue diverse, grida, risate, grande movimento. Cinque fermate... —Pensa Francisca.

—Ah...! —sospira— con questa ne abbiamo tre.

Molti scendono e altri salgono. Attraverso la finestra rotonda, lontano, le sembra di vedere il gruppo di portoghesi ormai a terra, con le loro cose, alcuni seduti in cima ai loro bauli. Li riconosce dai fazzoletti celesti con cui le donne si coprono il capo dal sole. Francisca osserva che la nave viene rifornita. Dopo tanto tempo in mare avrebbero finito le scorte, il carbone, l'acqua dolce, pensa. Il bagno, che all'inizio del viaggio sembrava abbastanza pulito, è già da diversi giorni trasformato in un luogo indesiderabile e nauseante. Il cibo non ha più il buon gusto dei primi giorni. Anche per lei sono iniziate nausea e disgusto, sente più gonfio l'addome. Ci sono delle pozzanghere sporche a terra, e i servizi igienici non vengono puliti con la dovuta assiduità. L'aria all'interno della nave si è rarefatta, e salendo sul ponte ci sono nuove persone, nuove forme, diversi suoni, fa caldo, l'aria è luminosa, ma è velata da un'umidità che rende tutto appiccicoso e irrespirabile. Francisca preferisce scendere nella sua cuccetta per cercare di riposare. Ma non può nemmeno immaginare cosa sia accaduto!

Quello che loro non sanno è che il giorno prima è arrivata una nave europea, nel cui settore di terza classe avevano stipato spudoratamente sei volte più persone di quante ne potesse contenere. La maggior parte di loro era malata di colera. C'era stato un focolaio di colera su quella nave europea, inarrestabile a causa delle condizioni di sovraffollamento e antigieniche. Era stata segnalata anche una morte per vaiolo. Di conseguenza, le autorità avevano deciso che, provvisoriamente, solo la capitale sarebbe stata la porta d'ingresso per gli immigrati europei in arrivo via mare. Così, né il porto di Recife né quello di Salvador di Bahía erano stati toccati, il piroscafo era stato intercettato da imbarcazioni il cui obiettivo era dirigere le navi a sud, facendole approdare direttamente nel settore del nuovo porto di Rio de Janeiro.

L'ordine non dura a lungo, solo poche ore dopo viene regolamentato, quindi le rotte di linea vengono ripristinate per tutte le navi che a bordo non presentano casi di colera. Ma la verità è che nella nave dove viaggiano Francisca e Juan, gli unici passeggeri correttamente informati sono quelli di prima e di seconda classe, questi ultimi con meno considerazione da parte dell'equipaggio confuso. Ma la terza classe ha appreso la notizia in modo casuale e aleatorio, con un annuncio ad alta voce nella sala da pranzo.

Eccoli laggiù, sbraitanti, quelli che devono arrivare a Santos, Recife o Bahia, tuttavia sono in grado di capire cosa stia succedendo. Juan, costretto a letto, e Francisca, nauseata, ignorante della lingua, non riescono a comprendere che le conversazioni e i vaghi resoconti ascoltati a bordo trattino un argomento così importante. Per loro questa è la lontana Recife, e il porto verso il quale si dirigono è Bahia. Ma in realtà tutto il Brasile viene lasciato indietro. La nave prosegue il suo viaggio verso sud, verso Montevideo, per poi toccare il porto di Buenos Aires.

All'interno del dormitorio si soffre un caldo tropicale e appiccicoso; senza una buona ventilazione e con il piroscafo più vuoto, il rumore dei motori si fa sentire più intensamente. Juan è molto debole, sta così male che gli sembra di morire. Ha potuto riposare bene solo durante le soste della nave, in cui si è addormentato, sfinito dalla stanchezza. Ancora due porti, ancora tre giorni, e Francisca trova delle donne che rispondono "No...!" quando da lontano, in delicato portoghese, lei chiede "Rio de Janeiro?"

Sono stati in sosta per un'intera giornata a Buenos Aires. Tre giorni dopo, i D'Almeida navigano a tutto vapore, ignari della loro posizione, attraverso l'Atlantico meridionale verso lo Stretto di Magellano.

Francisca si chiede perché la nave non arrivi mai al porto di Rio de Janeiro, in Brasile. È sopraffatta dal peso di un marito annullato dalle vertigini, lei che non capisce una parola di spagnolo, sente sempre più freddo e impreca contro il momento in cui venne loro in mente di intraprendere un viaggio eterno. Non avrebbe mai immaginato che il Brasile fosse così immensamente lontano. I giorni e le notti si susseguono con una monotonia esasperante. A volte la fantasia prende il sopravvento sulla sua sonnolenza, e lei immagina che la nave, forse durante una di quelle notti, sia affondata e siano tutti morti, e che questo sia un purgatorio per lavare la colpa per le cose brutte fatte durante la loro vita. Esamina la sua vita e quella di Juan, anche se non trova grossi peccati da confessare. La situazione sembra davvero un purgatorio.

Francisca è rimasta in piedi davanti alla finestra rotonda, assaporando gli ultimi raggi di sole riflessi sull'acqua. Fa freddo, è notte; improvvisamente il mare inizia a muoversi in modo diverso, angosciante. Juan getta fuori in un colpo solo i liquidi che la moglie gli ha fatto ingoiare a fatica nell'ora precedente. Lei sente una forte paura, qualcosa di anomalo sta succedendo là fuori. Aspetta un quarto d'ora, sperando che la situazione si calmi, ma i movimenti della nave diventano sempre più minacciosi. Piove anche, sembra che un terribile temporale stia mettendo la nave in balia dei capricci della tempesta. La nave si muove così tanto che Juan cade dalla cuccetta inferiore e, malato di mare com'è, non riesce a rimettersi sul lettino. C'è gente allarmata che lascia il settore per scoprire cosa stia succedendo. Sono soli in cabina. L'uomo e i gemelli sono partiti cinque giorni prima, durante il penultimo scalo della nave. Francisca aiuta Juan a sdraiarsi di nuovo, dopo attacca dei lunghi stracci ai ferri della cuccetta superiore, lasciandoli appesi in modo che lui possa trattenersi con le mani contro i movimenti improvvisi. Poi se ne va, determinata a scoprire da qualche parte cosa stia accadendo.

Trova solo persone disperate che si aggrappano a qualsiasi cosa per evitare di cadere, mentre si precipitano per i corridoi e le scale della nave, allo stesso modo in cui fa Francisca per stare in piedi, mentre avanza. Quando sta per poggiare la scarpa sulla prima scala che trova, un sussulto della nave la fa piombare a terra, mentre il pavimento si inclina a sinistra. Francisca riesce a mettere le mani in avanti per attutire la caduta. La pendenza del corridoio l'ha fatta scivolare lontano; afferra l'appoggio verticale della ringhiera per alzarsi, si avvicina ancora alle scale e riesce a salire i quindici gradini che separano i due piani. Un livello più in alto, attraverso le porte aperte, tra i lunghi tavoli da pranzo, può vedere l'equipaggio dare istruzioni ai passeggeri, con gli indici e le braccia tese, mandandoli ad aggrapparsi agli elementi fissi che si trovano nel soggiorno. Le sedie in giro sono già saldamente legate alle sbarre e alle colonne della sala da pranzo. Nonostante non capisca tutto quello che dicono, dai gesti deduce che sono costretti a legarsi ai sedili fissi, alle ringhiere, ai fusti e a qualsiasi elemento che serva a far sì che le persone non cadano. Quando le sembra impossibile sapere esattamente cosa stia accadendo, dato che tutti sono troppo eccitati, un'onda fortissima scuote l'immenso vapore e la fa cadere a terra due volte prima che possa aggrapparsi ai corrimani che si trovano sul lato. Chiede aiuto urlando e piangendo. Agitata, si ricorda di

Juan, tutto solo su quel lettuccio, e decide di tornare. Esce nel corridoio e corre verso le scale, implorando a gran voce:

—*Deus me ajude! Deus me ajude! Não me deixe sozinha!*[2] —in quel momento sente in lontananza una voce che in perfetto portoghese le urla:

—*Senhora, vá para o seu posto e amarrese o melhor que puder!* —cioè che vada al suo posto e si leghi bene. Si gira verso la voce e vede che si tratta di un uomo dell'equipaggio che l'ha sentita piangere, ma non può aiutarla, perché corre nella direzione opposta, portando in una delle sue braccia un bambino con la testa sanguinante.

Non si sa da dove, ma l'acqua è entrata nei corridoi. Francisca, terrorizzata, riesce a tornare al piano di sotto e rientra nella cabina. Si bilancia tra un movimento della nave e l'altro. Arrivata giù, controlla gli effetti personali di entrambi, ma non ha né il tempo né l'opportunità per aprire il baule, la nave si inclina troppo. Ha solo la disponibilità del bagaglio a mano; cerca nervosamente tutti gli elementi che possono essere usati per legare sé stessa e Juan, come corde, stracci, cinture, vestiti lunghi. Lo fa nel modo migliore che conosce, assicurandosi che le teste siano protette. Juan, in uno sforzo estremo, l'aiuta a rinforzare i nodi, dopo di che Francisca rimane seduta a pregare. Pochi minuti dopo, la nave si muove così forte che, se non fossero stati attenti a mettere tutto bene in sicurezza, potrebbero cadere, scontrarsi fatalmente con le pareti vicine, le cuccette e i piccoli oggetti che volano. Tutto ciò che è libero in quell'enorme dormitorio e nella cabina rappresenta un potenziale pericolo. La nave si inclina, sembra che stia per piombare su un fianco contro il mare, poi fa lo stesso dall'altra parte, ancora

---

[2] Dio aiutami! Dio aiutami! Non lasciarmi sola!

e ancora. Le onde brutali colpiscono la finestrella rotonda. Invece di allontanarsi e rivelare di nuovo il cielo tempestoso della notte imminente, continuano a coprirla d'acqua per infiniti secondi. Sembra che la nave si sia trasformata in un sottomarino incapace di emergere completamente dalle profondità. Il fragore delle onde sembra il ruggito di cento leggendari leoni. Francisca prega e piange. Mescolati al rumore della tormenta, si odono voci di preghiere e grida di passeggeri che, tornati al loro posto, raccomandano le loro anime a Dio e chiedono il suo aiuto per le loro famiglie. Juan, che nello stomaco non ha più niente da buttare via, comincia a sputare la bile, ma non si lamenta più. Francisca pensa che se loro, laggiù, sentono i movimenti in quel modo, cosa provano gli uomini che in quel momento devono trovarsi nelle parti più alte della nave? Come faranno a non cadere...?

La notte infinita continua. La nave resiste ancora, anche se sembra che potrebbe affondare da un momento all'altro. C'è acqua anche al livello dei dormitori della terza classe.

Non lo sanno, ma stanno attraversando lo Stretto di Magellano, il luogo dove si incontrano l'Oceano Atlantico e il Pacifico. Di solito è una zona di mare mosso, soprattutto con i temporali, anche se mai in quel modo. Tale violenza è prevedibile più giù, a sud della Terra del Fuoco. Il capitano si fida della propria bravura, e ha deciso di affrontare la traversata con la minaccia di una forte tormenta per arrivare in Cile in meno tempo, perché sono in ritardo di un giorno. Se ne è pentito... in ritardo. Non ci si aspettava questa incredibile e improvvisa forza del mare. Pertanto, non ha avuto il tempo di avvertire nessuno. Sta usando il meglio delle sue conoscenze nautiche per evitare la catastrofe, che gli costerebbe non solo la posizione e la nave, ma, presumibilmente, la sua vita e quella di tutti i passeggeri, che senza dubbio perirebbero se avessero la sfortuna di cadere nel mare ghiacciato.

Di fronte alla certezza di vivere in un presente governato infallibilmente dalle forze della natura, Francisca si arrende, rassegnata a non poter fare niente. Si prepara a morire. Questo la fa sentire nelle mani di Dio e, piano piano, viene invasa dalla calma. A poco a poco, smette di prestare attenzione alle grida di confusione, che diventano lontane e sorde. Piuttosto si lascia fondere con il movimento delle onde, ad occhi chiusi, rifugiandosi in una pace nutrita dalla preghiera, che è il sostentamento della sua anima, non solo nei momenti difficili. Solo per brevi istanti le entra in mente la sensazione fredda e spaventosa di immaginarsi sommersa nell'oceano ghiacciato, trattenendo il respiro fino all'inevitabile momento finale. Perde il conto delle ore. Man mano che le grida delle persone e il rumore svaniscono dalla sua mente, si immerge in una realtà fatta di foreste, montagne, uccelli, fiori, profumi d'infanzia, abbraccio materno, così presto perduto e così tanto mancato; inizia a sussurrare la ninna nanna che le cantava sua madre quando le accarezzava il viso prima di dormire. Il tempo passa. Ore, finché l'intensità dei movimenti svanisce, arriva il preludio alla calma, passa la paura, giunge la serenità. Finalmente è uscita dal terrore e chiude gli occhi.

Quando li riapre, una luce rassicurante comincia a illuminare l'interno del dormitorio e i contorni delle onde. Capisce che è l'alba. Si abbandona a un tranquillo sogno della sua infanzia nelle pinete di Guarda, in cui Amelia le mette dei garofani tra i capelli e Ana canta nelle vicinanze.

Juan dorme nel profondo dei suoi ricordi di ragazzo. Il mare calmo è stato un balsamo dopo la notte tempestosa. Sembra che l'intera nave si sia addormentata al sole. Non si sente il minimo mormorio, a parte il sussurro delle onde. Navigano placidamente in un mare tranquillo.

La vita sembra a Francisca un nuovo dono. Ha fame, lascia Juan e va di sopra per ricevere la colazione. Il soggiorno è dotato di enormi tavoli in legno. Le sedie leggere e metalliche sono già state slegate dalle sbarre e molte di esse sono occupate da persone felici che commentano i terribili eventi della scorsa notte. Francisca si rende conto che ci sono molti volti nuovi, che devono essersi imbarcati all'ultimo porto. Dopo aver fatto fare colazione a Juan, esce per godersi il sole e l'aria. Trascorrono due giorni di serena navigazione, durante i quali il marito sembra migliorare, ha potuto consumare addirittura un pranzo completo. Quindi toccano un porto dove molti sono pronti a scendere. Le voci dell'equipaggio si avvicinano, parlano forte, sembra che avvertano tutti di qualcosa, ma Francisca non sa di cosa si tratti.

—Stiamo arrivando? Sembra che stiamo arrivando in un porto, Juan! —Francisca non capisce bene le parole che ascolta tra la gente. Prima aveva deciso di cercare l'uomo dell'equipaggio che parlava portoghese, perché non riusciva a capacitarsi che il viaggio fosse stato così lungo, e il Brasile così lontano, molto più di quanto avessero detto a Juan quelli della compagnia di navigazione. Lì c'era qualcosa di strano. Sospetta che abbiano percorso un'altra strada.

Cerca il membro dell'equipaggio in giro per la nave, con una forza e una determinazione che le fanno superare tutti i limiti e gli ostacoli; chiede a coloro che incontra, ma nessuno la capisce bene, finché, a forza di tanta insistenza, la portano davanti al capitano della nave, che riesce a scoprire a mala pena quello che vuole Francisca. Nel frattempo, lei vede che molti viaggiatori scendono dalla nave, ora quasi vuota, il che la riempie di preoccupazione. Il membro dell'equipaggio bilingue si presenta davanti al capitano, dove trova la donna vista nel corridoio, ansiosa di chiedergli se siano già arrivati in Brasile. L'uomo fa un commento in spagnolo, per il quale tutti i presenti si guardano l'un l'altro. Poi dice a Francisca in portoghese che hanno lasciato dietro il Brasile quasi due settimane prima. Il volto di Francisca passa dallo stato di calma allo stupore, poi angoscia, disperazione, scoppia in lacrime senza poter parlare, immersa nella disperazione più profonda, dall'altra parte del mondo, così lontana dal suo universo conosciuto. Si sostiene il basso addome, si aggrappa ad alcuni mobili per non cadere svenuta dal colpo di grazia. Non può parlare. Non riesce a pronunciare una parola completa che non sia interrotta dalle lacrime. Le offrono una sedia e dell'acqua; quando si calma, le chiedono se sia sola sulla nave. Racconta loro di Juan, che è sempre stato malato sul lettino, che non può muoversi perché ha le vertigini e piomba giù.

Il capitano, il traduttore e un marinaio accompagnano Francisca nel settore di terza classe. Arrivati lì, riescono a parlare con Juan che, confuso, a stento riesce a rialzarsi; le sue nausee si sono attenuate grazie alla sosta. Quando Juan inizia a capire cosa sia accaduto, si prende la testa tra le mani e dice sconvolto che devono andare in Brasile, che suo fratello li sta aspettando lì.

—Ma... come mai ci è potuto succedere questo! —esclama perplesso, Juan— Stavamo andando in Brasile!

Rio de Janeiro sarebbe stato il quinto porto in cui la nave avrebbe fatto scalo!

—Siamo passati per il Brasile molti giorni fa! —lo rassicura ancora il comandante— All'ultimo momento abbiamo annunciato che avremmo toccato un solo porto in Brasile. C'era molta confusione, perché consentivano l'attracco solo a Rio de Janeiro. Mi dispiace tanto che voi non l'abbiate capito.

—E ora cosa faremo!

—Ehi signore, non disperate, vi propongo una soluzione, rimanete qui —dice il capitano—, restate sulla nave, di ritorno vi lasceremo in Brasile...

Il capitano, dispiaciuto per la disgrazia di questa coppia di sfortunati, consapevole delle proprie colpe e del pericolo a cui li ha esposti con la sua incoscienza nell'affrontare la tempesta nonostante gli avvertimenti, propone loro di proseguire sulla nave senza pagare nulla, facendo ritorno con loro, fino a raggiungere il porto di Rio de Janeiro.

—Di ritorno...? —Juan e Francisca si guardano l'un l'altro con paura negli occhi.

—E quanti giorni ci vorranno?

—Il percorso di ritorno è lo stesso che abbiamo fatto per arrivare fin qui. Prima dobbiamo raggiungere Valparaíso, poi tornare qui. Si parte dopodomani. Il viaggio fino al porto di Rio durerà circa due settimane dalla partenza, con una sosta di un giorno nel porto di Buenos Aires.

—*E vocês vão cruzar o mar agitado de novo?*[3] —Francisca, più che alla nausea, pensa al terrore di rivivere la tormenta.

---

[3] E attraverserete di nuovo il mare mosso?

—Sì, è inevitabile, attraverseremo di nuovo lo Stretto di Magellano, ma abbiamo la probabilità, abbastanza certa, di non essere colpiti da nessun temporale della violenza di quello che abbiamo subito... anche se... non va trascurato il fatto che le correnti lì si uniscono, e provocano quasi sempre movimenti violenti —il marinaio traduce pazientemente tutto quello che dicono entrambi.

Juan e Francisca si guardano con gli occhi colmi di angoscia. Dai rispettivi sguardi ognuno sa cosa pensa l'altro. Non sopportano l'idea di continuare a navigare scossi e nauseati, tanto meno di riattraversare quel punto maledetto nell'oceano. Una volta basta. Niente più mare, soprattutto per Juan.

—No —dice Juan molto deciso—, siamo già arrivati in America. Scendiamo qui.

Abituato alle brevi distanze del suo Portogallo dichiara, essendo ancora a mezzo mondo dalla sua destinazione:

—In qualche modo raggiungeremo il Brasile via terra.

—Ma guardi che via terra ci vogliono ben più di quindici giorni! Mesi!

—No, no... Basta mare! Dove siamo? Che paese è questo?

—Questo è il Cile... il Cile... Questo è il porto di Talcahuano.

DEVI ATTRAVERSARE LE MONTAGNE

A rrivarono nella provincia di *Concepción*, nel luogo che secoli fa il suo popolo originario, i *Mapuche*, aveva chiamato *Tralkahuenu*, in spagnolo *Cerro Tronador* —montagna tonante—. Si trovavano nel porto di Talcahuano, una grande baia costellata di imbarcazioni a vela, vapori e barchette. La montagna sfiorava il mare, e l'odore di pesce penetrava fino alle ossa. Lassù in alto si vedevano verdi prati in pendenza e pini, come nella loro terra, ma tutto così diverso. Dalla nave si poteva apprezzare un ambiente portuale dove la madre terra era stata toccata con meno cura e delicatezza di quanto ci si aspettasse: eterogeneità affollate l'una accanto all'altra. Senza poterlo spiegare a parole, per Francisca era allettante intuire sotto tutte quelle costruzioni la bellezza che dovrebbe aver avuto quel luogo incontaminato quattrocento anni prima, quella *Tralkahuenu* dei *Mapuche*.

—Non trasportare carichi, Francisca, il calvario sulla nave è finito, ora tocca a me —ride Juan, sulla strada per l'edificio principale dell'immigrazione del porto.

Quando il vento si ferma fa abbastanza caldo, e pian piano si tolgono i loro scialli e giacche soffocanti, che vanno a gonfiare le borse.

—Siete solo in due, giusto? dice l'impiegato all'immigrazione, come se cercasse un bambino piccolo nascosto dietro il baule.

—Si signore, per *agora* io e *minha* moglie —le mani di Francisca tengono inconsciamente la sua pancia.

—Vi stabilirete definitivamente o siete solo di passaggio?

—No, no, siamo di passaggio, stiamo *indo* per *o Brasil, mas ficamos no barco por engano*[4]... per errore. *Você poderia nos dar orientações del caminho*[5] a seguire per arrivare nel Brasile per via terrestre? No *estou dizendo* oggi, *assim que* riposarci un po'.

I gesti di Juan completano il senso delle sue parole, per farsi capire nel suo desiderio di raggiungere il Brasile, non proprio quel giorno, ma dopo aver riposato il suo corpo martoriato.

—Il Brasile! —l'uomo si stupisce e non lo nasconde—. Senta, il Brasile via terra è molto lontano. Direi che sarebbe meglio via mare.

—No, no, *passamos muito mal no barco*[6]... molto... molto male.

—Via terra, prima dovete attraversare la cordigliera verso l'Argentina, ed è così che ci si avvicina, ma vi avverto, potrebbe essere un viaggio di mesi, eh? C'è il treno, se potete pagarlo... che vi può portare un po' più vicino alla montagna, ma mi sembra che i binari siano interrotti lassù... dicono... Dovete comunque fare una parte di strada a dorso dei muli... Dall'altra parte della montagna non so come si presenti... dicono che sia grandissimo e che non ci si trovi niente per molti chilometri... —Juan e Francisca si guardano impauriti l'un l'altro.

---

[4] Stiamo andando in Brasile, ma siamo rimasti sulla nave per sbaglio
[5] Lei ci potrebbe indicare il cammino
[6] siamo stati molto male sulla nave

—Ebbene, per completare le scartoffie, qual è il suo mestiere, signore... De Almeida?

—D'Almeida. Lavoratore *têxtil*, ma *eu gostaria*... mi piacerebbe *de cultivar*. Vogliamo *trabalhar*... lavorare *na cafeicultura*... caffè... Brasile...

—La sua condizione militare?

—Ho servito nel *Exército em* Lisboa, durante *dois* anni, recentemente.

—Oh, molto bene. Se decide di restare qui a Talcahuano, venga a trovarmi, la porto a parlare con il mio capo, perché abbiamo sempre bisogno di persone preparate a presidiare il porto. Bene, ecco le carte —dice il funzionario, dopo aver apposto un pesante sigillo su un foglio di carta.

Nei pressi del porto trovarono una pensione dove potettero riposare bene, per la prima volta dopo quasi un mese. Con la mente calma, dopo aver riflettuto sul cuscino tutta la notte, Juan disse a Francisca:

—Cercherò un lavoro qui, finché non vedremo come possiamo viaggiare in Brasile.

Juan fu ben accolto, aveva una buona presenza, portamento e carattere. Se la cavava con un po' di spagnolo e imparò rapidamente le basi. Preparato militarmente, lo presero subito come vedetta in porto. Per i datori di lavoro, Juan sembrava essere, prima di tutto, un uomo degno di fiducia, un uomo onesto, con alti valori morali.

Presto affittarono una casetta di due stanze: una cucina e una camera da letto. In quel settore della città vicino al porto, dove i nuovi immigrati potevano permettersi una casa, tutte le casette erano fatte di legno, poiché sfruttavano questa risorsa, che possedevano in abbondanza sui monti sovrastanti. Tuttavia, non avevano quel carattere di baita di tronchi e pietre proprio delle loro vecchie e amate pinete portoghesi. Queste piccole case erano carine e pittoresche, ma essenziali, senza pretese estetiche. Forse avranno pensato —dando la priorità all'economia e alla leggerezza— che se con quattro tavole inchiodate potevano costruire una parete, perché mai nessuno l'avrebbe fatta con dei tronchi? Venivano invece ricoperte con assi orizzontali all'inglese, a cominciare dal basso e così via, per favorire la caduta dell'acqua. Le finestre erano più alte che larghe, a due ante, con diverse aperture munite di piccoli vetri; ce n'erano due in ogni casetta, di solito su entrambi i lati della porta. I tetti della casa di Juan erano di tegole coloniali, ma altri tetti erano fatti di lamiera ondulata di zinco, molto efficace per proteggersi dalle piogge assidue della regione. Le case venivano costruite proprio accanto ai marciapiedi, senza giardini di transizione, erano talvolta sfalsate sui pendii collinari, su stradine ripide di terra battuta e marciapiedi non sempre continui, che a volte diventavano rampe o scale irregolari, e che in alcuni casi non rispettavano le altezze percorribili per un essere umano. Per raggiungere il livello superiore, si doveva spesso fare una deviazione per strada, pregando che non ci fosse molto fango per la pioggia della notte precedente.

Altre casette molto simili a quelle, ma tutte uguali, piuttosto colorate, erano state edificate prima del 1900 per ospitare gli operai che stavano costruendo il nuovo bacino di carenaggio, inaugurato in porto per sbrigare le esigenze di manutenzione delle navi. Avvicinandosi al centro, le case, con lo stesso sistema costruttivo in legno, erano a due piani, alcune dotate di balconcini con ringhiere in ferro battuto.

Nel centro nevralgico della città c'erano gli edifici più importanti: alimentari, pasticcerie, negozi di tessuti, mercerie, tipografie e uffici governativi intorno alla piazza, ben costruiti, con muratura intonacata. Mostravano un eclettismo basato sul neoclassicismo e anche alcune reminiscenze coloniali, come l'arco ribassato sopra le finestre, quando non arricchite con impronte di *Art Nouveau* come i locali dei fratelli Martínez, di fronte alla Piazza delle Armi. Si trattava di edifici imponenti per l'epoca, a uno o due piani, sempre molto alti, che stabilivano un netto limite tra l'interno e l'esterno, ai margini del marciapiede, a due scalini da esso, con grandi zoccoli, cornicioni e modanature imitanti gli stili in voga nell'Europa dell'Ottocento. Non mancavano le caratteristiche imposte a persiana verdi, quando si trattava di oscurare i piani superiori, che sarebbero stati sede di notai, medici e avvocati. Lo stile neogotico, così tipico dell'influenza inglese, aveva lasciato il segno su alcuni dettagli della chiesa che si trovava di fronte alla piazza, ma anche sulle pittoresche costruzioni legate alla ferrovia. Da questi spazi centrali si vedevano in lontananza, sulle colline vicine, le case di campagna circondate da giardini, dove vivevano le persone più abbienti che volevano abitare lontano dal frastuono mondano.

A volte Francisca vedeva arrivare Juan con le frange del suo poncho mozzate dal coltello di qualche canaglia. Nella regione si stava sviluppando un'industria destinata a crescere. Nonostante vi fossero magazzini chiusi, il porto disponeva di un'area di manovra molto ampia in cui venivano depositate le merci trasportate dalle navi, destinate alla regione di Concepción, o quelle che vi arrivavano da diverse regioni, via terra, per essere inviate in altri porti. In quella banchina c'era una garitta di sicurezza, rotaie e vagoni per il carico, macchinari con ingranaggi, carrelli, gru ed elementi vari che servivano durante il movimento dei prodotti. Le merci erano succosi bottini per i ladri organizzati e tentazioni per i contrabbandieri notturni. L'area aperta era dotata di recinzione perimetrale nei settori che non delimitavano direttamente l'acqua, ma era facilmente raggiungibile in barchetta dal mare. A Concepción c'era una fiorente industria molitoria per rifornire la regione e altro ancora. Regolarmente, c'erano più di cinquecento sacchi di cereali da spedire il giorno successivo o scatole con ogni tipo di merce: Juan doveva sorvegliare, in parte la sera e in parte la notte. Di giorno non succedeva quasi mai nulla, ma di notte i ladri si nascondevano dietro i pacchi, nei coni d'ombra, dove la luce delle lanterne non arrivava, perché c'era merce coperta accatastata su legno, per proteggerla dalla pioggia. Lui li cacciava via, ma alcuni opponevano resistenza. Quando si presentavano gruppi di malviventi organizzati, suonava il campanello d'allarme alla garitta o sparava un colpo in aria.

—Ma cosa è successo Juan? Hai le frange del poncho tagliate a metà! —diceva Francisca vedendolo apparire un po' malconcio, ma intero.

—È stato peggio per l'altro —e Juan le raccontava che aveva avuto a che fare con un ladro munito di coltello. Il suo recente addestramento militare gli aveva dato il coraggio per tali compiti.

Si erano sposati in Portogallo durante il carnevale del 1910 e un anno dopo, il 16 febbraio, sarebbe nata Julia, la prima figlia. Certo, Francisca aveva fatto la traversata incinta. La nausea e le vertigini, che lei aveva considerato in parte una conseguenza dei movimenti della nave, non erano che i chiari sintomi della sua gravidanza, che era già abbastanza avanzata.

—Gliel'ho detto, *dona* Francisca. Ha visto quanto avevo ragione? Appena l'ho vista ho capito! —dice *dona* Leonor, con un enorme sorriso. È la vicina spagnola che cerca di insegnare alla giovane il castigliano di base, per difendersi nei dettagli della vita quotidiana. Non è facile, poiché Francisca non sa nemmeno leggere e scrivere in portoghese, quindi gli insegnamenti sono solo verbali, ripetuti mille volte. Dopotutto, neanche *dona* Leonor ha frequentato la scuola.

—Quan – to. Quan – to è? —spiega *dona* Leonor, facendo il gesto dei soldi con una mano, strofinando l'indice e il medio con il pollice.

—Si! *Quanto é? Quanto custa isso?* —scoprire il significato ha un sapore speciale.

—Come *você diz isso*? Come si *diz iso*? *A panela, a escumadeira...* —chiede Francisca, puntando il dito su tutto.

—La pentola, la schiumarola —risponde *dona* Leonor, e Francisca lo ripette mille volte finché non lo impara a memoria. Così trascorrono i primi pomeriggi, fino a quando Juan torna dal lavoro, e si sorprendono a vicenda con i rispettivi apprendimenti. Quindi, uno impara anche dalle esperienze dell'altro.

Francisca riceve e apprezza questo gesto di solidarietà dalla sua vicina, *dona* Leonor, che ha quasi quindici anni più di lei, e ha figli che lavorano al porto. È presente nei momenti più difficili, aiutando in tutto. *Dona* Leonor non si lascia intimidire da nulla, è una donna piuttosto attiva. Non è di quelle che restano ad aspettare che le cose accadano, ma del tipo che le provoca. Juan ha paura che un giorno arriverà e troverà sua moglie coinvolta in qualche guaio a causa dell'imprudenza di *dona* Leonor. Quindi, quando per Francisca arriverà il momento di partorire, questa signora sarà la levatrice, e vorrà anche essere la madrina. In attesa del suo bambino, Francisca ha avviato quella che crede sia un'attività promettente di vendita di pesce. Ma solo *dona* Leonor lo compra, per compassione, finché non riesce a farle capire che è pazzesco iniziare a vendere pesce in un paese dove tutti vanno a pescare, è quello che tutti ottengono con il minimo sforzo e il minor costo. È dura per Francisca, che viene dalla montagna. Così finiscono per mangiare il pesce, onorando le ricette andaluse di *dona* Leonor.

Un pomeriggio di febbraio, mentre sono indaffarate tra apprendimenti di spagnolo e di vita, Francisca comincia a soffrire delle contrazioni di parto mentre Juan è ancora al lavoro.

—Tranquilla *dona* Francisca, lei si prenda da qui, respiri e faccia forza, che sta già uscendo! —Francisca, tra dolore, lacrime ed emozione, sente una vocina stridula, mentre *dona* Leonor tira fuori e avvolge la bambina in una coperta.

—Aveva detto che se fosse stata una donnina si sarebbe chiamata Julia? Ecco Julia!

Quel giorno, quando Juan torna dal lavoro, con grande gioia ritrova la famiglia allargata.

Non appena Francisca si riprende dalle sofferenze del parto, *dona* Leonor vuole convincerla di andare senza indugio, con le carte del matrimonio, a registrare la bambina all'anagrafe di Talcahuano. Francisca dubita, non sa cosa dirà Juan, forse vuole andare lui il primo giorno libero che avrà.

—Forza donna! —le dice la sua amica— e stasera, quando lui arriverà, si ritroverà la sorpresa dei documenti della bambina, e per inciso eviteremo quella formalità a suo marito.

Così le due vanno, entrambe senza saper leggere né scrivere, ma con grande decisione e gioia, portando in braccio la piccola Julia, dritte all'anagrafe. Più tardi tornano portando tra le mani, come chi esibisce un ambito trofeo, le carte della neonata.

Quando Juan torna a casa dal lavoro trova una sorpresa sulla tavola: Julita, nata il 16 febbraio, era già iscritta a questo mondo. Ma il suo sorriso si congela quando vede il suo cognome trasformato, con una lettera in più e senza l'apostrofo.

Francisca era stata fraintesa nel pronunciare il suo nome da sposata. Di conseguenza, il cognome della piccola Julia non è D'Almeida come suo padre, ma "De Almeida". E *dona* Leonor, che aveva anche capito male, non aveva saputo chiarire nulla. Juan si presentò pochi giorni dopo al Registro Civile per chiedere la correzione dell'errore, ma trovò l'intransigenza di un impiegatuccio risentito che, con l'aria di un grande gentiluomo, lo fece andare e venire mille volte, per poi dirgli finalmente che l'errore non poteva essere corretto, che il cognome era così scritto in spagnolo. Non c'era modo di far vedere la ragione a quell'uomo.

Così Juan, dopo la rabbia per quell'incidente, con rassegnazione e una certa logica frutto delle circostanze, affinché tutti i suoi figli abbiano lo stesso cognome, decide che ogni bambino che arriverà in futuro sarà registrato "De Almeida"; sosterrà questa ispanizzazione del suo cognome.

—Francisca, mi è stato offerto un lavoro in dogana e l'ho accettato —commenta Juan tre mesi dopo—. Guadagnerò più di quanto guadagno adesso.

Nel porto si trova anche l'edificio doganale principale, si estende orizzontalmente, con i suoi due piani e i
suoi archi semicircolari, davanti ad un'ampia spianata di
terreno, prospiciente ad un molo in legno con ringhiere in
ferro e lampioni coloniali sul quale termina una doppia fila
di rotaie ferroviarie. Juan inizia a lavorare lì, adempiendo
alle funzioni di guardiano e controllore, ma prima che pas-
sino tre mesi gli viene offerto di lavorare come guardia del
treno. Juan accetta, ovviamente, perché la paga è migliore.

Già nel 1910 le rotaie erano una risorsa molto importante in Cile. A metà del secolo precedente era stata costruita la prima ferrovia, e la rete era ancora in espansione,
finché nel 1913 il paese fu unito per la prima volta da Iqui-
que, a nord, a Puerto Mont, a sud. Naturalmente la ferrovia
era completamente collegata all'attività portuale: c'era un
binario che entrava nel porto, e proprio lì si apriva in più
diramazioni per consentire le manovre. La cosa più pittoresca era la vista delle carrozze del treno, a cui si accedeva
attraverso scale metalliche e balconi alle estremità di ogni
carrozza: ognuna di queste era costruita come una casa inglese, con soffitti neri a semivolte e un taglio longitudinale
a modo di soprattetto, per generare un'apertura di ventilazione, il tutto sporgendo ai lati come grondaie. Dietro la lo-
comotiva c'era sempre il carro del carbone scoperto. Solo
quarant'anni dopo gli ingegneri avrebbero messo a punto
locomotive diesel in giro per il mondo, intanto l'elettricità
era la nuova protagonista delle passeggiate nei dintorni.
Poco tempo prima avevano inaugurato il tram elettrico
Concepción-Talcahuano che, passando per la città, raggiun-
geva una stazione in riva al mare, i *Baños de* San Vicente. Lì
si collegava con il tram a cavalli, che era ancora in uso: due
cavalli tiravano una carrozza molto elementare, aperta, con

tetto curvo, gradini ai lati, panche di legno per dodici persone e un balconcino per la guardia. Quello elettrico invece era uno sfoggio di tecnologia per l'epoca, chiuso con grandi finestre, con maggiore capienza e comfort, ma sempre con quell'aria di casa inglese, così pittoresca.

All'ingresso di Talcahuano, la tradizionale ferrovia correva incanalata sotto un ponte a tre arcate in stile romano, alto più di dieci metri, che collegava i due alti pendii della città, e che era sempre macchiato dal fumo insidioso delle locomotive a vapore. Stavano passando laggiù quando Juan si ricordò di ciò che Francisca gli aveva detto la sera prima.

—Mi sembra di essere di nuovo in attesa.

La piccola Julia aveva otto mesi quando Francisca iniziò a sentirsi di nuovo nauseata. Così il 5 giugno 1912 nacque la seconda figlia: Clara. Erano ancora a Talcahuano, anche se in seguito si trasferirono a Valparaíso, a causa di un miglioramento della loro posizione nella compagnia ferroviaria. Vi nacquero Emilia e Juancito, rispettivamente maggio 1913 e maggio 1915: quattro figli in quattro anni.

Francisca e Juan erano traboccanti di felicità, poiché avevano avuto il maschietto che aveva impiegato così tanto tempo ad arrivare. Durante questi anni, potettero vedere *dona* Leonor solo un paio di volte: la prima volta quando andarono a farle visita, e un'altra volta quando lei stessa si recò a Valparaíso per farsi visitare da un famoso oculista. Con questo, le possibilità di finire nei guai erano svanite. Comunque, verso le dieci si sentiva l'assenza della sua voce allegra che si diffondeva fuori dalla finestra.

Sentivano profondamente la mancanza del loro villaggio d'infanzia in Portogallo, con i suoi pini, i fiori e i fiumi cristallini. Per Francisca l'atmosfera di quelle città portuali era sgradevole. A lei sembrava dieci volte più grande di Talcahuano, ma meno sua. Nonostante le piccole case fossero sparse sulle colline, pittoresche e colorate, c'erano molti barboni, la maggior parte degli uomini erano disoccupati, e bevevano per le strade e nelle taverne. Molti erano coinvolti nel contrabbando. C'erano donne in giro per le strade, alcune accovacciate ai lati dei marciapiedi, altre appoggiate alle pareti delle vetrine commerciali, che guardavano qualsiasi cosa e passavano il tempo, con bambini sporchi che giocavano intorno a loro. Alcune fumavano sdraiate per terra, molte bevevano alcolici. È vero che c'erano anche persone con istruzione superiore e altre capacità umane, ma non erano numerose in quelle parti della città. A quanto pareva, la società del tempo era molto eterogenea. Con quattro figli di cui prendersi cura, Francisca non poteva lavorare per aiutare Juan. Rideva ogni volta che ripensava alla sua attività illusoria di pescivendola, svolta qualche anno prima. Certo, nella sua città natale in montagna il pesce di mare era un tesoro prezioso che pochissimi si davano il piacere di mettere in tavola, ma laggiù era quello che tutti potevano permettersi solo allungando la mano.

Sebbene a Juan non mancasse mai il lavoro, la magra paga come dipendente non gli rendeva la vita facile. Erano arrivati in Cile in un momento in cui la classe operaia veniva sottoposta a dure condizioni di sussistenza. Privi dei più elementari diritti politici e sociali, gli operai combattevano per spodestare l'oligarchia dal potere. Nell'ambiente portuale le carenze sociali venivano ulteriormente enfatizzate. A volte c'erano problemi, rivolte, la vita non era sicura lì. Francisca custodiva l'intima speranza di poter raggiungere il Brasile, terra delle meraviglie promesse. Provava disgusto per quell'ambiente portuale di inizio secolo, e temeva di dare i suoi figli a un mondo pieno di usanze così lontane dai principi con cui era stata educata.

Francisca insisteva costantemente: "Juan, passiamo in Argentina...", perché avevano sentito dire che le cose andavano meglio dall'altra parte delle montagne. A proposito, si sarebbero potuti avvicinare al Brasile. Coincideva con i desideri del marito, che voleva andare dove ci fosse la terra da coltivare e, con il frutto del lavoro, poter acquistare dei seminativi per iniziare una vita più serena con la sua famiglia.

—Non hai alternative, devi attraversare le montagne —gli dissero.

A DORSO DI MULO

S olo pochi anni prima, dopo tanto andirivieni, croce-
via politici, diplomatici e finanziari, Argentina e Cile
erano riusciti a mettere in funzione la Ferrovia Tran-
sandina. Traverse d'acciaio, scartamento ridotto —solo un
metro—, speciali cremagliere, gallerie e alcuni percorsi a
zig-zag attraverso le ripide alture delle montagne, avevano
alzato il costo dei biglietti fino alle nuvole. Juan era un impiegato ferroviario in un'altra compagnia, nonostante questo la famiglia D'Almeida non avrebbe potuto
permetterselo, come la maggior parte della gente della città.
Juan parlò con i mulattieri. Il viaggio a dorso di mulo era
possibile, ed era accessibile a loro. La decisione era presa: i
D'Almeida sarebbero passati in Argentina per cercare una
vita migliore. Avrebbero caricato i loro fagotti, gli attrezzi e
gli oggetti per la casa sul dorso di un mulo. Oltre a loro,
dieci famiglie di spagnoli con le stesse illusioni avrebbero
intrapreso questo viaggio.

Novembre 1915. C'è grande fermento ed eccitazione
alla periferia di Quillota, come ogni volta che i mulattieri
stanno per partire e vi radunano la folla che vuole far parte
delle carovane. Il viaggio da Valparaíso è stato sereno; le altre famiglie provengono da diverse città e paesi della regione centrale; fardelli e persone hanno viaggiato a dorso di
animali e carri. I più fortunati hanno potuto approfittare, in
parte, dei treni locali, che non sono così cari.

—Tre muli basteranno alla gente della sua famiglia, *don* Juan D'Almeida —dice il mulattiere mentre aggiusta le cinghie alle borse che pendono dai fianchi degli animali. I mulattieri hanno la pelle secca e le mani grandi. La brezza estiva sotto il sole ha già colorato la pelle degli altri viaggiatori prima di partire. Porta i profumi delle erbe: menta e mentuccia, mescolati con altri che Francisca non conosce. Le piace la campagna, di più mentre si avvicinano alle montagne verdi. È un concerto di natura viva, che riempie il suo spirito e la alleggerisce come una piuma.

—Su questo robusto mulo stanno bene quattro *guaguas*, due da una parte e due dall'altra —commenta, riferendosi a quattro figli piccoli—. Mi passa l'ombrello, compare? E anche quelle corde di cuoio, *pa'legallo* ben *legatino...* così, vede? in modo che le piccole non prendano il sole, figuriamoci si bagnino sotto la pioggia...

—Ma quell'ombrello è molto *veeecchio compaaare...* —dice un altro mulattiere, con un buffo accento locale, mentre Juan carica i pacchi più grandi in un carro e Francisca sorride alla bella immagine delle bambine in cima al mulo.

Per trasportare i bambini, stanno preparando un animale con due rustiche casse di legno, una per lato, dove collocano Julia, Clara ed Emilia insieme a un'altra bambina appartenente a una delle famiglie itineranti, due per cassa. Per proteggerle installano un enorme ombrello antico legato saldamente al mulo. Francisca andrà su un altro mulo con il suo piccolo Juancito, che ancora si nutre del suo latte.

E vai, via! Il *tric-trac* dei muli scandisce il suo ritmo caratteristico attraverso le praterie, guadando ruscelli, tra colorati e leggiadri voli di farfalle. Le ragazze cantano sotto l'ombrellone, ma poi si addormentano con il movimento cadenzato degli animali. Quando percorrono la pianura, i mulattieri ne approfittano per guadagnare più distanza in minor tempo; quando il terreno inizierà a salire ripidamente diventerà molto più lento, a passo d'uomo. Passando Llay Llay fanno l'accampamento per la prima notte; dopo San Felipe il secondo.

—Bisogna fermarsi alla stazione di Los Andes!

—Perché mai alla stazione? —risponde la maggior parte della gente, sorpresa— Cosa c'entrano i treni con noi?

—Il caso è che ci si deve *vaccinaaar* per passar dall'altra parte —spiega il mulattiere che gli aveva legato l'ombrello—. Alcuni di noi l'abbiamo già fatto, ma voi, le famiglie, dovete farlo, altrimenti lassù non vi faranno passare.

—Ricordo che nel servizio militare ci hanno fatto un vaccino —commenta Juan in alta voce con altri uomini.

—Certo, il vaiolo, *don* Juan. Lei dovrebbe vedere come stanno quelli che se ne salvano, che sono pochi: marcati e perfino ciechi, poveretti. Sembra che ai nativi di qui prenda più forte. E dicono che a molti che vengono sulle navi non prenda più, o in forma più lieve.

Siamo in un momento in cui l'Argentina sta combattendo contro la diffusione del vaiolo, una malattia maledetta che può essere mortale per i non vaccinati, e può distruggere interi gruppi, come nel caso delle comunità originarie di indios, relegate alla segregazione sociale e talvolta all'oblio.

La stanza del pronto soccorso, utilizzata anche per vaccinare i viaggiatori, si trova nella parte costruita della ferrovia, a cui si accede anche da un campo aperto, dove, su indicazione dei mulattieri, le persone scendono dai muli e si allineano all'esterno della colorata costruzione in legno con i tetti spioventi. Poi passano: prima il capofamiglia, poi ogni madre con i suoi figli. Danno loro un attestato firmato e timbrato a persona, che il Governo argentino, anni prima, ha iniziato a richiedere alle persone che vogliono entrare nel territorio via terra, poiché chi arriva al porto di Buenos Aires viene vaccinato dal Ministero della Salute argentino.

—Ma il neonato è ancora troppo piccolo per essere vaccinato —dice Francisca.

—Al bimbo no signora, ma a Lei si, in caso contrario non la faranno passare lassù —risponde l'infermiere.

—Ma... lui al momento prende il mio latte.

—Non si preoccupi, il bimbo è già grande, quanti mesi ha, sei, sette?

—Sta per compierne sei.

—Ah, il bambino è forte!

Il Sud America, a questo punto, ha già avuto diverse epidemie di vaiolo, che si verificano ciclicamente e producono disastri, soprattutto negli ambienti più umili di autoctoni non vaccinati, anche dove le famiglie vivono in uno stato di sovraffollamento o in scarse condizioni igieniche. In Europa c'è una vaccinazione abbastanza diffusa, promossa dai governi. Sebbene molti degli europei che arrivano nel Paese siano già vaccinati, per motivi di sicurezza devono essere rivaccinati.

Francisca viaggia su un altro mulo, cavalcando come è consuetudine per le donne: il corpo intero verso un lato dell'animale. Farlo a cavalcioni, in maniera maschile, essendo una signora, sarebbe stato molto disapprovato, al punto che è preferibile sopportare eventuali dolori alla schiena. Porta in braccio il bambino e lo allatta senza interrompere il viaggio. Le gambe dei muli si appoggiano con grande sicurezza sulle diverse altezze del suolo, uno, due, uno, due, in un eterno dondolio. *Clac, clac, trac, trac...* e voci di bambini sotto l'ombrellone. La polvere aderisce alla pelle e ai vestiti. E poi, tra gli odori delle erbe e degli escrementi di animali, arrivano raffiche di vento fresco che purificano perfino l'anima. A volte vedono i condor guardare dall'alto, magnifiche creature che possiedono il cielo. Durante la traversata bevono acqua da una botte, con una cannuccia. C'è una mucca da latte e tre o quattro capre. La carovana sfrutta le solide buche nelle rocce, per riposarsi all'ombra. Per dormire, i mulattieri fanno un grande cerchio di fuoco; all'interno di questo fanno un altro cerchio coi muli, il resto degli animali e i due carri, e infine al centro le persone sono sistemate in grandi tende, che alla piccola Julia, con i suoi quattro anni, sembrano caverne nere illuminate da candele, dove gli spettri della notte si trasformano in fate buone con il dolce canto di Francisca. È la stessa canzone che sua madre le cantava per addormentarsi.

—Mamma, voglio dell'acqua... ho freddo... mi fa male la testa —un giorno si cominciano a sentire le lagnanze dei bambini della carovana. Il bambino allattato al seno sembra stare bene. Francisca lo lascia in una culla improvvisata, appeso al lato dove il mulo proietta la sua ombra; il mulo continua a camminare da solo, mentre lei accompagna a piedi il mulo delle figlie. Le bambine hanno la febbre. Francisca mette dei panni bagnati sulla loro fronte e le tiene al caldo. Quella notte le famiglie si accampano per mangiare e dormire, ma nessuno è calmo, per via delle lamentele dei bambini.

I D'Almeida sono destinati ad affrontare prove durissime. Tuttavia, nessuna finora è stata così difficile come quella che dovranno vivere in quel viaggio. Il giorno successivo, tutti e quattro i bambini hanno sintomi di febbre tifoide. Siamo nel 1915! Il tifo è un mostro! Se sei forte resisti, se non lo sei, muori. Non esiste un vaccino per prevenirlo, né antibiotici per curarlo. Nessuno sa cosa abbia causato le febbri in quasi tutti i bambini della carovana. Poco dopo si ammala pure Juancito, il bambino, che si nutre solo del latte materno.

Sei anni prima, un ricercatore medico di nome Charles Nicoll, che lavorava all'Istituto Pasteur di Tunisi, aveva scoperto che il tifo si trasmetteva attraverso il pidocchio e altri minuscoli animali parassiti, ma quell'informazione veniva gestita solo in circoli medici, molto lontani da quell'ambiente di mulattieri e paesani ingenui. Quando questo non era ancora noto, la comparsa del tifo era considerata una piaga maledetta, impossibile da prevedere, impossibile da curare, a meno che il paziente non resistesse, e solo se mantenuto sotto sorveglianza medica e idratato. La malattia si presentava all'improvviso, e attaccava gruppi di persone soggette a condizioni estreme di sovraffollamento, guerra, disordini sociali o fame. Aveva decimato le truppe di Napoleone Bonaparte con una violenza più forte di mille spade. I malati, oltre a febbri e stati di delirio, soffrivano di congestione dei lineamenti, la lingua diventava nera e secca. Molte volte morivano a causa dell'abbandono cui erano sottoposti dalle persone che li trovavano sul loro cammino. Questi ultimi, inorriditi dalla possibilità del contagio, li lasciavano soli nella loro disgrazia, in mezzo a una sorta di psicosi collettiva, che si aggiungeva alla disperazione e alle carenze derivanti dalla guerra. Il fetore emanato dagli abiti che erano stati a contatto con i malati faceva ribrezzo a quelli abbastanza sfortunati da trovarsi in una zona epidemica. Lamenti per mal di testa e coliche, fetore di diarrea e tosse violenta erano le voci e gli odori che si sentivano nell'ambiente quando la peste devastava i luoghi soggetti a condizioni di contagio. Il tifo era una minaccia globale che non era ancora sotto controllo, né lo sarebbe stata per molti anni. Ricordiamo che siamo nel 1915, anno in cui morì di tifo in Russia l'austriaco Prowazek, uno dei medici che portarono avanti la battaglia contro l'epidemia, e in onore del quale fu poi chiamato il microbo del tifo, quando si riuscì ad isolarlo. Questo "onore" fu condiviso con un medico americano, Ricketts, che in Messico, nel 1910, partecipando alla ricerca in materia, aveva contratto l'infezione e perso la sua vita. Quando l'epidemia esplode con tutte le sue forze, è estremamente aggressiva. Pochi anni dopo, dal 1919 al 1922, durante la Rivoluzione Russa, tra i venti e i trenta milioni di persone sarebbero state attaccate da questo patogeno killer, che avrebbe provocato milioni di morti. Siamo molto lontani dal 1932, quando fu messo a punto il vaccino; più precisamente dal 1947, anno in cui il cloramfenicolo fu usato per la prima volta per combattere la febbre tifoide.

I D'Almeida ignorano questo panorama cupo e scoraggiante. Indubbiamente, l'ingenuità mantiene salda la loro speranza.

I primi sintomi dei bambini iniziano a farsi notare circa undici giorni dopo la partenza: febbre alta, perdita di appetito e inizio di disidratazione. Poco dopo, sui loro corpi compaiono strane macchie rosse. Quando Francisca se ne rende conto, pensa che sia una specie di eruzione cutanea, comune nei bambini, quindi si precipita a mantenerli idratati. Julia chiede dell'acqua a suo padre, ma quando vede che sta per tirarla fuori dalla botte, si arrabbia e dice che quello che vuole è soltanto l'acqua che scende dalla montagna come un nastro.

—Piccola mia, se potessi te la darei —dice Juan—. Julia non sa che sta chiedendo a suo padre, nientemeno che uno dei fiumi che lo scioglimento dei ghiacci dipinge in cima alla catena montuosa, probabilmente uno degli affluenti del Río[7] de Las Cuevas. Juan risponde la stessa cosa quando la ragazza vuole per lei il piccolo santo che si vede in lontananza sulla montagna. In così tenera età, Julia non ha ancora assimilato il concetto di dimensione in relazione alla distanza, e chiede niente di meno che il grande Cristo Redentore.

Oggi il viaggio via terra tra Cile e Argentina avviene attraverso un comodo tunnel d'alta quota, ma a quei tempi bisognava salire a grandi altezze per attraversare la cordigliera, passando molto vicino a quel monumento leggendario, sferzato dai gelidi venti montani.

Il Cristo Redentore, torreggiante e imponente, che si dice sia stato realizzato con il bronzo di cannoni storici, era stato inaugurato undici anni prima, nel 1904, per ricordare ad argentini e cileni che erano fratelli. Sul suo piedistallo avevano scritto: "Queste montagne crolleranno prima che cileni e argentini rompano la pace giurata ai piedi del Cristo Redentore". Lassù, anche d'estate, la violenza dei venti gelidi e il paesaggio imponente ci fanno pensare di essere parte di un tutto infinitamente potente. Tale è la piccolezza che l'uomo prova, a più di 3800 metri di altezza, indifeso e solo, di fronte a quell'impatto per i sensi.

Le persone della spedizione che non conoscevano queste storie erano istruite dai mulattieri, guide efficienti in quelle solitudini. Tutti stavano imparando qualcosa sulla nuova terra, mostrata con grande orgoglio agli stranieri. Di

---

[7] Fiume

notte, all'interno del cerchio di fuoco, affioravano altre memorie collettive: di miracoli e di paure, dei "santi" protettori e degli "spettri"che seminavano di misteri il cammino.

Quando scoprirono i primi disagi e febbri nei bambini, iniziarono a chiedersi quale potesse essere stata l'origine del contagio. Bevevano tutti l'acqua dalla botte, ma solo i minori erano malati. Quindi non diffidavano dell'acqua. Il focus primario dell'infezione non fu mai chiarito, ma potrebbe essere stato il latte che i bambini bevevano direttamente dalla mucca portata dai mulattieri. Finora non avevano fatto bollire quel latte, facendo affidamento sulla sua freschezza. Certi principi di igiene oggi conosciuti, e i cui dettami sono invariabilmente praticati, non erano allora presi in considerazione. Quanto meglio sarebbe stato bere il latte schiumante "ai piedi della mucca"! Ma, se la mucca fosse stata malata, morsa dai parassiti trasmittenti: pidocchi, ragni, pulci, zanzare, avrebbe potuto facilmente trasportare il bacillo del tifo nel suo latte e trasmetterlo. Il bambino era allattato solo dal seno della madre, ma potrebbe essere stato infettato dalle sorelline attraverso le mucose delle bambine. Se la causa fosse stata la presenza di parassiti trasmettitori, si sarebbe generato un focolaio epidemico, tutti si sarebbero ammalati, poiché pidocchi, pulci e acari non risparmiano nessuno, con rare eccezioni, venendo individuati solo quando hanno già causato il prurito dei morsi. In questo caso, le persone, ignare del pericolo imminente, si sarebbero istintivamente grattate, aiutando così a introdurre il bacillo nel loro corpo.

Con i bambini febbricitanti, ma senza altra alternativa che proseguire, cominciano a scendere dalla montagna diretti a Uspallata; hanno intenzione di scendere per la vecchia strada a Villavicencio. I muli camminano soli, sembra che conoscano a memoria le pietre, tante volte sentite sotto i loro resistenti zoccoli; l'ondeggiare ha addormentato tutti, anche una signora che cavalca un mulo più avanti e la sua piccola figlia, che si tiene stretta alla vita della madre, incastrata tra dei fagotti. Stanno attraversando un tratto di cornicione, non molto stretto, non così stretto da ispirare cautela. Julia si sveglia dai deliri della febbre, solo per vedere che la ragazza, apparentemente addormentata, scivola giù dal mulo, rotola per l'inerzia dello scivolo e cade nel precipizio, senza che nessuno si accorga dell'accaduto, nel silenzio del primo pomeriggio. Se ne rende conto prima che lo faccia la madre della bambina, e inizia ad avvertire come può, urlando disperatamente, ma all'inizio nessuno le presta attenzione, perché nello stesso tempo un tuono e un fulmine rompono improvvisamente la calma. La donna reagisce d'istinto, probabilmente spinta dal mancato abbraccio spaventato della figlia a causa del tuono; si sveglia dal suo letargo, prende coscienza della situazione e inizia a urlare di terrore. I mulattieri si mobilitano immediatamente credendo di aver perso la ragazza: fermano la carovana, e diversi di loro iniziano a scendere dalle scogliere per recuperare il corpo. Ma, a quanto pare, è viva per miracolo, la trovano lì, aggrappata ad alcuni cespugli. Le quantità di stoffe e i cappelli che si usano per gli abiti delle donne in questi anni proteggono il corpo della ragazza come un soffice materasso e la sorreggono tra i rovi, finché la poveretta, spaventata e con la febbre, riesce ad aggrapparsi ad alcuni rami, per evitare la caduta fatale di venti metri. La madre piange con gratitudine quando i mulattieri gliela restituiscono salva, un po' ferita, ma viva.

Il giorno successivo scoppia un violento acquazzone che li costringe a fermarsi e ad improvvisare un rifugio per la gente. La forza del vento è tale da spezzare il bastone che tiene l'ombrello delle ragazze De Almeida. I mulattieri legano il vecchio ombrello con due fascette metalliche, sovrapponendo di buona luce le due parti del palo e, ovviamente, il tetto scende così tanto che non si vede quasi nulla. Inizia la notte eterna per le piccole viaggiatrici: più di una settimana sotto l'ombrellone, da dove escono solo per dormire. Julia sbircia attraverso la fessura di otto pollici tra la cassa e l'ombrello, aspettando il momento in cui potrà liberarsi da quella prigione. Per passare il tempo, incoraggia Clara a cantare con lei vecchie filastrocche portoghesi, insegnate loro da Francisca. Ecco perché l'arrivo imminente è così felice per le due figlie maggiori.

La piccola Julia e sua sorella Clara sembrano aver superato la malattia, anzi, sembra che la malattia non le abbia colpite con tanta violenza. Al contrario, Emilia, di quasi due anni, e Juancito, il bambino, peggiorano sempre di più. Francisca e Juan si prendono cura di loro, li nutrono e li idratano con grande difficoltà. I piccoli non smettono di piangere, il bambino ha le coliche, sono completamente macchiati, congestionati; la lingua di Emilia, la terza, è indurita, la sua bocca è secca, tossisce violentemente, non vuole né può mangiare; riescono solo a farla bere. Il piccoletto non ha la forza di succhiare il latte, gli danno dei liquidi con un cucchiaio. Francisca guarda dietro di sé quelle montagne immense, pietrose, imponenti, implorando quel Cristo lassù, che non si vede più.

Entrano nella città di Mendoza da nord il 15 dicembre. È mezza estate. Giornate calde si alternano a notti fresche in una Mendoza dall'aria pulita. Julia osserva i mulattieri salire sui muli per raggiungere gli alberi, tirare fuori i loro coltelli e tagliare i fichi d'India, che regalano prima alle mamme e poi ai bambini. In Europa Francisca li ha visti solo una volta in un mercato, ma non li ha mai assaggiati: gli europei li chiamano "fichi delle Indie", ed è chiaro, perché nei primi giorni dalla scoperta dell'America, si pensava che Colombo avesse raggiunto l'India. La nostra Giulia li mangia avidamente, godendone la freschezza e il gusto appena conosciuto.

Da poco arrivati, l'intera carovana viene controllata in una specie di pronto soccorso, dove, con grande allarme, confermano, sulla base dei sintomi, la diagnosi di tifo nei bambini. Raccomandando un certo rimedio che danno ai malati di questo male: passare panni imbevuti di aceto canforato sui loro corpi e tenerli caldi e immobili, facendogli bere certe tisane miracolose.

Già di notte, soggiornando in una stanza di una pensione, due fratelli De Almeida lottano febbrilmente contro la morte, che sembra in agguato senza arrendersi. Sono i più giovani: Emilia e Juancito. Il bambino sembra avere muco abbondante e congiuntivite; il cattivo odore viene dal suo corpicino e dai suoi vestiti, anche se lo puliscono.

Quando le cure antibiotiche non erano ancora state scoperte, i medici, non sapendo come agire contro le cause dei mali, si affidavano al trattamento dei sintomi, per alleviare le sofferenze e rafforzare così l'ottimismo dei malati, fondamentale per arrestare l'avanzata delle malattie. Consigliavano infusi di china e unguenti all'aceto canforato per disinfettare la pelle, e si adoperavano per tenere il paziente immobile e caldo. Per molto tempo c'è stata una corrente di medici che cercavano di risolvere qualsiasi problema di salute con ventose, sanguisughe, emetici e, nel caso del tifo, molti applicavano ai malati la pelle di un animale che era stato scuoiato mentre era ancora vivo.

Francisca e Juan fanno tutto ciò che dettano le loro possibilità e il loro buon senso. Dopo diverse ore di veglia controllando la respirazione e il sonno dei bambini, Francisca accetta l'idea che i suoi figli saranno salvati solo per miracolo. Per la piccola Emilia quel miracolo è compiuto, il destino vuole che viva. Francisca la vede migliorare con il passare delle ore. Ma sente che sta perdendo Juancito, non c'è modo di svegliarlo, respira a fatica. Entra in un torpore senza ritorno, e muore il giorno dopo, bagnato dalle lacrime dei suoi genitori. Julia non dimenticherà mai l'immagine del fratello morto, avvolto nelle lenzuola bianche. Sembra addormentato, calmo, felice.

Prima, Julia non capisce bene perché gli adulti piangano così tanto, finché il giorno dopo, non vedendolo, inizia a sentire la sua mancanza. Le spiegano che il fratellino è andato in paradiso trasformato in un angioletto, che da lì si prende cura di lei. La piccola, che ha quattro anni, dice che non vuole un angioletto ma un fratellino che si possa vedere e toccare. E sente, senza riuscire a dirlo a parole: "Preferisco che stia con me, anche se urla e monopolizza mia madre". Sente il vuoto angosciante, lì comprende la verità e piange pure lei. Lo seppelliscono dentro una piccola bara celeste con i fiocchi. Francisca quel giorno versa così tante lacrime che pensa di averle esaurite. Ma non sarà così: continuerà a piangere per il figlio morto, con il cuore straziato. Juan, impegnato nelle sue attività di uomo, si morde la lingua per non lasciarsi sfuggire lo scintillio dagli occhi, quando pensa alle conversazioni che aveva programmato di intrattenere con il suo ometto, in ciascuno dei giorni felici di una lunga vita che non è mai stata. Il senso di colpa non manca, si rimprovera la decisione di avere intrapreso un simile viaggio, sommato all'impotenza di sentirsi come una foglia al vento, in quel mondo immenso.

Julia si stupisce di tutto: il sole così splendente, il cielo così terso, gli alberi pieni di foglie all'interno della città, i sottili canali d'irrigazione che sono come ruscelli che costeggiano ambo i lati delle strade, e gli uccelli, che hanno un canto diverso in questo nuovo posto. Le sembra perfino che i fiori della piazza abbiano delle faccine sorridenti. Sono arrivati nel 1915, un momento difficile per la classe operaia del popolo argentino. In tutto il mondo c'è il fantasma della fame, la carestia della Guerra. Di conseguenza, l'Argentina, anche con politiche che indirizzano i flussi migratori, riceve più stranieri di quanti il suo sistema economico possa assorbire senza deteriorarsi, processo che, di fatto, ha l'effetto negativo di ridurre il valore del lavoro. Già nel 1915 questo fenomeno consolidato preoccupa seriamente i governanti ben intenzionati, oltre che il popolo stesso, mentre l'oligarchia e i suoi personaggi flemmatici si bagnano nel grasso brodo dell'abbondanza. Non sarà facile per Juan e Francisca.

Dopo aver attraversato le Ande a dorso di mulo, dopo aver perso il loro fratellino, Julia, Clara ed Emilia, le tre ragazze "De Almeida", sono magre e deboli, ma vive, nonostante il flagello della febbre. Il Cile, loro paese natale per puro caso, è stato relegato in un assoluto passato. Sono appena entrate in una nuova terra: Mendoza.

ARACHIDI, UVE E ACQUA SALATA

I D'Almeida si stabilirono a Corralitos, in qualità di lavoratori agricoli. Juan comprò una capra da latte per nutrire le ragazze. Julia decise il suo nome: *Chinita*. Era della migliore qualità, dava un ottimo latte, i suoi lunghi peli, chiamati *chillos* dagli allevatori, arrivavano fino a terra. Adottarono anche un cane randagio che decisero di chiamare Titira.

 —Oh, Juan! Potremo almeno produrre il nostro proprio latte e le uova! —ripeteva Francisca, felice perché avrebbero avuto alimenti buoni per crescere le tre figlie.

 A forza di semolino con latte e zucchero si ripresero dalla convalescenza e diventarono rosee. Il padrone di Juan coltivava arachidi e allevava maiali, tacchini e conigli. C'erano alcuni vigneti vicino alla casa, ma in quegli anni la provincia di Mendoza soffriva di una crisi di eccesso di vino, che incoraggiava i produttori a diversificare le loro colture. Ecco perché le arachidi davano la possibilità di assumere famiglie contadine. Dalle case degli operai si vedeva un palo altissimo, su di esso il padrone alzava una bandiera rossa per delimitare l'orario della giornata lavorativa. Julia collaborava con suo padre. Affinché potesse riposare nel suo pisolino, la ragazza si sedeva fuori con gli occhi fissi sull'alto fusto, che era a trecento metri di distanza. Il suo compito era svegliarlo quando vedeva alzarsi la bandierina rossa.

È in questi campi che Francisca, con tre creature da crescere e un'altra in arrivo, ha ancora dei momenti per guardare dalla finestra di casa la sua infanzia, ricordando quanti anni fa...? poco più di quindici...? le sue amate foreste, la voce di sua madre e le risate delle sue sorelle. Vede gli occhi scuri di Julia che divorano avidamente i suoi ricordi, per non dimenticarli mai. Racconta quello che può capire una bambina di quattro anni, sa che vorrà riascoltarlo più avanti. Con il tempo vedrà la maturità mutevole di Julia nei suoi silenzi, nelle sue domande e nelle sue conclusioni.

Un giorno, Juan arriva dalla giornata in campagna e percepisce un trambusto diverso da quello di tutti i giorni. Julia non sta giocando fuori; non si vede nemmeno la cagnolina, che quasi sempre festeggia il suo arrivo con l'abbaiare. La porta della casa è socchiusa, si sentono voci che vengono dall'interno. Quando si affaccia dalla finestra, vede che due delle loro vicine più strette stanno preparando la zuppa, ma appena entra capisce, perché alla sua sinistra, dalla porta aperta della camera da letto, può vedere Francisca a letto, viziata, accudita e protetta da un'altra vicina, e una infilata di vicini e bambini, al quale si è aggiunto un altro, appena nato.

È che, nel 1916, un anno dopo la morte del primo Juancito, Francisca partorisce un altro figlio. Lo chiamano Juan, dal nome del loro figlio defunto, per avere in famiglia un maschio che porti il nome del padre. Francisca crede che Dio abbia mandato il bambino a riempire in parte il vuoto lasciato dal primo Juancito quando morì.

Il secondo Juancito sembra essere identico al Juan che Francisca aveva conosciuto da bambina nelle pinete del Portogallo. Lo stesso naso all'insù, la stessa pelle bianca e gli stessi occhi castani. È un bambino normale, in buona salute. Sta già mangiando la sua purea di verdure, quando un pomeriggio comincia a piangere molto, come se provasse coliche di bambini per un cibo che gli ha fatto male. Come ogni malattia dei piccoli in campagna, va curato con i rimedi casalinghi conosciuti tra i paesani. Anche altri bambini della zona soffrono problemi digestivi con diarrea e febbre, molti sopravvivono, ma il secondo Juancito passa appena sei mesi di vita e muore. Questo lascia ancora una volta Juan e Francisca sconcertati e tristi. Scoppiano in lacrime, e si chiedono perché mai il destino li abbia condannati a perdere i loro figli maschi.

Il tasso di mortalità infantile è elevato. Le famiglie hanno molti figli, perché alcuni inevitabilmente muoiono prima di poter parlare o camminare, e perché queste braccia sono finalmente considerate un altro pilastro di sostegno dell'economia familiare. Inoltre, se il Signore li invia, sono voluti e accolti. In campagna sono così indifesi, vulnerabili all'acqua dei pozzi, che può essere contaminata, lontani dai centri sanitari, circondati da superstizioni e leggende che li espongono a pratiche di ciarlataneria ben intenzionate, ma di rado riuscite.

Ancora piangendo, Francisca ha la nausea: un'altra volta il seme della vita pulsa nel suo grembo. Dopo pochi mesi, nel 1918, nasce il terzo maschio. I vicini convincono Francisca quanto sarebbe fatale per il bambino chiamarsi Juan, con due piccoli morti caricati sulla schiena, che forse, gelosi del suo nome, vorrebbero portarlo a giocare nel paese degli angioletti. Troppo peso per un solo bambino. Francisca teme questa maledizione. Ecco perché lo chiamano Antonio, come il padre di Francisca.

Antonio è un sole dal viso tondo e dal sorriso dolce, che tiene molto occupata sua madre perché vuole sempre stare in braccio a qualcuno, ridere con qualcuno e aggrapparsi a dita e capelli con le sue manine forti. Quando nasce, Julia ha già sette anni, e aiuta molto nei compiti più leggeri in casa, lo fa quasi come un gioco, in modo che Francisca possa allattare il nuovo membro della famiglia. Julia è molto contenta di vedere di nuovo felice sua madre.

Juan ha un po' di difficoltà a fare di nuovo progetti per il futuro con quel figlio tanto desiderato. Diffida della propria fortuna. Non vuole rischiare di rivivere il dolore delle altre due perdite; quindi, nel suo interno decide segretamente di vivere solo il momento, senza illusioni, senza pensare al futuro. Ma il bambino va affascinando tutti con il suo sorriso, la sua infinita voglia di giocare, il suo desiderio permanente di essere in movimento, i suoi baci appiccicosi, le sue piccole conquiste quotidiane come una parola, un dente nuovo, i suoi primi passi, l'abbandono del pannolino, i dolcissimi abbracci d'affetto.

E quando ha conquistato le illusioni di Juan, quando ha già ottenuto la devozione incondizionata di Francisca, quando è diventato un giocattolo insostituibile per le sue sorelle, quando è l'angelo più adorato e il diavoletto più temuto, muore, così, senza dare tempo per abituarsi all'idea, due anni dopo la nascita. Ancora quel tormento.

Juan vaga per i campi solo e impotente, non comprendendo la sua cattiva stella, cercando nel suo passato qualche colpa che lo renda degno di tanto dolore, poi torna a casa per sostenere lo spirito della moglie, che ha molto bisogno di lui. Francisca, dentro, è lacerata dalla tristezza. Diventa uno straccio fatto a pezzi, che inghiottisce le proprie lacrime senza trovare conforto. Le bambine la vedono piangere giorni e giorni, mesi. Piange tanto che inizia a soffrire la perdita della vista. Così Juan prende la decisione di portarla da un medico lontano da lì, nella capitale Mendoza.

È un lungo viaggio, e significa un'assenza di un'intera giornata, dall'alba alla notte. Julia, Clara ed Emilia, intanto, rimangono sole. Hanno nove, otto e sette anni. Proprio quel giorno non c'è nessuno che si possa prendere cura di loro. I genitori confidano ad un vicino che andranno dal dottore, e poi lasciano una grande pentola di tagliatelle bollite in modo che le ragazze, ancora piccole, abbiano da mangiare. All'inizio svolgono i loro compiti e giocano senza dare importanza al cibo, anzi guardandolo con un certo disprezzo, perché a loro non piacciono molto le tagliatelle in bianco. Ma, col passare delle ore la fame le raggiunge. Piomba la notte, e cominciano a guardare la pasta con la coda dell'occhio, finché giungono alla conclusione che non esista cibo più squisito al mondo di quelle tagliatelle, e le divorano, aspettando l'arrivo dei loro genitori.

L'oculista ordina a Francisca di smettere di piangere, perché le lacrime le stanno bruciando gli occhi: se non lo farà, molto presto la sua vista potrebbe essere irrimediabilmente compromessa. Nessuno può immaginare il dolore di una madre che in quattro anni perde tre figli, uno dopo l'altro. Questa madre dovrà mangiare le sue lacrime e costringersi ad essere felice, malgrado le disgrazie.

Nonostante Francisca avesse pensato in cuor suo che sarebbe stato meglio non avere più figli, Dio mise ancora in lei la speranza, sotto forma di una pancia tonda di mamma in attesa. In un mezzogiorno piovoso, tra i vicini che correvano e il rumore dell'acqua che cadeva a torrenti sulle piantagioni, mentre tutti avevano molta paura che fosse un maschietto, arrivò María, una bambina con la faccina rotonda, paffuta, rosea come un fiore appena nato. Correva l'anno 1920.

A quel tempo, i guaritori e i rimedi casalinghi erano l'unica medicina a disposizione dei contadini. Una delle procedure consigliate dalle vecchie consisteva nel prendere un pulcino appena nato, aprirlo in basso dalla coda al becco e porlo sul petto del bambino, come un impiastro curativo. Una volta Julia si ammalò di congiuntivite a un occhio, e le misero dei cataplasmi fatti di *fique*, un'alta pianta fibrosa che cresceva lì vicino, che solitamente veniva usata come topico per curare i foruncoli e per eliminare i pidocchi dei cavalli. L'occhio peggiorò così tanto che dovettero estrarre immediatamente l'impiastro e lasciarlo guarire da solo. In quell'ambiente rurale di immigrati poveri, le malattie dei bambini erano tutte classificate come "indigestioni". I rimedi erano di solito consigliati dalle donne della zona, che li avevano imparati dalle nonne, o forse li avevano inventati.

Francisca osservava la serenità di Julia, così responsabile e protettiva nei confronti delle sorelle da ricordarle Amelia, la sua sorella maggiore. Anche le birichinate di Clara, la seconda, le facevano ricordare Ana, la sua seconda sorella. Clara era simile ad Ana, specialista nel divertirsi e nel mettersi nei guai. Emilia era tenera, delicata come un fiore, con un carattere un po' più sensibile. Maria, la piccola, stava crescendo forte.

In quegli anni Francisca aveva già la sua macchinetta da cucire, senza pedale, con una manovella che si girava con la mano destra, mentre con la sinistra si teneva la stoffa. Le ragazze litigavano per girare la manovella. In Portogallo, sua madre, da bambina, le aveva insegnato a fare delle belle camicie, e lei non l'aveva dimenticato, così con quella macchina cuciva i vestiti per tutti, comprese le camicie di Juan.

L'acqua di Corralitos veniva attinta da un pozzo. Ne usciva eccessivamente salata e dura. Le donne avevano difficoltà a fare schiuma col bucato. Francisca ricordava quando in Portogallo le lavandaie andavano al fiume con le loro ceste di panni e lavavano nell'acqua cristallina, mentre cantavano. Conservava nel cuore la speranza di raggiungere il Brasile; mentre era in quei pensieri, arrivò un giorno Juan con la proposta che gli era stata fatta. Nella più importante azienda agricola di Santa Blanca, di proprietà di *don* Gustavo André, cercavano persone che si prendessero cura degli alberi da frutto, mettessero a dimora nuovi vigneti e mantenessero quelli che già avevano. Juan doveva costruirsi una casetta per viverci con la sua famiglia, ma la paga era buona, dicevano che l'acqua era delle migliori, ed era entusiasta dell'idea di creare un vigneto da zero.

I RODRÍGUEZ DI CENTENARIO

San Martín, Mendoza, 1907. Forse basta dire questo per definire l'ambiente in cui emerse la crudeltà inflitta a Benito a scuola, per ignoranza, per invidia. Benito Rodríguez andò a casa e disse a sua madre:

—Mamma, se "Lei" vuole studiare, vada pure, per quanto riguarda me, non tornerò mai più a scuola.

Passarono diversi giorni prima che il dodicenne Benito avesse il coraggio di raccontare dettagliatamente ai suoi genitori l'ingiustizia che aveva dovuto vivere a scuola, e a quel punto se ne andava già la mattina come aiutante di suo padre.

In seguito, iniziò a fare l'apprendista, come era consuetudine prima. Tuttavia, quando poteva, si procurava dei libri e divorava le storie che gli capitavano. Durante l'adolescenza e la giovinezza si cimentò in vari rami, ma quello a cui si dedicò con passione fu la muratura. Benito costruiva case, non solo perché gli piaceva molto, ma anche per ritagliarsi un futuro, e perché non aveva mai rinunciato all'idea di andare a Buenos Aires a cercare il fratello perduto. Fin da giovanissimo si occupava di contribuire all'economia familiare. Quando riscuoteva i suoi soldi, dava a sua madre la banconota di valore più alto. Lei la metteva nel profondo taschino del grembiule e diceva al figlio: "Nito, questo sarà per comprare casa", poi la faceva bastare per tutto.

Passarono poco più di dieci anni dal loro arrivo in Argentina. A quel tempo, con molto sacrificio, la famiglia era riuscita ad acquistare mezzo ettaro di terreno in località "El Centenario", così chiamata perché quella lottizzazione con diritti d'acqua era stata fatta nel 1910, anno del centenario della Rivoluzione di Maggio. Si trovava, come ancora oggi, a circa due chilometri dal centro del capoluogo di San Martín, ad est. Così la famiglia si stava avvicinando alla vita urbana, mentre allo stesso tempo otteneva un po' di terra per piantare alberi da frutto e per continuare ad avere le amate galline ovaiole di Benita. Non appena Benito acquisì l'aspetto e la posizione di un uomo maturo, comprò un biglietto per il treno e si recò nel cuore della grande città di Buenos Aires, convinto che almeno qualcuno avrebbe dovuto spiegare la scomparsa del fratello.

Quando Benito giunse a Buenos Aires, impressionato dall'apparato cittadino travolgente, iniziò la sua indagine nella Casa *Cuna,* orfanotrofio per i neonati, dove, ovviamente, non gli dissero nulla di particolare. Quel tetro rifugio, dove erano stati ospitati per i primi due giorni dopo il loro arrivo, era già una baracca abbandonata. L'avevano sostituito con un nuovo edificio molto confortevole chiamato *Hotel de Inmigrantes*. Si recò lì per richiedere i registri di sbarco, dove trovò il nome di suo fratello. Chiese alle autorità i registri del ricovero di sua madre. Sembrava che fosse entrata da sola. Poiché suo padre aveva dato il nome del bambino all'atto della registrazione all'arrivo, oltre a quello di ciascun membro della famiglia, si presumeva che il bambino fosse stato con lui, e quindi nessuno ne fu ritenuto responsabile. Proseguì l'indagine negli enti pubblici, esaminò i registri dell'epoca e trovò gli indirizzi di personaggi influenti. Prese contatto con un avvocato che si occupava di indagini private. Aveva con sé una fotografia di sé stesso e dei suoi fratelli, da bambini, nel caso qualcuno potesse dare qualche dato basandosi sulla somiglianza fisica: bianchi, biondissimi in tenera età, i loro capelli erano castano chiaro quando erano grandicelli, con guance rosee e occhi castani. Bussò a cento porte, ma non ottenne niente. A quanto pareva, chi aveva rubato Antoñito aveva pure fatto molta attenzione a non lasciare tracce. Alla fine, quando aveva ancora la forza e anche qualche soldo per andare avanti, lo stesso avvocato lo fece desistere. Gli disse che sarebbe stato impossibile trovare un bambino di dieci o undici anni in quelle condizioni, a meno che qualcuno, come protagonista, testimone del delitto o parente del delinquente, non avesse fornito un dato cruciale, il che sarebbe improbabile, dal momento che si sarebbe condannato lui stesso. La ricerca fu pubblicizzata in ambienti in cui si poteva conoscere qualche risposta, ma nessuno aveva potuto o voluto fornire alcuna informazione. Era passato tanto tempo, dieci anni da quel convulso 1907 in cui suo fratello era stato rapito. Sarebbe già irriconoscibile, forse assomiglierebbe a lui o agli altri suoi fratelli... oppure no, chissà che vita gli avrebbero dato fino a quel momento, o se si troverebbe addirittura nella capitale. L'ondata di affamati, maltrattati dagli effetti della Guerra Mondiale, non smetteva di arrivare in Argentina. Buenos Aires soffriva di caos sociale, e venivano redatte leggi per respingere gli immigrati, mentre le famiglie benestanti si tenevano sempre fuori dagli alti e bassi economici.

—È molto probabile che il ragazzo, essendo bianchissimo e biondo, sia stato ambito, ben venduto per essere cresciuto come suo figlio da qualche famiglia benestante, che gli avrà dato una buona educazione, studio, una posizione sociale agiata —gli disse l'investigatore, basandosi sull'accoglienza favorevole verso i gruppi etnici di colore chiaro—, non ha senso che continui a spendere i suoi soldi per trovarlo; se non l'abbiamo ancora trovato, non credo che lo faremo mai.

All'inizio Benito pensò che questo avvocato potesse aver già trovato suo fratello e stesse facendo il doppio gioco, ma dopo aver riflettuto, data l'incertezza, decise di accettare che il destino gli avesse messo di fronte un uomo buono, che gli stava facendo risparmiare denaro e frustrazione. Il suo spirito resiliente avrebbe aiutato Benito a colmare il vuoto, ma non sarebbe mai guarito dalla sfiducia verso gli ambienti sconosciuti.

Oltre ai tre arrivati dalla Spagna: Benito, Juan e María, il figlio morto e quello rapito, a Mendoza Benita ebbe altri cinque figli. Due morirono giovanissimi. Vissero Wenceslao (Lao), Aureliano (Nano) e Benigno (Nino). Il nome di quest'ultimo si presta a confusione con quello del primo: Benito Benigno, il nostro Benito; tuttavia, è così che li chiamavano, era consuetudine. È già noto che, nel tempo, i tratti della personalità si intensificano. Ebbene, l'istinto materno e il buon senso di Benita diventarono sempre più forti. Inoltre, le rimase il dono di produrre piccoli miracoli artigianali in casa, e ripensava con grande amore a quando realizzava i propri tessuti con il lino che produceva nella sua nativa Monsagro.

La famiglia Rodríguez costruì la sua dimora ancestrale a El Centenario e vi si stabilì in modo permanente. Benito costruì una casa più piccola a un isolato, *una cuadra* di distanza, e la affittò. Nelle pianure argentine le distanze sono ancora oggi definite con termini come "cuadra", derivati dalla pianta a scacchiera che i conquistatori stampavano sulle nuove città coloniali. L'isolato era l'intervallo tra due strade parallele nel reticolo, che poteva essere di distanza variabile, ma che col tempo divenne l'equivalente di cento metri più la larghezza di una strada, lo spazio da strada a strada si chiamò la "cuadra".

Claudio, il padre di Benito, non aveva perso l'abitudine di ritrovarsi a bere insieme agli amici. Ciò causava a Benita più di un mal di testa. Quando una di queste occasioni le disorganizzava la vita, Benita ricordava le parole di sua madre: "Almeno non ti mancherà la legna". "Certo che non mi è mancata", tornava a dire molti anni dopo, con tono sarcastico. Conservava ancora il suo buon umore e sopportava le vicissitudini della vita, nonostante la vita stessa. Leggendo tra le righe, sua madre, in quella frase, aveva riassunto il suo destino.

Il Paese attraversava in quegli anni una situazione particolare, alla quale la provincia di Mendoza non sfuggiva: l'aumento del costo della vita, effetto di quella che oggi conosciamo come la Prima Guerra Mondiale, ma che fino ad allora era stata semplicemente la Grande Guerra. I cereali non venivano più venduti all'estero, situazione che favoriva la disoccupazione agricola e l'esodo verso le città per la sussistenza. Come se la mancanza di lavoro non fosse una cosa da poco, il costo della vita aumentò in un modo mai visto prima, raddoppiando nel periodo dal 1916 al 1919. Tuttavia, per gli operai le cose andavano male da prima. Fino ad allora l'Argentina era sempre stata governata dall'oligarchia, a favore degli interessi di quelle minoranze. Gli insegnanti argentini dovettero affrontare crisi assurde: mesi e mesi senza percepire lo stipendio. Scioperi di protesta scoppiarono in tutto il paese. Juan B. Justo, nei suoi scritti riflessivi, paragonava queste astensioni dal lavoro alle barricate europee dei tempi passati, sufficienti in quelle strade tortuose delle città antiche, adatte a moschettieri e spade, ma che non sarebbero servite a lottare per una rivendicazione in un contesto cittadino moderno, provvisto di immensi viali, e con forze dell'ordine che non avevano bisogno di combattere corpo a corpo per dominare. Tutto ciò che per funzionare dipendeva dal contributo del Governo fu sistematicamente ridotto, quasi fino all'abbandono, a causa della crisi dei fondi pubblici. Ho anche visto, tra i tanti commenti dell'epoca, un aneddoto che racconta di come le autorità della provincia di Corrientes, per un certo periodo, permisero ai carcerati di mendicare del cibo lungo le strade, per non morire di fame nelle carceri: sarà vero? Quello che si vedeva chiaramente era che il sistema "rappresentativo, repubblicano e federale" aveva in quei giorni qualcosa di nefasto.

Quando la gente comune ebbe l'opportunità di votare alle elezioni del '16, scelse naturalmente il rappresentante dell'opposizione: Hipólito Irigoyen, depositario di tutta la fiducia di un popolo che aveva bisogno di essere "salvato" da quell'oppressione. Fu accolto come un messia, sollevato su delle portantine, celebrato alla cieca. I lavoratori si aggrappavano a lui come i naufraghi si aggrappano a un tronco galleggiante.

Ma il costo della vita continuava a salire; non avrebbe potuto essere altrimenti, con un mondo in guerra, con una legislazione adolescenziale per opportunità di crescita dei cittadini basate sulle proprie forze, con tutti i vecchi meccanismi in funzione. Già dal 1910 tutti si lamentavano che lo Stato consumasse il 34% delle entrate calcolate nel bilancio nazionale. Furono sancite alcune leggi di orientamento popolare, alla ricerca di una strutturazione più equilibrata della società, come quella che consentiva la cessione della terra ai braccianti agricoli, o l'altra, che legiferava sugli affitti. Nonostante gli sforzi sociali ci fossero, non furono sufficienti a modellare il nuovo profilo del paese che il secolo richiedeva. Che importava che il governante avesse un atteggiamento comprensivo nei confronti delle proteste operaie, se non aveva il potere o la capacità di sradicare la miseria? Non c'era dubbio che ci fosse l'intenzione di migliorare, ma sebbene aumentassero il salario reale, non riuscivano a controllare gli aumenti di prezzo di tutte le forniture. Le proteste cominciarono con un grande sciopero nel 1909. Tra il 1912 e il 1913 ci furono 350 scioperi. Il malcontento sociale non si fermò, ma fu la caratteristica degli anni successivi. Nel 1919 almeno trecentomila persone nelle strade di Buenos Aires furono protagoniste di sanguinose rivolte, inizialmente derivate dalla repressione delle proteste sindacali, che poi finirono per tingersi di profondo risentimento xenofobo, questa volta contro gli ebrei.

SANTA BLANCA

Alla fine del '21, Francisca e Juan, per trovare acque migliori, oltre che nuovi orizzonti, caricarono su un carro le ragazze e tutto ciò che avevano, e partirono una mattina molto presto, parte a piedi, parte su carri e muli, seguiti dalla capra e dalla cagnolina Titira; al tramonto arrivarono a Santa Blanca, una specie di villaggio di spagnoli che vivevano in capanne di canne e fango.

In quelle terre esisteva in precedenza una palude, successivamente prosciugata per sfruttare i terreni coltivabili e permettere il passaggio di viandanti e mercanti, che così evitavano di fare una grande deviazione per attraversarla.

Gli immigrati usavano i mattoni di terra crudi, chiamati *adobes*, per costruire le loro case nei paesi, ma nelle fattorie contadine i muri erano fatti di *tapia*, cioè argilla mista a paglia, ammucchiata in muri spessi e solidi, più larghi alla base, che avevano canne legate tra loro come uno scheletro interno, per migliorare la resistenza. I tetti erano sostenuti da forconi, solidi pali biforcuti piantati nel terreno alle due estremità della casa, in cui era inserita la trave principale, il punto più alto. Da lì scendevano le due falde che formavano il tetto.

A volte Juan e Francisca pensavano alle ironie della vita, visto che avevano lasciato le loro belle case di pietra in Europa per andare a vivere in umili casette rurali di fango.

Ma in America avevano un lavoro prospero e un buon cibo, mentre l'Europa era assediata dal fantasma della fame, che nemmeno lavorando instancabilmente sarebbero riusciti a scacciare.

Una goccia di sudore cadeva sulla fronte di Francisca mentre raccoglieva le uova delle sue galline il primo sabato pomeriggio dopo essersi trasferita nella nuova casa, quando la cagnolina, che era stata sdraiata al sole, ringhiò e iniziò ad abbaiare a qualcuno che stava arrivando. Francisca si alzò a vedere, con le uova tenute dal grembiule che non si toglieva quasi mai e, abbagliata dal sole, scorse una figura femminile molto ordinata, con un cappello legato sotto il mento, che le agitava un fazzoletto, come chiedendole di venire a parlare.

—Buon pomeriggio, signora, in questa casa ci sono dei bambini? —chiese cortesemente la signorina.

—Si, ne abbiamo quattro. Quattro bambine.

—Di che età?

—Undici, dieci, nove e *a menina* piccola di *dois annos*. E mi pare che un'*outro* in cammino...

—Eh, bene! Senta, io sono un'insegnante della piccola scuola qui vicino. Quelle tre bambine più grandi le può mandare a scuola.

—Ah, bene —rispose Francisca molto entusiasta— *vou contar au meu* marito! Cosa *as meninas devem* portare?[8]

—Non devono portare niente. Là abbiamo lavagnette e gessetti da dare loro, almeno perché comincino a imparare qualcosa. Sono già state a scuola?

---

[8] Lo dirò a mio marito. Cosa devono portare le bambine?

—Si, *mas muito* poco, perché eravamo *muito* lontano. *Mais* alcune cose *eles* sanno, cose che *u seu* padre ha insegnato loro.

—Benissimo, quelle tre più grandi le aspettiamo lunedì mattina alle otto. La scuola è qui vicina, all'incrocio, va bene?

—Va bene —e la maestra si allontanò col sorriso.

Le maestre facevano il giro delle *fincas*, entusiasmando i genitori. Juan ricordava quanto gli piacesse la scuola da ragazzo, e riteneva che sarebbe stata utile per il futuro delle sue figlie, così fece di tutto per mandarle. Giulia e le sue sorelline cominciarono ad imparare lettere e numeri, iniziando a intravedere gli orizzonti sconosciuti del mondo.

I proprietari del terreno abitavano in una bella villa, con loggiati intorno e giardini ben curati. Il capofamiglia, un immigrato francese, si chiamava Gustavo André. Era un ingegnere agronomo inviato dal Governo nazionale per fare ricerca agricola, soprattutto con alberi da frutto, perché in quel periodo si stava valutando la convenienza di diversificare le colture. Aveva undici figli, gentili con le famiglie dei lavoratori. Una volta all'anno gli André percorrevano la regione a cavallo, chiedendo ai genitori di mandare i figli nella casa principale per imparare la dottrina religiosa. Un figlio di Gustavo André, preparatosi per diventare prete, si occupava dell'educazione cattolica dei bambini, e la figlia minore, che a quel tempo avrebbe avuto dodici o tredici anni, aiutava suo fratello con i piccoli, godendosi la loro compagnia, offrendo tutta la sua dolcezza durante le calde riunioni in giardino. I figli più grandi di Gustavo André studiavano a Buenos Aires, compreso quello che era seminarista, ma trascorrevano l'estate nella villa di famiglia a Santa Blanca.

Febbraio del '22. Julia aveva appena compiuto undici anni. Era stata istruita dai suoi genitori nella fede cattolica. Conosceva a memoria tutte le preghiere in portoghese, poiché Juan e Francisca continuavano a coltivare la loro lingua madre nell'intimità della loro casa.

Giunti nel giardino della casa grande, dove si insegnava la dottrina ai bambini, una volta che ciascuno avesse occupato la sua sedia, il giovane seminarista chiese a tutti chi di loro sapesse recitare il Padre Nostro. Giusto o sbagliato, lo sapevano tutti, quindi lo recitavano insieme. Julia taceva, seria e imbarazzata, la testa china e gli occhi fissi su una piastrella scanalata che era storta. Così le chiesero cosa c'era che non andasse.

—Perdonatemi... io so pregare solo in portoghese —rispose, alzando gli occhioni sul punto di piangere.

—Piccola, non devi vergognarti —le spiegarono— È prezioso che tu sappia pregare in portoghese. La lingua non conta, figli, quello che conta è essere un buon cattolico, imparare la dottrina, praticarla e amare il Signore. Vediamo come sono, dicci le preghiere che ti sono state insegnate.

Così parlò il giovane seminarista, pensando di ascoltare il Padre Nostro; tuttavia, Julia recitava con fervore tutte le preghiere cattoliche della messa. Gli André erano commossi, sorpresi dal buon lavoro svolto dai suoi genitori. La ragazza si sentiva accolta, grata e felice.

Quando giunse per Julia il momento della prima comunione, il suo amore e la gratitudine per gli André crebbero ancora di più nel suo cuore, un ricordo piacevole che avrebbe portato con sé per tutta la vita.

—Bambini, tutti qui domani mattina alle nove con le vostre mamme, andiamo tutti insieme in chiesa e dobbiamo organizzarci. Prima, però, abbiamo un regalo per ognuno di voi —l'ansia sui volti dei bambini si trasformava in occhi tondi di sorpresa, mentre scoprivano cosa avessero in serbo per loro. Alle ragazze vennero dati abiti bianchi, calze e scarpe, e ai ragazzi abiti, scarpe e fiocchi.

Il giorno dopo arrivarono tutti impeccabili ed eleganti. Quella mattina si concessero anche un po' di civetteria: una delle figlie della famiglia, con un elemento metallico riscaldabile, arricciò i capelli di tutte le ragazze che non avevano ricci naturali, sempre che lo volessero; ma lo desideravano tutte, compresa Julia. Poi li portarono in due piccoli camion preparati con sedili, uno per le ragazze, l'altro per i ragazzi, tutti con le loro madri, alla chiesa María Auxiliadora a Rodeo del Medio, dove presero la loro prima comunione nel 1922. Ricevettero i loro santini e rosari, e vennero festeggiati dalle suore con dell'ottima cioccolata calda e biscotti. I bambini erano estatici, come vivendo un sogno meraviglioso. Erano bambini molto ben educati e alcuni erano timidi; quindi, le suore dovettero incoraggiarli a mangiare.

Juan D'Almeida, oltre a lavorare in vigna, coltivava un orto famigliare molto completo: angurie, meloni, patate, *camotes* —come chiamiamo le patate dolci a Mendoza—, *porotos* —come chiamiamo i fagioli— fave, aglio, cipolle, e persino zafferano. Francisca si occupava della casa, delle figlie, del giardino. Continuava a provare dolore per i suoi tre figli morti —attenuato dalla benedizione di averne quattro vive— e paura ogni volta che era incinta, paura che sarebbe stato un maschio e che la storia si sarebbe ripetuta. Era di nuovo in dolce attesa quell'anno 1922, ma non fu un maschio: nacque la sua quinta figlia, Encarnación.

Julia giocava molto con sua sorella Clara, tra le quali c'era solo un anno di differenza, ma un mondo se osservavamo la diversità dei caratteri. Quando era ora di fare un pisolino, Julia e Clara si riempivano le mani di sole, i loro cuori di libertà e le loro tasche di qualche frutto della strada. Clara, l'intrepida, si arrampicava sugli alberi per raccogliere i nidi. Julia, timida ma divertita, allargava il grembiule per raccogliere qualsiasi tesoro che Clara le lanciasse dall'alto. Quando i nidi avevano dei pulcini li riportavano al posto. Solo Dio sa se sarebbero stati ancora vivi con tanto schiamazzo, ma l'intenzione veniva da due grandi cuori di ragazze felici. Il viaggio verso casa era sempre un piacere. Sotto la polvere e il sole costanti, le passeggiate a volte si trasformavano in avventure indimenticabili.

Una volta, in una delle *siestas* più calde di gennaio, Julia e Clara andarono a fare il bagno in un piccolo canale di irrigazione, indossando i loro vestiti da gioco. All'improvviso...

—Oh, mio Dio! Oh, mio Dio! —Clara cominciò a urlare e a contorcersi in un ballo sconosciuto a Julia che svegliò l'abitante della casa più vicina, *don* Álvaro Alonso. Il buon uomo, allertato dal frastuono uscì in strada. Clara aveva qualcosa tra il suo corpo e il vestito, che si muoveva tanto quanto lei. Tra il pudore della ragazza e il desiderio di liberarsi del mostro, la causa del ballo si seppe solo quando *don* Álvaro la trascinò fuori dall'acqua afferrandola dal bordo del canale. Poi l'aiutò ad acchiappare la salamandra, tirando la bestiola fuori dal vestito. Entrambi erano sollevati dal fatto che non fosse un serpente, ma lo spavento fu anche peggiore per l'animale che per Clara. Quando finalmente riuscirono a estrarlo, sembrava che il poverino fosse già morto.

In quei pomeriggi sui canali, Julia trovava pace e tranquillità intrecciando altalene con rami di salice, mentre

Clara sguazzava e diventava la protagonista degli scherzi. Quando dovevano restare in casa, il pisolino dei genitori era l'alleato per commettere le marachelle di Clara, anche a costo dei rimproveri di Julia, come strappare e masticare gli ortaggi poco maturi per poi ripiantarli, tanto, secondo lei, continuavano a crescere. Certo, Francisca scopriva cosa fosse successo solo quando l'indigestione notturna di Clara teneva sveglia tutta la famiglia.

Un giorno Clarita trovò un alveare su un albero e, pensando che le api erano stupide, iniziò a rubare un po' del loro miele.

Meglio non farlo...

—Lascia il miele! —gridò Julia, spaventata.

—È solo che mi piace molto...! —si giustificò Clara. Julia non aveva finito di raccomandare che l'avrebbero punta, quando la vide cadere per terra urlando. Le mancavano le gambe per correre e le mani per scacciare le api e strofinarsi nel fango, cercando un modo di alleviare il dolore delle punture.

Julia e Clara fantasticavano innocentemente su tutto ciò che potevano: quando l'acqua veniva ritirata dai canaletti dell'irrigazione, si immergevano cautamente nel fango rimanente, finché le loro gambe infangate non fossero scure, per giocare ad avere stivali alti e lucenti. Se l'immaginazione imponeva che tali stivali fossero bianchi, si dipingevano le gambe con calce spenta, bagnata e cremosa, e poi sfilavano come grandi star del cinema, ridendo come matte.

Chiedevano sempre a Juan di fare una passeggiata sul carro piatto, una specie di rudimentale veicolo trainato da cavalli che serviva per trasportare le cose della fattoria da un posto all'altro. Un giorno il loro papà accettò di portarle sul carro piatto. Cominciarono ad avanzare, finché il carro andò a sbattere contro le buche della stradella, e giù Clara e Julia! Rimasero coperte di terra, letteralmente invisibili, al punto che Juan le distinse solo quando si staccarono dal suolo polveroso. Naturalmente, in un primo momento erano arrabbiate con sé stesse, e non chiesero mai più di salire su quel carro, perché non c'era neanche un posto dove aggrapparsi, essendo un'unica superficie di legno con le ruote e le redini del cavallo, sulla quale gli oggetti venivano legati per il trasporto. Ogni volta che ricordavano l'aneddoto, era un'occasione per far ridere tutta la famiglia.

Il sole era così puro in quelle terre di Santa Blanca che Julia, da grande, ricorda i volti delle sue sorelline Encarnación e María trasformati in piccole mele rosse, sbirciando da dietro le piantagioni dopo aver giocato durante tutta la *siesta*.

Arriva il tempo del raccolto, e il padre parte con le ragazze più grandi la mattina molto presto, quando le stelle sono ancora visibili nel cielo. Tornano a casa quando le stelle sono uscite di nuovo. Nei mesi di marzo e aprile non ci sono sabati o domeniche, né scuola né ricreazione. Solo lavoro. Occorre mettere insieme un po' di soldi, non solo per avere una riserva, ma anche per comprare vestiti invernali e buone paia di scarpe per questi piedini di ragazze che crescono senza sosta. Julia ha l'impressione di non essere stata al mondo nei mesi di vendemmia, di non averli vissuti. Sono così intensi da apparirle come un buco nel tempo, un vago ricordo di un'altra dimensione spaziale e temporale.

Solo dopo la raccolta le ragazze tornano a scuola, e per Juan inizia un altro anno di lavoro: potare, preparare il terreno, legare le viti, irrigare attraverso i solchi, curare gli alberi da frutto, l'orto. Vede il sogno maturare a poco a poco, guarda i chicchi verdi e duri che si trasformano in succosi acini. E quando manca solo un mese per raccogliere i grappoli...

È fine estate del '23. Marzo, insolitamente caldo, è appena arrivato. La famiglia si sta godendo la brezza della sera, prima del riposo notturno. In pochi minuti cambia l'odore dell'aria, il cielo si sente appesantire, da un momento all'altro diventa carico di nuvole che si scontrano con frastuono di battaglia. Francisca e le bambine corrono a rifugiarsi dell'acqua imminente, portando dentro le loro sedie, e poi Juan tenta di bloccare la porta di casa con un grosso palo, e ci riesce, malgrado le spinte del ventaccio minaccioso.

Subito dopo, un forte uragano inizia a colpire i campi e le case, con una tempesta di grandine d'intensità fortissima, devastante. Dopo qualche minuto, succede qualcosa di diverso: tra il rumore dell'acqua, dei chicchi e del vento, credono di sentire la capra urlare o piangere sotto il tetto rustico dove l'hanno lasciata, mentre, presi dal panico, vedono come si muove in modo strano la porta della casa.

—Attente, guardate come si muove la porta... —dice Juan alla sua famiglia, sorpreso e impaurito. Ma allo stesso tempo, tutti intuiscono che c'è dell'altro, finché non identificano urla umane che vengono dall'esterno.

—Aiuto, per favore, *don* Juan! *Dona* Francisca! Aiuto, aiuto!

Sono i vicini di casa, disperati, che chiedono riparo, bagnati fino alle ossa e amareggiati. L'uragano ha spazzato via il tetto di lamiera dove erano appesi prosciutti, salsicce e altri oggetti domestici. Nella capanna di fango e paglia, realizzata dalle mani di Juan, l'acqua non entra. È intatta. Quella notte, i vicini dormono lì. Non appena spunta l'alba, escono per vedere i danni fatti dalla grandine.

—Non prosegua, *don* Juan, è drammatico, le farà male —dice *don* Álvaro Alonso, con le lacrime che gli rigano il volto logorato da tante intemperie.

—Oh, quanto è triste, tanto lavoro per questo!

Avanzando tra i solchi, scoprono viti mutilate, foglie e frutti sradicati, distrutti, il lavoro di tutto l'anno, perduto. Montagne di grandine. Niente si è salvato nei dintorni di Santa Blanca.

Le donne attraversano l'orto, e lo trovano ridotto a un ammasso di fango e foglie schiacciate, tra i cumuli di tondi ghiacci.

—Neppure i frutti degli alberi si sono salvati — piange Francisca— Solo poche patate saranno rimaste sottoterra! Del resto, niente.

Juan rimanda quindi i suoi sogni infranti, e decide di partire con Francisca e le ragazze verso est, lungo il sentiero della pianura. Gli André gli chiedono ripetutamente di restare, di resistere un altro anno: è un buon lavoratore. Loro non hanno perso tutto, possiedono terre più a nord, sulla strada per Lavalle, dove questa volta non ne è caduto nemmeno un chicco. Juan li ringrazia, ma è già deciso. Qualche tempo prima ha sentito dire da altri uomini che la grandine non cade più verso il levante, è lì che ora vuole andare. Dopotutto, sono ancora in un viaggio illusorio la cui destinazione finale è il Brasile. Per questo Juan continua il suo pellegrinaggio verso oriente, fino ad attraversare il fiume Mendoza e raggiungere un piccolo paese chiamato Palmira.

SIGLO VEINTE CAMBALACHE[9]

L'esistenza del salariato in cifre, appena prima del 1920, rasentava dolorosamente la miseria, con quasi tre quarti del reddito di tutti i componenti della famiglia destinati al vitto e all'affitto, nel migliore dei casi. Il pagamento del cibo consumato a casa equivaleva al cinquantacinque per cento del reddito mensile di una completa famiglia dipendente da stipendi. Se si fosse tolto anche il costo dell'affitto, con i pochi soldi rimasti avrebbero dovuto provvedere a riscaldarsi d'inverno, vestirsi, coprire spese impreviste e pagare le medicine o il medico, se necessario. Per tutto il decennio successivo, i beni di consumo continuarono ad aumentare di prezzo rispetto ai salari. Come se l'economia insostenibile non bastasse, negli anni '20 anche la natura non ebbe pietà degli argentini del lontano ovest: prima le inondazioni, poi un violentissimo terremoto che il 17 dicembre spaventò gli immigrati contadini da poco arrivati. Benito ricordava che tre anni prima

---

[9] Sebbene la parola "rigattiere" sia vicina all'idea di *cambalache*, ciò che ha ispirato il titolo del capitolo è la nota frase del tango "Cambalache" (1934) col suo metaforico significato epocale: momento storico dove si possono trovare insieme elementi di diversa natura, dove tutto fa lo stesso, dove tutto si presenta come un guazzabuglio in cui il buono è giustapposto al misero sullo stesso piano, con conseguente mancanza di rispetto e svalutazione del primo: *"chi non piange non allatta e chi non rubba è un ingenuo"* / *"non disturbare con pensieri moralisti, a nessuno importa se sei nato onesto"*.

avevano subito un grande terremoto, ma all'est della provincia si sentì più forte quello del '20.

In Argentina negli anni '20 si usava per la prima volta il cemento armato, e questo, in un primo momento, attirò l'attenzione di Benito, che era un giovane costruttore di venticinque anni. Imparò ad utilizzarlo. Tuttavia, il cemento armato non era ancora alla portata della gente, e non fu subito incorporato nelle case delle città piccole, che per molto tempo continuarono ad essere fatte di *adobes*. La conoscenza antisismica e la sua applicabilità, nonché la sua natura necessaria, erano ancora patrimonio degli intellettuali. Gente comune costruiva istintivamente, anche se spesso sulla strada giusta.

Nelle pianure desertiche di Mendoza, le simpatiche case di campagna isolate potevano avere muri di *adobes* molto spessi, generose falde ai lati per bloccare la pioggia, si sceglieva l'ubicazione in modo che non fossero travolte dalle correnti alluvionali, e si distribuivano gli spazi e le aperture in modo regolare. Queste architetture in terra, che nelle campagne resistevano alle devastazioni dell'acqua e ai movimenti tellurici, nelle città, invece, erano a volte pericolose trappole mortali per i loro abitanti. Vulnerabili all'umidità e ai terremoti, impiantate nelle città, adottarono lo schema tradizionale della "casa salsiccia" o "casa treno", derivato dalla divisione in due della tipica villa romana. Procedendo così le privavano della simmetria strutturale, la loro distribuzione delle aperture a volte non era delle migliori per resistere ad un terremoto; inoltre, la loro disposizione e l'austerità paesaggistica le predisponeva ad essere maltrattate dalle piogge. Ciò le rendeva soggette a interventi di manutenzione permanente. Ma, giusto o sbagliato che fosse, era usanza del tempo in una zona dove le piogge "davano fastidio" solo poche volte all'anno.

I Rodríguez, come altri, avevano capito che in una terra dove il cibo era così costoso e incideva sull'economia familiare in un modo forte, la soluzione sarebbe stata produrre questo cibo, sia per il proprio consumo che per la vendita. Questo avrebbe dato loro la possibilità di risparmiare e crescere, visto che erano già proprietari.

Così coltivavano più che potevano e allevavano alcuni animali da fattoria, e a poco a poco migliorarono la situazione economica, ma Claudio, il "capofamiglia" solo sulla carta, altamente socievole e simpatico, amava molto le feste e intrattenere gli amici. Non badava a spese, fino al punto di mettere in pericolo l'equilibrio economico familiare. Benito non lo vedeva di buon occhio. Come figlio maggiore, sentiva che era necessario prendere le redini, guidare il gruppo secondo i suoi principi di responsabilità, prima che suo padre dilapidasse i risparmi di famiglia e lasciasse tutti in rovina. Nel 1927, periodo di profonda crisi, nessuno costruiva, cosa preoccupante visto che quello era il loro mestiere. Cercando di guidare i fratelli e sé stesso in una proficua attività economica, si recò a Buenos Aires, accompagnato da un produttore di cognome Meli, per mettere in vendita nel mercato centrale —un luogo che aveva conosciuto parecchio dieci anni prima, mentre cercava suo fratello— alcuni frutti prodotti di Mendoza, soprattutto prugne, non solo dalla fattoria di famiglia, ma soprattutto dai frutticoltori della zona.

I frutti di Mendoza erano, all'epoca, molto apprezzati a Buenos Aires. Ebbe una buona risposta da parte dei compratori e gli ordini cominciarono ad arrivare. I fratelli dovevano spedire delle casse di frutta con il treno, e lui, nella Capitale Federale, doveva distribuirle per soddisfare le richieste di vendita prese in precedenza. Ma i fratelli gli mandavano della frutta matura, che quando arrivava era già più matura di quanto raccomandato. Ogni giorno inviava un telegramma ai suoi fratelli, pregandoli di inviare frutti migliori. Nonostante i suoi reclami, i frutti continuavano ad arrivare in pessime condizioni. Benito non poteva né voleva continuare. Già stanco della situazione, rinunciò al progetto della frutta, tornò a San Martín e si rese indipendente dai suoi, abbandonando la sua partecipazione alla produzione economica della famiglia Rodríguez. Ciononostante, guadagnò dei soldi, che usò per comprare una grande casa sulla strada Espejo, a mezzo isolato dalla principale "*25 de Mayo*" e a un isolato e mezzo dalla stazione ferroviaria. L'aveva divisa longitudinalmente con grandi vasi di piante e l'aveva affittata a due famiglie. Si affermò come costruttore, proprietario di case in vendita e in affitto.

Dal '20 al '27 accaddero molte cose rilevanti nella sfera politica, economica e sociale dell'Argentina: dall'entusiasmo per la messa in onda della prima trasmissione radiofonica, all'esecuzione in Patagonia dei leader dello sciopero rurale; dalla proposta di un candidato successore sostenuto da Irigoyen, alla divisione del partito per dissapori tra i due uomini; dall'estensione del pensionamento ad ampi settori di lavoratori, al veto della stessa legge nei mesi successivi. Un anno fu sancita la legge che regolava il lavoro dei minori e delle donne, e l'anno successivo si registrò il *record* nella tratta di donne europee, soprattutto polacche, per l'esercizio della prostituzione. Nel 1925 Albert Einstein visitò l'Argentina per spiegare la teoria della relatività, appena due anni dopo che gli uomini d'affari avevano capito per forza di legge che non era relativamente giusto pagare i propri dipendenti con obbligazioni emesse da loro stessi. Nel bel mezzo dell'insalata contraddittoria degli anni '20 emerse l'indimenticabile voce di Libertad Lamarque, che debuttò al Teatro Nazionale e conquistò i cuori romantici del secolo. Il '27 non si concluse senza segnare Mendoza con due tristi eventi: un forte terremoto in aprile e la cosiddetta "Tragedia di Alpatacal", quando un treno che faceva il viaggio dal Cile si scontrò frontalmente con un altro treno che era in attesa di partire in una piccola stazione di La Paz, lasciando una scia di morti e feriti. Nell'ottobre di quello stesso anno, nell'Oceano Atlantico, al largo del Brasile, affondò la nave Principessa Mafalda, con a bordo argentini e intere famiglie di immigrati italiani che avevano lasciato quell'Europa ancora cupa, diretti in Brasile e in Argentina per ricongiungersi con i parenti e gli amici del Nuovo Mondo. Trecento persone morirono. I sopravvissuti raccontavano che la nave era vecchia, e non era più in grado di sostenere quei viaggi.

Mi parlarono di Emma, una bella italiana di Pordenone, arrivata in Argentina con il penultimo viaggio del transatlantico Principessa Mafalda. Stava per incontrare suo marito e cugino, Vittore, che l'aspettava a Buenos Aires. L'aspettava, era un modo per dirlo, perché la lettera di Emma non era ancora arrivata a lui. Da quella missiva lui avrebbe saputo la data di partenza e soprattutto quella di arrivo. Emma guardò dalla nave, ma non vide suo marito Vittore. Quando scese a terra, circondata dalla sua scorta di bellissimi bambini, e dopo aver espletato tutte le formalità dell'arrivo, vedendo che la gente si disperdeva, Emma ei suoi figli cominciarono a sentirsi soli al mondo, perché il padre dei bambini non si era presentato. Un gentile italiano la scoprì più tardi, seduta sui suoi bauli, in un mare di lacrime. Tale era la sua disperazione che l'uomo le propose la folle idea di andare nel quartiere italiano, lì avrebbe potuto visitare le pensioni alla ricerca di Vittore. Così iniziò la processione delle testoline bionde, con Emma in testa, come l'anatra con i suoi anatroccoli in cerca del nido. L'angoscia la prese mentre avanzavano, poiché non riusciva a trovarlo. Il crepuscolo si stava avvicinando, presto sarebbe calata la notte. All'improvviso avvenne il miracolo: sull'asta che reggeva la tenda del bagno dell'ultima pensione, Emma scoprì un asciugamano che lei stessa aveva ricamato due anni prima, bagnato dall'ultimo raggio di sole che entrava dalla finestra semiaperta; aveva finalmente trovato suo marito.

L'avventura dell'America nella seconda e terza classe di quelle navi affollate, in quei porti gentili e crudeli nello stesso tempo, era ancora così rischiosa che ogni immigrato che arrivava era protagonista di un aneddoto da ricordare, e alcuni, come Francisca, Juan, Claudio e Benita, di vere storie da romanzo. Ma perché Emma e Vittore lasciarono l'Italia del loro amore, se vivevano molto bene con il mestiere di famiglia di falegnameria fine? È che l'America, il Nuovo continente, era vista anche da molti europei come l'aria nuova. Non solo chi soffriva la fame o temeva di trovarla in futuro cercava questa strada. Tutti quelli che volevano cambiare, liberarsi delle vecchie strutture e respirare, salivano sulle navi in cerca di una nuova vita. Emma e Vittore stabilirono la loro famiglia a Buenos Aires, poi in altre province, finché nei primi anni '30 si trasferirono nella città di Mendoza, sempre con il mestiere di edilizia, in cui Vittore si distinse come esperto delle casseforme per il cemento armato e, come tale, diventò un maestro. Fuggivano dalle rigidità di un mondo antico, da una famiglia divenuta matriarcale e autoritaria, dove il reddito era gestito dalla "Mamma", e ogni figlio, anche sposato e padre, essendo adulto lavoratore, doveva dare spiegazioni di ogni minima spesa per ottenere le monete che gli permettessero di farla. Inoltre, nella terra di Dante, erano già in voga gli scontri tra compatrioti di varie fazioni, che segnarono l'attuale destino degli italiani come nazione moderna. Quelli non erano bei tempi per restare lì a crescere bambini piccoli.

L'ideale paradiso terrestre non lo trovarono uguale a come lo immaginavano. Trovarono una caratteristica mescolanza del sublime con il miserabile, come in tutto il mondo, ma troppo di quest'ultimo per i loro gusti. Sebbene fossero grati per le porte aperte e i frutti del lavoro che arrivavano, erano abituati al rispetto della parola, come Francisca e Juan, come la famiglia Rodríguez di Monsagro e molti altri. Ma in America sperimentarono il paradosso di un paese ben nato, ma mal gestito, più che mai perfettamente definito dal tango "*Cambalache*" di Discépolo. *Cambalache* significa compravendita e scambio di articoli, generalmente usati, della natura più varia; si sottolinea la "poca trasparenza" e la "mancanza di rispetto" con cui si accostano cose altruistiche ad altre banali, così come si presentava il tempo agli occhi dei suoi protagonisti. Loro amarono il tango perché rispecchiava il loro presente e le loro nostalgie. Impararono a memoria i testi e gli autori.

Per la maggior parte delle persone, salvo qualche colpo di fortuna o ingegno, non si sarebbe potuto prosperare oltre un certo punto senza cedere ai propri principi morali o a rischi eccessivi che avrebbero messo in pericolo la famiglia; come lo era sempre stato in tutto il mondo, ma più esagerato. Immagino l'Argentina di allora come quel gioco delle fiere in cui i bambini si divertono col martello, colpendo le testine dei rospi quando escono. Siamo nel XXI secolo, e in questo senso è cambiato poco. Se riesci ad arrampicarti un po', se riesci a vedere la luce in linea con la cultura dello sforzo onesto, il martello ti cade sempre in testa, in un modo o nell'altro, a seconda di come tira il vento. Resistettero per più di dieci anni, finché a metà del 1938, stufo dell'Argentina, Vittore, con già undici figli, prese la decisione di terminare alcuni lavori che aveva iniziato e poi tornare in Italia. Emma ballava di gioia, sollevando in aria il suo piccolo Beppo, che aveva già raggiunto l'età delle prime lettere, che mi ha raccontato la storia. E invece no, non tornarono. Mentre il lavoro che era stato avviato veniva terminato e si preparavano mentalmente al grande cambiamento, arrivò la notizia che stava per scoppiare un'altra guerra di carattere globale, con epicentro in Europa. Emma e Vittore non avevano nessuna intenzione di esporre la loro famiglia a un simile caos. Sapevano cosa fosse la guerra, perché erano stati lì nel '14. Questo è ciò che successe a tante persone disilluse che pensavano di tornare e non lo fecero. Per altri, questa è solo un'altra storia di immigrati, invece a me suscita un grande affetto, perché ne ho conosciuti diversi protagonisti: dopo tanti decenni, Beppo, quel bambino nato in Argentina che Emma teneva in braccio mentre festeggiava l'idea del lungo atteso ritorno, entrò a far parte della mia famiglia e, per quei macabri scherzi del destino, morì in Italia, sul punto di conoscere la paterna terra friulana, che era stata oggetto di nostalgia dei suoi genitori e fratelli per tutta la vita. Beppo era una persona onesta, come aveva imparato dai suoi genitori. Un bravo uomo, un amico leale, il mio compagno di classe d'italiano, mio suocero. E alla fine, un passerotto triste che voleva volare via dalla gabbia, da quel corpo esausto e desideroso di rincontrare Isabel, che non smise mai di amare, nemmeno dopo la morte. Ricordava sempre suo padre Vittore, che esprimeva il suo disappunto con la celebre e premonitrice frase familiare: *"Povera Argentina..."*

Torniamo indietro di qualche anno, però, quando Benito gestiva la frutta a Buenos Aires, e Juan, Francisca e le ragazze si stabilivano a Palmira, in rotta verso il loro illusorio Brasile.

PALMIRA

Palmira, a quel tempo, era un paese molto particolare, quasi una grande famiglia: la famiglia delle ferrovie. I suoi membri erano orgogliosi di appartenere a quella "élite". La strategicità dell'attività dava all'impresa ferroviaria la possibilità di posizionare bene i propri dipendenti. La stragrande maggioranza dei *palmirenses* lavorava in questo prospero mestiere. Nel '23 Juan e Francisca, con le cinque ragazze, la capra e la cagnolina, lasciarono Santa Blanca e arrivarono in una piantagione di vite in sviluppo, molto vicina al paese di Palmira, dove Juan avrebbe dovuto lavorare in un vigneto di sette ettari, fino ad ottenere la produzione di uva. La paga era buona, e potevano anche allestire un orto e un frutteto per autoconsumo e vendita; così... —rimbocchiamoci le maniche! —la famiglia si stabilì in quelle terre ad est del fiume Mendoza. Sembrava che stesse arrivando un altro bambino.

—*Dona* Francisca! Servono cinque galline e un buon numero di uova per la torta! Nostro figlio si sposa!

—Avanti, avanti, qui lei *pode escogerlos*[10]... *Temos*[11] molte uova questa settimana...

Francisca divenne presto amata per la sua gentilezza e il suo trattamento affabile. Quando parlava mescolava qualche parola in portoghese, ma le sue difficoltà erano

---

[10] può sceglierle...
[11] Abbiamo

compensate dalla sua cordialità e ospitalità. Quando i ferrovieri riscuotevano gli stipendi era un buon momento per andare da Francisca, lei vendeva loro galline, conigli, maialini, uova, che il suo allevamento casereccio produceva in abbondanza. Insomma, godevano di una vita più socievole, e le ragazze potevano anche avere una scuola più vicina a casa: l'emblematica scuola Martín Güemes. Nel novembre 1923 nacque Catalina, la penultima. Ogni volta che aspettava, Francisca riviveva il dolore dei suoi figli morti e, sebbene avrebbe voluto dare a Juan un figlio maschio, era grata quando dava alla luce una bambina. Più tardi, nel settembre 1925, arrivò la più giovane, Cándida.

A Palmira strinsero durature amicizie, principalmente con le famiglie Álvarez, Tripi e Ruta, queste ultime italiane. Divennero compari dei Ruta, avendo come figliocci i loro ultimi figli. I vicini si riunivano sempre per celebrare i lieti eventi di tutti.

—Lo butti al fuoco! Tutto, tutto ciò che ha portato! Da lontano, così! Attenzione, *m'hijito*[12], a non bruciarsi!

—*Don* Juan! Tanti auguri! Un bicchierino?

—Si *don* Tripi, ma poco vino, perché domani è mercoledì! —rideva Juan D'Almeida.

Per il giorno di San Juan, l'unico santo di cui si commemora la nascita, il 24 giugno, Juan faceva un grande falò per strada, come si usava a quel tempo, e celebrava il suo santo. I vicini andavano a congratularsi con lui, e ballavano attorno al falò sulla musica che loro stessi suonavano: Tripi con la sua fisarmonica, Ruta con flauto e armonica, Juan con il tamburo, improvvisavano un'orchestra originale per cantare e ballare insieme, figli e adulti, bevendo e mangiando

---

[12] figliolo

dei dolci fatti in casa. In quegli anni San Juan cadde di domenica o durante la settimana, quindi non potevano celebrarlo fino alle ore piccole, perché il giorno dopo si doveva lavorare; ecco perché il falò gigante iniziava quando il sole era appena tramontato, e la danza proseguiva fino a quando il fuoco non si spegneva da sé. Era anche una festa ereditata dal Vecchio Mondo; nell'emisfero settentrionale si celebrava in quel modo il solstizio d'estate e si ringraziava per la benedizione del raccolto.

Di notte, dopo il lavoro, Juan e Francisca si riunivano accanto al fuoco con le sette ragazze: Julia, Clara ed Emilia —le tre più grandi—, María, Encarnación, Catalina e Cándida —le più giovani—. Ringraziavano la vita, perché, sebbene fosse stato un continuo ricominciare, non mancavano la salute, l'amore, il lavoro. Inoltre, sembrava che la fortuna stesse iniziando a illuminare i D'Almeida, visto che per Juan era sorto un magnifico contratto con un proprietario terriero del villaggio di San Martín.

La figura dell'appaltatore della piantagione era usuale in quei tempi. I proprietari offrivano ai contadini il terreno incolto per un certo periodo di tempo, in cambio della trasformazione del podere in terreno produttivo. Si potevano fare vari tipi di accordi, dal pagamento con i frutti della terra alla cessione di un appezzamento. Naturalmente, l'appaltatore rischiava il suo capitale e il suo lavoro, mentre il proprietario la sua terra vergine.

—Francisca, da *don* Ruta ho incontrato un uomo, un avvocato di San Martín. Sai che mi ha offerto un ottimo contratto, più ad est? Che ne dici?

—Vedo che hai qualche dubbio, cosa c'è che non mi stai dicendo?

—Il problema è che non possiamo avere animali, nemmeno la capra da latte, dovremmo venderli. C'è un'altra cosa: si tratta di investire i nostri risparmi.

—Quanto sarebbe buono questo contratto, in modo da lasciare tutto quello che abbiamo qui, così da non poter avere nemmeno una capra da latte?

—È un terreno incolto, dove bisognerebbe fare una vigna fin dall'inizio. Preparare la terra, piantare i pali, piantare le piante, prendersene cura per tre anni... lui fornisce la terra, noi il lavoro e tutto il resto. Con la prima produzione mi restituirà tutto quello che ho speso e, dalla produzione, divideremo i profitti in due, una parte per lui e una parte per noi.

—Bisognerebbe ricominciare da capo, e tre anni di sacrifici...

—Ma con quello che guadagneremo potremmo comprare la nostra piccola terra dove vuoi, o potremmo finalmente arrivare in Brasile! Riesci a immaginare come sarebbe bello avere finalmente la nostra terra?

—Il '25 va bene per lei, *don* Juan, ma che peccato che debba andare via... —ripeteva *don* Ruta, il suo compare e amico, lamentandosi che Juan dovesse trasferirsi.

Nel '25 a La Colonia, proprio accanto a San Martin, Mendoza, viveva un avvocato che possedeva un terreno adatto alla coltivazione della vite. Era ovvio che lui stesso non si sarebbe mai sporcato le mani con tali faccende. Era un essere vile, spregevole, spogliato di ogni pregiudizio morale, una condizione che nascondeva dietro la sua pomposità e le sue arti retoriche. A Palmira aveva conosciuto Juan D'Almeida, un portoghese di cui aveva ottime referenze. L'avvocato era riuscito a convincere il portoghese a stabilirsi con la sua famiglia nelle sue terre vergini, e creare i vigneti partendo da zero, senza dover investire lui stesso un soldo.

—Immigrati ingenui, vengono dall'Europa nelle campagne, e credono a quello che dice loro qualsiasi signore, senza nemmeno firmare un pezzo di carta! —L'avvocato si sfregava le mani assaporando l'affare.

IL TRADIMENTO

L'uomo era conosciuto come Salvador G., non vi dirò il cognome per pietà dei suoi discendenti, ammesso che ne avesse avuti. Si faceva chiamare "dottore". La sua terra era incolta, e voleva che Juan facesse la vigna. La famiglia si trasferì di nuovo, con le speranze nostalgiche che provano sempre i pellegrini quando si lasciano alle spalle qualcosa di caro, ma sperano che l'avvenire possa essere prezioso. Il terreno da coltivare si trovava all'inizio del comune di Junín, zona di La Colonia, separato da San Martín solo dal Canal Sur Alto Verde, che ancora oggi delimita politicamente i due comuni: San Martín a nord e Junín a sud; ma la gente di quella zona svolgeva la sua vita a San Martín, come villaggio principale. Fu così che i portoghesi Francisca Maria, Juan D'Almeida e le loro sette figlie De Almeida si stabilirono nelle vicinanze della via Isidoro Bousquet, quasi all'angolo della "Strada Umida", come veniva chiamata l'attuale strada "9 de Julio".

Per le ragazze fu un clamoroso cambiamento. Julia, la primogenita, aveva quasi quindici anni. Ciò che le rattristava di più era lasciare i nuovi amici, lasciare un vitigno che cominciava a produrre e ripiombare in terre incolte, con sconosciuti ovunque.

Juan insistette per tenere con loro la capra da latte, ma questo nuovo "padrone", che cominciò a comportarsi come tale appena ottenne l'accettazione di Juan, gli chiese di venderla, perché non voleva animali nella sua terra, nemmeno in un recinto. Le figlie di Juan, sebbene molto giovani, lo aiutavano a lavorare la terra, e facevano i loro esperimenti in vasi per coltivare erbe aromatiche e fiori. Julia adorava le umili malvarose rosse e rosa, le felci, le fresie, i gerani ei dolcissimi gelsomini.

I vicini più prossimi erano a quasi un chilometro di distanza, ma tutti i contadini locali e i loro conoscenti riuscivano a riunirsi per socializzare. Tutti avevano un grammofono in casa, per ascoltare la musica e poter ballare. Ogni domenica la riunione si teneva in una casa diversa. Le madri portavano i loro figli giovani, maschi e femmine, oltre a uno o due dischi per far ballare i ragazzi. Ovviamente non più tardi delle cinque del pomeriggio. Gli eventuali ospitanti preparavano le famose *orejuelas* fritte cosparse di zucchero, e una tazzina di caffè. Alle otto di sera tornavano tutti a casa felici, discutendo della giornata con le loro madri. Julia, scoprendo il nuovo ambiente con gli occhi di un'adolescente, custodiva nel cuore il primo brano musicale che avesse mai ballato: era la *ranchera "Mate Amargo"*, che sapeva cantare a memoria.

Uno di quei pomeriggi, nell'ultimo di quei balli campestri prima dell'inverno, un giovane ballò due volte con Julia e se ne innamorò, senza che lei se ne accorgesse.

—Padre, di che famiglia è la ragazza? —chiese il giovane, senza perdere di vista Julia.

—Sono dei portoghesi arrivati da poco da Palmira, buona gente. Se ti fa piacere, figlio mio, si può parlare con la famiglia, se vuoi seriamente frequentare la ragazza. I D'Almeida vedevano anche di buon occhio la famiglia De Luca.

Dopo un po' Juan comprò a Francisca una macchina da cucire a pedale, molto più moderna di quella a manovella che avevano a Corralitos nel 2015. Era accompagnata da un corso completo di ricamo a macchina. Poi Julia, già diciassettenne e interessata a questa formazione, ottenne il permesso dal padre di frequentare le lezioni in centro, a due chilometri dalla fattoria, per imparare a realizzare il pizzo Richelieu, la moda del momento. Un paio di giorni a settimana, alle nove e mezza del mattino, smetteva di lavorare nei vigneti, si preparava a tutta velocità e correva per due chilometri per arrivare in orario. Mentre attraversava la piazza, teneva stretto il suo cappellino affinché la brezza forte non glielo facesse volar via, mentre la sua gonna si sollevava nel vento autunnale. Un giorno il suo cappello cadde e atterrò in mezzo alla strada. Un gentile signore biondo e abbronzato che si trovava di passaggio lo raccolse da terra e glielo porse con un inchino, dimostrando un'educazione e un portamento degni di un vero nobile del vecchio mondo. I suoi occhi castani incontrarono per un attimo quelli di Julia e il giovane, considerevolmente più grande di lei, ebbe la sensazione che il tempo si fosse fermato. Rimase senza parole. Poi Julia gli rivolse un cortese cenno del capo, lo ringraziò e si allontanò in fretta lungo il marciapiede. Si sentiva mancare il respiro, e non sapeva dire con certezza se ciò fosse dovuto al passo veloce o al momento appena vissuto, che continuava a ripresentarsi nella sua mente fino a sopraffare la sua volontà. I suoi piedi rallentarono, dissociati dai pensieri. Quel giorno arrivò in ritardo al corso di ricamo. In seguito, non lo disse a nessuno. Custodì gelosamente il suo segreto e si addormentò con davanti agli occhi l'immagine di quel momento, ritenendola come qualcosa di impossibile.

Juan aveva solo figlie femmine, e con il loro aiuto scavò i pozzi, mise i pali, i fili di ferro, le piante. Si fuse con il solco. Le sue mani avvizzite presero il colore della terra, e finalmente accarezzarono il frutto con l'orgoglio di un artigiano. Le sue figlie crebbero insieme alle piante e alle uve. Per tre interi anni della sua vita alimentò delle illusioni, speranze basate sul lavoro, mettendo quasi tutti i suoi risparmi in questo progetto di vita. Intanto Francisca si occupava delle faccende domestiche, dell'orto e dell'educazione delle ragazze, quattro delle quali erano ancora molto giovani. Il termine concordato con il proprietario stava per scadere. Juan aveva cercato di chiedere all'uomo, senza successo, un incontro per fare i conti e ricevere finalmente il pagamento di tanto sacrificio. Aveva cercato terreni da acquistare, pianificato, assaporato la felicità di avere la sua terra. Salvador G. ignorava le richieste, faceva finta di non capire Juan. Quando i tre anni stipulati nell'accordo verbale furono trascorsi, con le vigne che davano frutti, Juan andò a parlare con il proprietario del terreno, allo scopo di ricevere la sua parte, come avevano concordato.

La cuoca gli disse che lui non c'era, ma Juan aspettò a cento metri dalla casa, solo per vedere che c'era, poiché uscì, salì sul suo calesse verde, trainato da un cavallo nero lucido, e si diresse verso il villaggio sulla stessa strada dove si trovava Juan. Questo, approfittando dell'occasione, si fermò sul ciglio della strada, gesticolando con il braccio.

—Ah, *don* Juan D'Almeida, ho poco tempo, come mai da queste parti?

—Dottore, volevo parlarle da quando è iniziata la raccolta. Per sistemare le cose; la vigna sta già dando buoni frutti, bisognerebbe procedere col suo pagamento, come eravamo rimasti d'accordo.

—Senta, *don* Juan, quello di "come eravamo rimasti" bisogna analizzarlo bene, adesso ho un impegno, sono molto indaffarato; perché non torna la settimana prossima e ne parliamo bene? Ci sono alcune cose da chiarire —A Juan non piacque che si fosse negato, né che avesse messo in discussione l'accordo verbale.

—Mi aspetti il lunedì.

—No, *hombre*[13], non lunedì, venga mercoledì.

—Mercoledì sarà. Buona giornata.

Ogni volta che Juan tornava, il disgraziato si faceva negare. Le prime volte lo negava la governante; l'ultima visita che fece, un birbone comparve minaccioso per dire a Juan di non insistere più; chiese in modo dispettoso di che affare stava parlando, disse che non c'era un accordo del genere, che il suo capo non gli doveva nemmeno un misero centesimo, che i D'Almeida avevano vissuto gratis sulla sua terra per tre anni, e che avevano tempo fino a domenica per lasciare la proprietà o sarebbero stati denunciati alle autorità.

Juan, per la prima volta, raggiunse i limiti umani dell'impotenza mansueta. Aveva sopportato molte angosce nella sua vita, la maggior parte delle quali, segnate dalla moneta del destino, come la perdita dei suoi genitori in Portogallo e dei suoi figli maschi nella nuova terra. Le continue perdite e gli esili erano forse stati la via, da un lato scelta, dall'altro accettata a forza, ma quello era diverso. Era un dolore inutile, causato solo dalla perfidia umana. Improvvisamente si sentì gemellato con i protagonisti di altri dolori simili. Capì più che mai il nonno di Francisca, chiuso nel

---

[13] Uomo: "amico", nel contesto implica un tono basso in termini di rispetto, come a segnalare un errore nell'altro e il rifiuto di chi parla.

suo laboratorio di falegnameria; in quel momento il passato si fuse col presente e vide attraverso gli occhi di nonno José gli inglesi sui loro cavalli, che offrivano le loro monete per la terra; pur senza conoscerla, sentì il pianto di Benita quando si rese conto di essere stata derubata, perché gli echi di quel lamento sarebbero rimasti per sempre fluttuanti nello spazio comune dei disperati. Così, il presente si unì al futuro. E vide. Vide che il danno ricadeva non solo su di lui, ma anche sulla sua famiglia, Francisca e le ragazze, che avevano lavorato tanto. Vide il futuro che aveva immaginato per le sue figlie distrutto dall'ambizione di un miserabile. Fino a quel punto si trattenne, poi non ce la fece più.

—Non andarci, Juan! —prega Francisca, disperata. Juan ha raggiunto il limite della sua umanità, dove non avrebbe mai immaginato di arrivare. Juan, l'uomo giusto, la persona più gentile al mondo, quello che mantiene la sua parola perché altrimenti non potrebbe vivere, quello che non ha mai fatto del male a nessuno, quello che si è solo difeso, quello che ha subito terribili perdite solo piangendo o stringendo i denti, accettando stoicamente il suo destino. Ora scopre di poter fare cose che pensava di non essere in grado di fare, e capisce chi le fa. Carica la sua vecchia rivoltella, il volto sfigurato dalla rabbia, frutto del tradimento, maledicendo mille volte Salvador G.

È disposto a riprendersi ciò che gli appartiene o ad uccidere il dannato. Mette l'arma dietro di sé, sotto la cintura, indossa il cappotto, si mette il cappello e, a mani vuote, esce ad aspettare il traditore al bivio dove torna ogni giorno. Ricorda il volto di Francisca, che è rimasta a piangere e a pregare, implorandolo di non farlo. Ma Juan è troppo ferito, moralmente assai distrutto. Si nasconde nell'ombra, pronto a uscire e fare giustizia. Sa che quello che sta per fare è una cosa molto grave. Gli si accappona la pelle, stringe i pugni e li sbatte disperatamente contro il muro, ogni voce lo turba, e ad ogni rumore lontano si prepara all'inferno.

Le ore passano lentamente mentre Juan rimane in agguato dietro un muro, rimuginando. Ma il traditore non percorre la stessa strada in cui l'offeso lo sta aspettando. Juan inizia a pensare che qualcuno lo abbia avvisato. In realtà, il farabutto ha intuito qualcosa e ha cambiato rotta quel giorno. Le preghiere di Francisca sono state ascoltate. Per Juan è forse un segno del Cielo. Con il corpo intorpidito dall'immobilità, ricorda ancora una volta le lacrime di sua moglie, e in quel momento decide di tornare a casa e risparmiare la vita a quel cattivo essere, il cui nome sarà da quel momento in poi una brutta parola. Ma decide anche, e lo giura a sé stesso come un obbligo, che mai né lui né le sue figlie lavorerebbero la terra di qualcuno altro.

La vita fece il suo corso, anche per Salvador G. Comprò le terre vergini che Juan aveva in mente per sé, poco più lontano, lungo la stessa Calle Húmeda. In quel periodo Salvador conobbe un altro sciocco con le illusioni, Waldemar, arrivato da poco dalla Polonia orientale, quasi russo, uomo forte, rosso di capelli, con qualche risparmio, moglie e quattro robusti figli che all'epoca erano adolescenti. Aveva aiutato i soldati feriti durante la guerra, come infermiere per le amputazioni degli arti, ma quello che piaceva a lui era la coltivazione. Come aveva fatto con Juan D'Almeida, Salvador G. lo mise a lavorare le nuove terre, questa volta con alberi da frutto, finché, due anni dopo, le sue grosse mani raccolsero le pesche più dolci e le ciliegie più grandi che mai nessuno in quei luoghi aveva visto.

Janina, la dolce moglie di Waldemar, cantava mentre preparava una squisita marmellata. In quel momento Salvador G., attratto dall'aroma che inondava la fattoria di delizie olfattive, si presentò con il suo mastino alla casa che lo stesso Waldemar aveva costruito con le proprie mani, si mise a gridare, alzando un coltello con la mano destra, chiedendo chi avesse dato loro il permesso di mangiare i suoi pregiati frutti. Waldemar e sua moglie, che da tempo attendevano il rimborso delle spese e la metà del ricavato della produzione, furono esortati a lasciare la fattoria senza un soldo prima della fine di quella settimana.

Quattro giorni dopo, uscendo dalla vasca da bagno della sua villa, Salvador G. sentì dei rumori provenire dalla cucina. Si chiuse la vestaglia di raso, uscì dallo studio in pantofole e fischiò perché il cane gli si avvicinasse, ma il cane non arrivò, non si sentì nemmeno il suo abbaiare. Andò in cucina a vedere che fine avesse fatto la sua cuoca, che non gli aveva portato in camera il tè al tiglio. Trovò la cucina vuota, cosa che gli sembrò molto strana.

—Humberto! —Non c'era neanche il ragazzo che manteneva il frutteto in ordine. Già spaventato, chiamò più volte il suo uomo di fiducia, che era sempre allerta intorno alla casa— Emilio! Emilio, cosa sta succedendo?

Waldemar e suo figlio maggiore gli saltarono addosso da dietro, lo fecero sedere su una sedia della cucina, gli legarono i piedi alla sedia con una corda, gli legarono la mano sinistra ai pioli dietro la schiena e gli misero davanti un pesante tavolino di legno che aveva i segni del coltello che la cuoca usava per tagliare le zampe e le teste degli uccelli che preparava. Mentre Salvador resisteva, gli fissarono la mano destra al tavolo con dei fili di ferro, iniziarono a scaldare un pesante incudine nella stufa a legna, mentre vedevano che si stava arroventando, e portarono un'ascia affilata che trovarono vicino alla legnaia, all'uscita dal patio coperto sul fondo, verso dove si apriva la porta della bella cucina rustica.

Quando Salvador G. si rese conto di ciò che gli avrebbero fatto, iniziò a fare promesse, garantì oro, denaro, gioielli. Waldemar gli mostrò un grosso fascio di banconote legate con un cordone di seta rossa.

—Voglio solo quello che mi appartiene —e Salvador G. capì che i suoi soldi erano già stati presi dal suo cassetto dello studio. Si scagliò con minacce disperate e avvertimenti senza senso, vedendo per tutto il tempo arrivare l'inevitabile.

Waldemar disse qualcosa nella sua lingua madre che Salvador non riuscì a capire, poi, in uno spagnolo stentato, lo tradusse: "Il ladro deve imparare". Alzò in aria l'ascia e, con tutta la forza della rabbia che quell'essere spregevole gli ispirava, sferrò il colpo pietoso, che fece cadere la mano destra del disgraziato sul pavimento della cucina appena spazzato. Curiosamente, l'ultima immagine che Salvador ebbe in mente prima di svenire fu l'odore della marmellata di Janina, che ancora permeava ogni angolo di quei luoghi, e che era servito da pretesto per cercare il conflitto e provocare una rottura. Prima che il flusso di sangue scorresse abbastanza da uccidere il traditore, il figlio di Waldemar trattenne con due pezzi di cuoio l'incudine arroventato e l'applicò al moncherino, cauterizzando il taglio netto. Un odore di carne carbonizzata si mescolò all'aroma della composta di pesche che la cuoca aveva messo a raffreddare pochi istanti prima sul tavolone.

Quando Salvador si svegliò dallo svenimento, dovette urlare a lungo e dolorosamente per far uscire i suoi servi dal torpore del cloroformio, e farli così andare a cercare un medico discreto. Waldemar e la sua famiglia non furono mai più visti. Salvador G. non li cercò né li denunciò, e proibì ai suoi servitori di raccontare l'accaduto. Tuttavia, qualcuno parlò —sempre qualcuno parla— e così l'evento arrivò alle orecchie di Juan. I suoi conoscenti, che non vedevano Salvador da diverse settimane, un giorno cominciarono a vederlo passare con un guanto nero alla mano destra, che non si toglieva mai. Salvador non pensava più a Waldemar. Curiosamente, la mano tagliata gli portava in mente solo Juan D'Almeida. Una volta, al bar De Luca, gli chiesero perché mai non si togliesse il guanto nero da quella mano, e lui rispose che pagava una penale per un pover'uomo a cui aveva fatto tanto danno. I bambini della strada umida, quando lo vedevano passare, dicevano segretamente "Ecco che arriva *don* Salvador Mano Negra", e si nascondevano.

Un venerdì, dopo tanto tempo —Juan era già nonno—, quando il dolore era molto diminuito, ma i ricordi ronzavano ancora nella sua testa, Juan D'Almeida fece un sogno in cui lui stesso era seduto al tavolo della cucina leggendo il giornale della mattina, sentì bussare alla porta e, dopo un attimo, il traditore entrò, si avvicinò con il cappello nella mano sinistra, stagliandosi contro la luce della finestra, e implorò perdono, supplicante. Si fissarono negli occhi per lungo tempo, perché Juan non riusciva ad articolare una parola. Tutto ciò che restava del vecchio Salvador Mano Negra erano i suoi occhi, scuri e penetranti, incastonati in un viso spigoloso e segnato da rughe.

Quella mattina si svegliò dolcemente, mentre forzava la persistenza dell'immagine senza capire il motivo di quello strano sogno. Dopo colazione la casa si riempì di tumulto giovanile. I suoi nipoti arrivarono a fargli visita. Tra conversazioni e risate, sua nipote Victoria, che sapeva delle sofferenze subite dal nonno, tacque improvvisamente; si ricordò di un fatto del giorno prima e glielo raccontò: aveva visto passare un carro funebre con il nome di quel traditore. Sapendo questo, Juan rimase immobile e silenzioso per un attimo, sospeso nel groviglio di ricordi e dolori passati che tanto lo avevano ferito. Capì che, prima di partire per il meritato inferno, il traditore aveva voluto saldare i conti, riconciliarsi con la persona a cui aveva fatto tanto male. In quel momento, Juan confessò a sua nipote Victoria il suo sogno della notte precedente, mentre mostrava come gli era venuta la pelle d'oca per l'impressione. Poi scoprì che nel suo cuore non c'era più odio. La morte rasserenante, implacabile giustiziere, l'aveva cancellato. Lentamente andò nella sua stanza a pregare, affinché Dio potesse perdonare l'anima di Salvador "Mano Negra".

JULIA E BENITO

Tornando indietro nel tempo, dopo l'amarezza del tradimento, Juan andò a lavorare come guardiano notturno presso l'azienda vinicola Hansa, davanti alla stazione ferroviaria, proprio lì, a La Colonia. Era andato ad abitare in una casa in affitto molto vicina al suo posto di lavoro. Correva l'anno 1928.

Julia era da tempo oggetto delle attenzioni del giovane De Luca, quello che aveva ballato con lei all'ultima festa giovanile. I De Luca erano italiani benestanti che avevano un noto bar sulla via principale di La Colonia. Il ragazzo la teneva d'occhio in chiesa o, in certe occasioni, in piazza. Julia era molto casalinga, inesperta in affari di cuore, usciva poco, nelle scarse opportunità che aveva passeggiava con le sorelle, e De Luca si faceva vedere, si salutavano e si scambiavano qualche parola rispettosa. Lei, ovviamente, era lusingata di essere al centro dell'attenzione di un giovane e si chiedeva, romanticamente, se quello sarebbe stato l'inizio di ciò che gli adulti chiamavano amore.

Spesso, a quei tempi, era comune che le figlie accettassero passivamente la volontà dei genitori in merito alla scelta del futuro marito. Così Francisca e Juan, un bel giorno, erano stati "parlati" dai genitori del giovane per formalizzare le visite tra i rispettivi figli. La cosa era vista bene da Juan D'Almeida, purché fossero accompagnati in tutte le occasioni, come si addiceva a una ragazza di buona famiglia.

Era una situazione strana per Julia, la quale, senza aver ancora conosciuto l'amore, sentiva che era il suo destino sposarsi un giorno. Non si era opposta per romanticismo, ingenuità e ignoranza, per non contraddire i suoi genitori. Il ragazzo, figlio unico, lavorava lontano da lì, faceva il cameriere al lussuoso *Ferrocarril Trasandino* —un lavoro promettente— ed era il futuro erede del noto bar dei genitori. Tornava ogni due mesi per visitare la sua famiglia e, certamente, coglieva l'occasione per vedere Julia. Quando andava a trovarla le portava cioccolatini e caramelle, per addolcire noiosi pomeriggi di conversazioni che non portavano mai i cuori a ciò che Julia si aspettava dal tanto nominato amore. Perciò non era particolarmente lusingata dalla fortuna di avere un fidanzato e, senza nemmeno rendersene pienamente conto, iniziò a vivere questa situazione come un peso, come la croce di qualcun altro che avrebbe dovuto portare per compiacere i suoi genitori, cercando di adattarsi e senza nemmeno osare ribellarsi, per rispetto, per evitare l'attrito e la rabbia che si sarebbero creati tra le due famiglie se lei avesse ritirato la parola data.

Nel lontano '29, una di quelle domeniche in cui gli uomini uscivano per riposarsi dal lavoro e, presentabilissimi, si ritrovavano in un bar a bere qualcosa e raccontarsi le ultime novità, Juan conobbe Benito Rodríguez, il nostro Benito già uomo, che era un rispettabile giovane spagnolo residente nella zona, poco più che trentenne, proprietario di una grande casa in via Espejo, disponibile per due famiglie. Una delle famiglie di inquilini aveva lasciato libero il lato ovest della villa. Per coincidenza, Juan stava cercando una casa migliore in affitto. Benito percepì subito l'affidabilità morale del portoghese, così, senza pensarci due volte, andarono a vedere l'immobile.

—Andiamo *don* Juan, questa è la porta principale, sulla strada, ma si può entrare anche dalla galleria, vediamo, entriamo dalla galleria, ora apro tutto, così che lei possa apprezzarlo.

Juan, appena la vide, immaginò di vivere lì, e si figurò sua moglie e le figlie mentre lucidavano le gigantesche foglie verdi delle piante che dividevano il patio. La casa era bella, a un piano, come una villa romana, ma tra muri di cinta, inserita nel tessuto urbano di case basse o con un piano alto, soffitti alti, un'ampia galleria al patio centrale, stanze circostanti e un frutteto sul retro della proprietà. Nel corridoio e nella galleria c'era un pavimento di grandi mattonelle calcaree a scacchiera, le bianche alternate con le nere. Le stanze principali avevano pavimenti in assi di pino *tea* di pregio, con camere d'aria sotto il piano calpestabile; le stanze erano molto spaziose, e l'abitazione aveva un accesso diretto al marciapiede: qualità di una signorile casa cittadina.

In pochi giorni Juan era diventato l'inquilino di Benito, felicissimo perché, oltre ad aver trovato una splendida casa, lavorava a mezzo isolato da lì.

Mentre Julia restava con i suoi genitori, aiutando ad allevare le sorelline, Clara ed Emilia imparavano a fare le parrucchiere, per cui il lunedì si recavano a Godoy Cruz, si fermavano a casa di un conoscente di Juan, il portoghese Da Rocha, e dopo cinque giorni tornavano a San Martín per trascorrere la domenica in famiglia. Poco dopo le due sorelle ottennero il proprio diploma di parrucchiere. Nel 1929 in Argentina il taglio "*a la garçon*" era molto di moda, e le ragazze avevano un grande afflusso di clienti che volevano essere in sintonia con le ultime tendenze europee. Juan, entusiasta delle sue figlie *coiffeur*, acquistò per ognuna di loro un mobile toilette moderno con specchi, le rispettive poltrone e oggetti da lavoro, poi le installò nella grande stanza che si affacciava sulla strada, con il suo pavimento in legno di pino *tea* e la sua grande porta, con imposte e bandiera. Anche le ragazze più piccole aiutavano, e imparavano il mestiere dalle loro sorelle. Un successo! Un punto di riferimento urbano! Fu il primo parrucchiere femminile gestito da donne a San Martín e dintorni.

Proprio come la qualità rilevante di Julia era la sua amorevole dedizione ai suoi cari, che rasentava quasi la sottomissione, Clara continuava a distinguersi per il suo carattere divertente e monello. Emilia era, delle tre sorelle maggiori, la più emotiva ed elegante, compagna di Clara, dopo che entrambe si trasformarono in due belle giovani donne. A loro due piaceva molto essere al corrente dei dettami della moda. Si cominciavano a vedere abiti senza maniche o a maniche corte, tutte le ragazze li indossavano, ma suo padre era molto serio e conservatore in materia di abbigliamento: per uscire di casa Juan permetteva alle figlie solo vestiti a maniche lunghe. Così Emilia, per evitare la rigidità del padre, si era fatta delle finte maniche che le coprivano le braccia per uscire la domenica. Certo, dentro la chiesa era ben coperta, ma uscendo dalla messa, per una passeggiata in piazza nelle giornate calde, si toglieva le maniche posticce con la complicità di Clara, sua compagna di studi e di passi. Se suo padre lo scoprì, mai lo disse. Julia sapeva lavorare all'uncinetto fin da piccola: glielo aveva insegnato Francisca, ma le sue amiche lavoravano anche calze e calzini a cinque ferri. Così Julia chiedeva a sua madre di insegnarle questa arte, a cui Francisca rispondeva:

—Si, *mijiña*[14], le so fare, ma... perché mai devo insegnartelo, se andiamo in Brasile e lì non c'è l'inverno, *mijiña!*

Povera Francisca, aveva ancora l'illusione di arrivare un giorno in Brasile... ed erano passati quasi vent'anni da quando avevano lasciato il Portogallo!

Era diventata un'abitudine per *don* Benito Rodríguez, quello spagnolo proprietario della casa, visitare Juan D'Almeida; anzi, doveva farlo come avevano disposto, una volta al mese, per riscuotere l'affitto. Parlavano animatamente e si capivano molto bene, perché erano originari di zone geografiche vicine della penisola iberica. Nel settore dove si toccano Salamanca e il Portogallo, dove il paesaggio è lo stesso, ugualmente bello su entrambi i lati del confine tra i due paesi, i suoni delle parole, sia in portoghese che in spagnolo, sono vissuti quotidianamente come cadenze familiari. Si meravigliavano che il destino li avesse fatti incontrare.

—Essendo di paesi così vicini, non ci siamo mai visti in quei posti ed ecco che siamo venuti per incontrarci qui!

—Quei capricci della vita!

Parlavano di foreste e di pinete, di legna da ardere e di carbone, di montagne, di fiumi, di barche, di figli e fratelli perduti.

Così si seppe che Benito, il primogenito, aveva allora trentaquattro anni. Era un uomo fatto che, con il proprio lavoro e il proprio patrimonio, era diventato il personaggio più importante della famiglia Rodríguez.

Julia aveva sentito parlare di questo Don Benito ma non lo aveva mai visto, finché un giorno dovette portare il

---

[14] figlioletta mia

vassoio con il caffè nella sala principale, e quando lo vide incontrò "quegli" occhi marroni che le tornavano in mente molto spesso, proprio quelli che avevano colpito la sua fantasia e rimasti impressi nella sua mente dall'incidente del cappello. Si sentì in imbarazzo, provava una certa angoscia, e dovette stringere forte il vassoio per non farlo cadere. Il tempo sembrò fermarsi di nuovo per lui; fece fatica a mantenere la calma e, naturalmente, non osò dire nulla di quell'incontro, per non essere indiscreto, lasciando che fosse Julia a decidere se raccontare o meno l'accaduto. Lei rimase in silenzio, sopraffatta dalla timidezza, e lui si limitò a un piccolo sorriso agli angoli delle labbra.

Passarono i mesi e le visite a Don Juan D'Almeida continuarono, e più di una volta veniva offerto il caffè, un po' di vino o un bicchierino di qualche prelibatezza domestica. Da quell'incontro in poi, il mondo di Benito si era capovolto. Julia, che ora aveva diciotto anni e diversi mesi, aveva iniziato a provare un'attrazione inconfessata per questo bel visitatore di bell'aspetto, colto, gentile e dalla forte personalità.

Ogni volta che Benito visitava la casa, e lo faceva più volte del necessario, riusciva a guardare Julia con la coda dell'occhio, a parlarle, a percepire il suo profumo nell'aria, a sollevare qualche argomento che richiedesse l'intervento della giovane. La vicinanza più stretta al suo corpo era stata la sfioratura dei suoi capelli con il dorso della mano, tuttavia, Benito aveva costruito il suo mondo presente e futuro a partire da quell'istante. Trovava in lei il giusto miscuglio di delicatezza e intelligenza: gli sembrava una bella giovane donna, coscienziosa, laboriosa, silenziosa, timida, moderata nei commenti, sebbene sagace e precisa; nulla sfuggiva all'acutezza della sua osservazione. Benito andava a dormire ogni sera pensando a lei, e le dedicava il suo primo pensiero all'alba. In seguito, si rese conto che Julia lo ispirava in ogni singola cosa che faceva durate la giornata. Non avendo mai discusso l'argomento con lei, sentiva che Julia lo teneva in considerazione, lo ascoltava con ammirazione e, di nascosto, lo guardava con occhi intensi e avidi. Gli stessi occhi espressivi che lui scopriva la domenica, quando la giovane girava per la piazza con le sorelle e lo vedeva apparire tra i chiaroscuri delle ombre degli alberi, con un fiore per lei. Sembrava che la differenza di età non avesse importanza per la ragazza, dal momento che, avendo sedici anni meno di lui, avrebbe potuto sentirsi fuori sintonia. Al contrario, si comportava come una donna degna di un uomo che si era costruito un futuro, qualcosa da mettere ai suoi piedi. Lui, senza essere ricco, poteva vivere comodamente del suo lavoro. Era giunto il momento di scoprire i suoi sentimenti.

Cominciò a pianificare varie strategie per farlo. Voleva restare solo con lei, ma in piazza era impossibile; in casa, se Juan si fosse assentato per qualche istante, non sarebbe mancato qualcuno a ficcare il naso nella sala da pranzo. Così, si ingegnava per evitare che Julia uscisse; per ascoltare la sua voce era capace di chiedere qualsiasi spiegazione, anche se la risposta fosse una infinita ricetta da cucina o la descrizione di un punto di ricamo. In queste occasioni fingeva di essere attento, ma non sentiva niente, perché la vicinanza di Julia, la sua pelle morbida, il suo profumo lo consumavano come fuoco. Vedeva Julia come avvolta nel mistero, ne percepiva l'interesse, ma nello stesso tempo lei gli scivolava via come un'ombra, lasciandolo ansioso, incapace di pensare con lucidità. Per questo un giorno, senza pensarci, invece di salutarla con il consueto inchino, le prese la mano. Julia, provando un po' di vergogna, lo guardò negli occhi con uno sguardo di disperata emozione e ritirò la mano, sperando che il suo imbarazzo non si manifestasse.

Così Benito non ce la fece più e, non appena trovò Juan al bar la domenica, iniziò a parlargli.

—*Don* Juan, vorrei parlare con lei, se può, sa... che ho tutto quello che mi serve da offrire a una donna... e sono già abbastanza grande per mettere su famiglia...

—Ha ragione *don* Benito. Credo che la giovane che la sposerà avrà un destino molto felice. —E dentro di sé aveva una grigia premonizione, pensando che Benito potesse aver bisogno della casa per vivere con la sua nuova moglie, così a suo agio che lui era lì... e avrebbe dovuto trasferirsi.

—Se me lo permette, conosciamo già la fortunata? —disse, testando la situazione.

—Ehm... bene... io, appunto, volevo parlarle... per chiederle il permesso...

—Il "mio" permesso? *Hombre*! Non ha bisogno del mio permesso!

—Per visitare sua figlia... Julia.

Gli occhi di Juan si spalancarono, sentendosi in grande difficoltà. In quel momento si rese conto che non avevano parlato apertamente con molte persone del fidanzamento di Julia, e non l'avevano mai fatto con lui. La cosa era stata trattata con discrezione e in famiglia. Il lavoro distante del giovane De Luca aveva fatto il resto; Juan mise insieme le cose, e si rese conto che il ragazzo di Julia non era stato presente in nessuna delle visite di Benito. Juan non immaginava che le cose potessero prendere quel corso, per questo non gli era nemmeno passato per la testa di parlarne. D'altra parte, i quasi trentacinque anni di Benito lo collocavano, per così dire, in un'altra generazione. Anche così, la differenza di età non sarebbe stata un problema, se non ci fosse stato un precedente impegno, quello di sua figlia con il giovane De Luca, e la parola data andava messa dinanzi tutto. Avevano iniziato a comunicare più frequentemente con i futuri suoceri per programmare il futuro dei rispettivi figli, e i De Luca erano stati entusiasti di pubblicizzare il fidanzamento con una grande festa per tutti i loro parenti e amici, una festa che stavano immaginando e organizzando da molto tempo. L'onore di Juan era in gioco, la parola data era sacra.

—Mi dispiace molto, —disse Juan con un tono di voce serio—, ma la risposta che devo darle è "no". Julia è… è come se fosse fidanzata e non mancherà alla promessa fatta.

—Ma, aspetti *don* Juan, mi scusi, non sapevo fosse fidanzata, non l'ho mai… saputa… fidanzata —disse Benito, tra la confusione e l'imbarazzo—. Posso chiedere chi è il fidanzato?

—Si tratta del figlio dei De Luca, nostri stimati amici. Buon pomeriggio, *don* Benito —e Juan, ritenendo opportuno ritirarsi, si diresse a casa.

Benito uscì e iniziò a camminare assorto nei suoi pensieri, con le mani in tasca. Rifletteva e cominciava a capire l'atteggiamento di Julia, presente col cuore, ma assente per impegno. Mentre tornava a casa, imbastendo ogni ricordo dei suoi incontri con lei, si chiedeva perché non avesse mai visto il giovane in nessuna delle sue visite a casa D'Almeida. Si ricompose, e decise di indagare su di lui tra i suoi conoscenti, per cercare di scoprire se avesse qualche possibilità contro il suo rivale.

Juan parlò dell'incidente con Francisca, un po' infastidito dall'audacia di Don Benito. Francisca ne parlò con disinvoltura con Julia, cercando di cogliere una reazione subdola. Julia non disse nulla, si limitò ad abbassare la testa, un po' vergognosa, pur sentendosi condannata all'infelicità per sempre.

Julia aveva notato subito il fascino di Benito guardandolo negli occhi, ma la sua personalità l'aveva gradualmente conquistata dopo il loro incontro a casa, man mano che il suo desiderio di vivere la vita maturava, passando dall'adolescenza ingenua alla giovinezza determinata. Si era resa conto che la fermezza e la sicurezza erano desiderabili in un uomo. Con lui aveva scoperto come voleva che le si parlasse, come voleva essere guardata, desiderata, ascoltata, respirata. Voleva essere una nuvola, e desiderava che il suo uomo fosse il caldo torrido per sciogliersi in pioggia; voleva essere acqua abbondante, e che il suo uomo fosse una riva rocciosa provocante rapide, ma anche una soffice spiaggia per contenere il suo passo calmo. Julia sentiva che Benito era l'uomo che completava ciascuno dei suoi sogni. Aprì gli occhi, e la realtà le ricordò che era impossibile. Semplicemente si arrese, nascondendo male la sua delusione.

Benito trascorre lunghe giornate senza visitare la casa, perché si sente alquanto imbarazzato dal rifiuto, ma allo stesso tempo non si rassegna a perderla. Non sa se Julia sia stata informata della questione. Deve ancora andare lì per riscuotere l'affitto, e questo gli fornisce la scusa per visitare la famiglia. Quando vede Julia, un magnetismo si impadronisce di entrambi, e il mondo intorno a loro scompare, lasciando spazio solo all'emozione, impossibile da nascondere. L'occasione per parlarsi si presenta, perché bussa alla porta un venditore che attira l'attenzione di tutti gli altri.

—Julia, immagino che suo padre le avrà detto delle mie intenzioni...

—*Don* Benito, ho già un fidanzato... dice con gli occhi bassi.

—Ma mi sembra che lei voglia me, non posso sbagliare così... lo vedo nei suoi occhi... lo percepisco... lei non mi risponde, vuol dire che ho ragione. Quindi accetterà di vivere così per il resto dei suoi giorni, solo per rispetto verso una parola data senza amore...? Non può immaginare quanto possa essere triste...

—Certo che l'ho pensato... E lei se lo immagina?

—Ogni minuto della mia vita mi chiedo come farò a vivere senza di lei.

—Prima c'è il rispetto che devo ai miei genitori... la questione non dipende da me, se potessi scegliere... ma non posso... dice sottovoce.

La risposta di Julia lo disarma. In quel momento entrano Clara ed Emilia, che commentano la morbidezza di alcuni fazzoletti che hanno visto. Lo sguardo di Julia accompagna Benito, che si allontana sospirando.

Benito se ne va, infastidito dalla vita, ma felice della certezza del suo amore ricambiato, e da quel momento non smette di tirare fuori l'argomento velatamente, per non mettere a disagio Juan.

—Cos'è questo corteggiamento, *don* Juan? —Benito sottolinea una settimana dopo al caffè—. facendosi visita ogni due mesi, non ci si può nemmeno conoscere... Sembra che sua figlia non sia contenta di quell'impegno... Glielo chieda... Mi scusi, scusi se insisto, non è affatto mia intenzione mancarle di rispetto, ma sappia che sua figlia Julia ha inavvertitamente conquistato il mio cuore; sono sicuro di non esserle indifferente, e sarei sempre disposto a ricambiare, se mi desse il permesso.

Juan ricorda il volto del futuro consuocero De Luca, che gli fa venire qualche ruga sulla fronte preoccupata. Benito ritiene opportuno ritirarsi a casa sua in silenzio, dopo aver ricevuto la rata mensile dell'affitto. Ogni volta che vede Juan, sia per saldare il canone d'affitto sia casualmente, al bar o nei negozi della zona, Benito lo saluta con un serio punto interrogativo negli occhi, e Juan sa che sarà sempre lì, ad aspettare il suo permesso, anche se il mondo tremasse, anche se i muri crollassero.

—Mi dispiace. La risposta continua ad essere "no", *don* Benito.

Francisca è al corrente di tutto e un giorno ne parla con Julia.

—Lei gli vuole bene, *mijiña*?

—Con tutta la forza del mio cuore, mamma —dice Julia, timidamente, guardando per terra.

Francisca discute delicatamente con Juan sui sentimenti di Julia più e più volte, per suscitare una certa pietà nel suo cuore, chiede che questa volta metta la felicità al di sopra del senso del dovere. Ma Juan crede che sia solo un capriccio che passerà col tempo, e che gli impegni non siano roba da giocare.

—Distruggeremo la buona idea che le persone hanno di noi! Immagina lo scandalo! Stiamo già organizzando la festa di fidanzamento, ormai lo avranno detto a più di uno!

L'argomento resta in sospeso per un po'. Juan non parla, ma pensa molto, medita sul suo passato e sul presente, che lo sta costringendo a comportarsi, colmando il divario, come il generale con Clara Isabel, il suo amore frustrato da giovane.

—Juan, ti ricordi che a quell'età sembrava un amore unico al mondo?...

—Tu che ne sai? Beh, sì, mi sembrava... è normale. Tuttavia rimase sminuito dall'amore che sarei arrivato a provare per te.

—Comunque sia stato, fu amore —momenti del passato invadono il presente, dopo le parole di Francisca.

—Dolori d'amore, frutto dell'egoismo altrui...

—Mentre i momenti di più grande felicità sono stati la conseguenza di una tua scelta.

Una notte Benito ricevette a casa sua una visita inaspettata. Lui, quasi trentacinquenne, era un uomo che, nel corso della sua vita, senza mai perdere la testa per nessuna, aveva avuto la sua dose di storie d'amore, il che lo collocava perfettamente nella media dei trentenni dell'epoca. Dona Luisa F., una bella signorina, non giovanissima né di impeccabile reputazione, aveva messo gli occhi sullo spagnolo, uno scapolo incallito, con la ferma determinazione di conquistarlo a qualsiasi costo. Così, quando una persona pettegola le disse di aver sentito Don Benito al bar chiedere la mano di una giovane donna già fidanzata, si riempì di invidia e rabbia, sentendo che la preda le stava sfuggendo di mano come l'acqua tra le dita. Mesi prima aveva notato che, con un atteggiamento sempre più "assente", le sue visite si facevano meno frequenti, fino a cessare del tutto. Nelle ultime settimane, aveva pensato che questo fosse stato dovuto a problemi di lavoro o familiari.

—Cosa ci fai qui? —dice fissando Luisa con occhi increduli, come se lei fosse un fantasma.

—Mi sei mancato. A quanto pare, tua madre non sa niente di me, a giudicare dagli sguardi che mi lancia. Non le hai detto niente di noi? —Luisa si avvicina, seducente, mentre lui si sente a disagio.

—Di quale "noi" stai parlando? Luisa, non esiste un "noi", e questo era chiaro fin dall'inizio.

—Ma ti amo, e so che non sei indifferente nei miei confronti, che mi desideri. O hai già qualcun'altra?

—Perdonami se ti ho fatto pensare questo. Non mi sentivo in dovere di dirti addio. Per rispetto, ti dirò che non ho ancora nessuna, ma forse... nel prossimo futuro. Non dirò altro perché è la mia vita privata, e devo rispetto anche agli altri. Per favore, vattene. Se ne hai bisogno, ti faccio accompagnare.

—Te ne pentirai. Tornerai da me.

Il padre di Julia è pensieroso, la conversazione con Francisca è come un tarlo che gli rosicchia la mente dopo il suo ultimo incontro con Benito. La domenica sera va a letto, si addormenta e fa un sogno bellissimo: sua figlia Julia gli appare circondata da bambini biondi che corrono in giro. Sono a Palmira, festeggiano per strada il suo santo, ballando; Julia è con il sorriso che aveva quando vivevano in quella città e saltavano sopra il falò della festa di San Giovanni. Era passato tanto tempo dall'ultima volta che aveva visto quel sorriso sul volto di sua figlia! Si sveglia con l'amaro in bocca. Si sente indurito, modificato dagli anni del tradimento di Salvador G., durante i quali la vita lo deluse e lo trasformò. Quando ha messo lui le comodità sociali al di sopra della felicità? Che diritto ha di condannare sua figlia ad una vita sentimentalmente mediocre? Per quanto la cosa di Benito sia un capriccio, cosa che non sembra, ha

smascherato una mancanza affettiva in una relazione imposta quando Julia non aveva ancora la capacità di sapere cosa
voleva. Così, un giorno memorabile trova il coraggio di sopportare il risentimento che verrà, presente o futuro, e decide di presentarsi al bar dei De Luca, per spiegare...
Ahimè!... che la ragazza vuole rompere il corteggiamento.

Si scatena un'ecatombe! I suoi futuri suoceri, re-
spinti, prendono la rottura unilaterale come un affronto ed
erigono un muro tra le due famiglie, riservandosi il diritto
di prolungare per l'eternità le conseguenze dell' atto. Ma è
fatta! Juan è riuscito a liberarla da quel fidanzamento senza
amore che, fino ad ora, era stato più un rapporto illusorio e
combinato che una autentica storia d'amore. La sera lo dicono a Julia, che rimane senza parole, sorridendo e respi-
rando senza ansimare per la prima volta da tanto tempo;
ma, senza riuscire a crederci, come se non potesse conce-
pire l'idea, preferisce tacere per il momento, e così lo chiede
ai suoi genitori.

Luisa, lungi dal rinunciare ai suoi propositi con Benito, si presenta martedì nel salone di parrucchiere delle figlie di Juan, dichiarando di voler apparire radiosa per la
proposta di matrimonio. Riesce a far trapelare che il gentiluomo in questione è Benito. Clara ed Emilia, che sanno
qualcosa dell'affetto di Benito per la sorella Julia, ma non
sono ancora state informate che Juan ha accettato la loro
storia d'amore, condividono rapidamente la notizia con la
sorella maggiore.

—Sembra che Don Benito si sposi! Quel mascalzone! Quindi aveva una ragazza!

Julia ride, un po' sconcertata, pensando che si tratti
di lei. Crede che sia un commento ironico delle sue sorelle,
che in qualche modo hanno scoperto il segreto.

—Beh, sposarsi... non ancora... —risponde Julia—
ma voi come l'avete scoperto?

—Ma tu lo sapevi, Julia? Come mai conosci Luisa, la
fidanzata di Don Benito? —Alla parola "fidanzata", Julia si
blocca e scoppia a piangere. La spiegazione arriva subito.
Poi Clara ed Emilia diventano confidenti di questo amore
impossibile.

—Dobbiamo smascherare quel mascalzone! —dissero le sorelle, con determinazione— D'accordo, Julia?

—No, lasciatemi pensare a qualcosa! Silenzio sull'argomento! Non voglio più vederlo, e la questione non verrà
mai più discussa in questa casa. Dopo tutto quello che papà
ha fatto per me! Quanto sono stata sciocca!

Juan, ignaro dell'accaduto, aveva avuto modo di informare Benito. Avevano organizzato la visita e avvertito Julia. Lei aveva escogitato un piano per smascherarlo davanti
a tutti prima di respingerlo definitivamente. La domenica
successiva, Benito si presenta per la prima volta come pre-
tendente e lei, attraverso una tenda socchiusa, lo vede inco-
ronato dalla luce gialla del tramonto, in piedi sulla porta,
con un mazzo di rose del giardino di sua madre. La rabbia
di Julia si mescola a sentimenti contrastanti mentre parla
tra sé e sé dietro la tenda, preparandosi ad affrontarlo.

—Incantatore di serpenti! Così misterioso, con quegli occhi che ti accarezzano, mentre ti conficca un pugnale
nel cuore! —Lei è sorpresa dalla sua audacia, dal fatto che
lui sia lì a corteggiarla quando ha già una ragazza, ma poi il
buon senso le dice che è meglio prenderla con calma e chiedere spiegazioni "in privato", per non passare il resto della
vita con l'incertezza in gola.

—È scandaloso! È un'invenzione! È questo che ha
fatto Luisa? —Benito cammina avanti e indietro,

sconcertato, incapace di credere alle sue orecchie—. È vero che c'è stata qualcosa, ma non c'era un impegno, al punto che non mi sono sentito in dovere di interromperla. Luisa è... un tipo di donna diverso... Non so come abbia scoperto il mio interesse per Lei. È venuta a trovarmi, mi ha avvertito, ma non pensavo che si sarebbe arrivati a questo punto. Semplicemente non sono più andato a vederla... Non potevo... —Si ferma, gli occhi che gli brillano per l'imminente rischio di perdere l'amore della sua vita—. Perché non penso ad altro che a Lei da diversi mesi ormai, da quella visita a suo padre, quando finalmente sono riuscito a dare un nome alla giovane donna con il cappello che svolazzava al vento e la presenza sfuggente... —disarmata, Julia lo osserva in silenzio— Non cadere nella sua trappola, La prego, non distruggere la cosa più bella che ci sia mai capitata... —la supplica, mentre i suoi profondi occhi castani si addolciscono in un dolce sorriso che la conquista.

Luisa, approfittando del salone da parrucchiere, che è una finestra sulle dinamiche sociali del paese, tenta diversi stratagemmi per separarli, sia da sola che tramite loschi personaggi: pettegolezzi, resoconti di promesse fatte, lacrime finte e persino finte gravidanze fatte di cuscini. Tuttavia, Julia, molto intuitiva e certa dell'amore di Benito, riesce a sbrogliare i suoi piani uno a uno. Poi scompare completamente dopo aver incontrato un francese di passaggio, appena arrivato dalle colonie, che apparentemente finisce per intrappolare nelle sue reti.

Così, ogni domenica, i mazzi di rose del giardino di Benita precedono suo figlio Benito, fondendosi con la luce gialla, in una melodiosa sinfonia di tramonti per diversi mesi, mentre cresce un amore per sempre.

Benito, il futuro marito, come era consuetudine fin dall'antica Spagna, si presenta un bel giorno alla porta con una enorme scatola contenente uno squisito abito da sposa. Quando Julia, emozionata, lo prova con la madre e le sorelle, nota attraverso lo specchio ovale della camera da letto che il suo vestito lascia intravedere un po' le sue gambe, come è la moda dell'epoca. Indossa le sue scarpe bianche sopra le sue calze delicate, poi indossa i suoi guanti e il velo di tulle ricamato, che si attacca alla testa e arriva a terra come uno strascico, impeccabilmente bianco ed etereo, così come le rose e le zagare del mazzo. Il giorno delle nozze lo sposo si presenta in un abito scuro molto elegante, su cui spiccano i fiori d'arancio, usanza di buon auspicio.

Mia nonna materna, Julia De Almeida, e mio nonno, Benito Benigno Rodríguez, si sposarono all'anagrafe giovedì 24 luglio 1930, lui trentacinquenne, lei diciannovenne. Sabato 26, fu celebrato il matrimonio nella chiesa di Nuestra Señora Del Carmen. La filiazione dello sposo rimane un mistero, poiché aveva sempre firmato Rodríguez, il cognome che avrebbe trasmesso a Julia da sposata e poi dato a tutti i suoi futuri discendenti. Un atto nato da una forte identità familiare, sebbene non riportato nei registri ufficiali, preannunciando problemi futuri. Questa "piccola imprecisione" non preoccupava nessuno un secolo fa, e se non aveva destato i dubbi del funzionario pubblico, di certo non avrebbe neanche sollevato gli interrogativi del parroco. Alla fine, la vita avrebbe pensato a sistemare le cose.

Julia e Benito, come potenti germogli di una foresta secolare le cui radici si toccavano nel profondo delle terre iberiche, intrecciarono i loro rami, che due tronchi vicini, assetati di vita e di illusioni, attraverso mari calmi e tempeste, avevano guidato con amore verso una nuova terra. Il

giorno in cui i suoi genitori diedero il sì a Benito, Julia si
sentì come se le fosse stato tolto un grosso peso dalla testa,
un peso in senso vero, non metaforico, come una pietra,
piuttosto come una montagna, un peso che lei non era pienamente consapevole di aver sopportato fino al momento
in cui si trovò leggera come una foglia al vento, e libera di
costruire il suo futuro con l'uomo prescelto. Era un caso che
si fossero incontrati? Sarebbero già stati predestinati a stare
insieme? Se gli eventi si fossero svolti diversamente, si sarebbero conosciuti? Benito non poteva fare a meno di ricordare la sua infanzia a Salamanca. Mille volte aveva sentito il
dolore della sua mancanza. Trovò finalmente la ragione di
quell'insensato viaggio di famiglia nella "terra dell'oro" in
cui li aveva trascinati suo padre, a seguito del quale avevano
perso tante cose care. Julia e Benito emanavano un alone
dorato di felicità, come due che sono stati uniti da prima
della vita stessa. Juan e Francisca intravidero il motivo per
cui il destino, usando i loro desideri, li aveva guidati su
strade diverse da quelle tanto attese piantagioni tropicali di
caffè, trascinandoli come foglie al vento, e ora li faceva desiderare, come mai prima, di poter rimanere in quella terra,
accanto alle nuove radici e ai frutti della sua prima figlia,
Julia, rinunciando, finalmente e per sempre, ad arrivare un
giorno in Brasile. Dopo venti anni il viaggio era finito. Allora
ne cominciava un altro. Tutti erano grati per ciascuno degli
eventi che loro, i loro genitori e i genitori dei loro genitori
avevano vissuto, poiché li avevano trasportati all'essenza di
quell'istante unico nel tempo. Julia y Benito si erano incontrati grazie ad ogni attimo ancestrale di risate e di pianti,
momenti belli e brutti, che si erano susseguiti in un ordine
perfetto evocando la magia di un nuovo inizio.

FINE

NOTA FINALE

Molti anni fa, mia nonna Julia mi raccontò queste esperienze di famiglia. Ascoltavo avidamente, e scrivevo per non dimenticare i dettagli, perché erano vere storie da romanzo. A poco a poco l'idea di fare un libro con tutto quel materiale prendeva forza. C'è voluto del tempo, perché in quei decenni ero molto giovane, e non mi ponevo le domande che sono capace di farmi oggi, grazie alla visione che gli anni e la vita mi hanno dato, visto che anch'io, poi, sono diventata un'immigrata. Una cosa che mi è chiara è che ogni evento che vissero, ogni respiro e ogni paesaggio che i loro occhi videro determinò parte di ciò che tutti i loro discendenti siamo ora. In altre parole, la storia riassume l'origine di una comune identità familiare.

Per trovare i pezzi mancanti ho fatto ricorso a viaggi e libri, così ho potuto completare i contesti storici di Portogallo, Spagna, Brasile, Cile e Argentina, che hanno determinato il destino dei nostri personaggi. Ho immaginato le cose che non mi dicevano, i nomi che non ricordavano, qualche aneddoto pittoresco, i particolari che, forse, in quel momento non avevo l'accortezza di chiedere, o che non compaiono chiaramente nei libri; ma li ho ricreati come avrebbero potuto essere, senza alterare il vero percorso dei principali personaggi reali, i loro nomi, le loro età, i loro caratteri. Ecco perché la trama si infittisce a ogni capitolo, e quando si risolve, non sempre favorisce i protagonisti, proprio come la vita stessa. Il destino di entrambe le famiglie crea una dinamica che ci spinge a seguirle, a provare curiosità per la prossima sfida, il prossimo colpo; stabilisce la traiettoria ascendente che le predispone all'incontro, tutte immerse nell'atmosfera dell'epoca che le contiene, le plasma e le avvolge, come se le loro vite fossero già intrecciate fin dall'inizio. Tra i tanti possibili intrighi, avrei potuto immaginare uno stratagemma fittizio per fare in modo che la famiglia Rodríguez ritrovasse il figlio perduto nel momento più opportuno. —o inopportuno—; avrei potuto inventare una storia con tutti gli ornamenti, degna di essere raccontata in un film di successo, avrei inventato che Juan superasse in astuzia il miserabile Salvador "Mano Negra" e recuperasse così il suo patrimonio, o avrei potuto complicare la relazione tra Benito e Julia, creando nuovi conflitti, tanto che alla fine si sarebbero ritrovati. Mi sono spesso chiesta se dovessi farlo, in modo che l'argomento fosse più emozionante. Tuttavia, il rispetto che questi veri esseri mi ispirano è così alto che ho scartato l'idea; infatti, si possono sempre generare nuove storie sulla base di questa. Ma questa, il Grande Viaggio, deve vivere così per sempre, con tutta la sua verità, affinché i discendenti di Juan, Francisca, Claudio e Benita sappiano da dove vengono, e tutto ciò che i loro antenati hanno vissuto e sentito.

Ricordo la mia bisnonna Francisca, seduta, già molto anziana, avvolta in abiti scuri, quando ero piccolissima, che mi offriva "cheisigno" —come chiamava il formaggio— e un'arancia. Come vorrei averla qui ancora adesso, per guardarla negli occhi e dirle quanto ho imparato ad amarla in queste pagine di vita! Non mi vergogno di confessare che, ricostruendo la sua storia, ho imparato ad amare pure la mia bisnonna, sua madre, anche se abbiamo vissuto a secoli di distanza, e ho pianto con lei nella sua disperazione, *combattendo contro la tubercolosi, che ha ucciso le sue figlie —Anche l'indagine e la scrittura colpiscono duramente le emozioni, e arrivi a provare affetto per qualcuno che non hai mai visto—. Per questo ho adorato Benita, e ho pensato che, se potessi viaggiare nel passato, l'abbraccerei forte forte, e le direi che la amo con tutto il cuore, perché ora la conosco. Direi a Juan che molti dei pini che lui e i suoi vicini hanno piantato in Avenida del Libertador sono ancora lì a Palmira, che amo le case costruite da lui dopo il '30 sulla vecchia via Las Palmas, che anni fa hanno messo una targa ricordo su una di esse, perché Julio[15] —quel giovane amico delle sue figlie, che viveva lì con la sua famiglia— è diventato famoso in tutto il mondo, e ha dato il nome attuale alla strada!; che negli anni '70, da bambina, mi piaceva arrampicarmi sulle sponde del canale che passava dietro quella casa, toccare l'acqua, intrecciare i rami dei salici, sentire l'energia della terra bagnata... e gli direi anche che la sua memoria e quella di tutti loro, anche dei loro discendenti che non ci sono più, vivrà per sempre con amore in noi.*

Alejandra

---

[15] In riferimento all'artista plastico Julio Leparc, uno dei massimi rappresentanti dell'arte cinetica nel mondo.

Le origini

VIGO
SALAMANCA
CIUDAD RODRIGO
GUARDA
Monsagro
Fiume Mondego
MADRID
Vale de Estrela
100 Km
LISBONA
CADICE